Sébastien Formal
Food-Fotografie: Aimery Chemin

Der Koch, der auf sein Fahrrad stieg und die französischen Küchenschätze entdeckte

1 Tour
35 Begegnungen
50 Rezepte

CHRISTIAN

Inhalt

ALLEIN UND AUF DEM FAHRRAD, MIT RUCKSACK UND MESSER, *meinen Gaumen als Kompass – so folgte ich einem Weg vom Departement Nord in Richtung Bretagne, dann von Nantes nach Espelette, dabei meine täglichen Aufzeichnungen mit viel Lokalkolorit.*

SÉBASTIEN FORMAL

DER KOCH auf Reisen

Als ich Kind war, war der Bauernhof mein Lieblingsjagdgebiet.

Ich bin in einer Bauernfamilie nicht weit vom Ria d'Étel aufgewachsen, umgeben von Produkten des Bauernhofs, des Gemüsegartens, der Obstbäume, des Waldes, des Meeres und der Jagd. Meine Umgebung war geprägt von lustigen Gesellen und wirklich genusssüchtigen Liebhabern von gutem Essen und Mahlzeiten jeglicher Art. Diese Begeisterung hat sich auf mich übertragen und bewirkt, dass ich mich schon in sehr jungen Jahren der Küche zugewandt habe. So konnte ich aus meiner direkten Umgebung eine Palette von Geschmacksrichtungen bilden, ohne mir deren Reichtum bewusst zu sein.

Während meiner Hotelausbildung in Saint-Nazaire zwischen 2005 und 2010 habe ich das technische Grundwissen für einen guten Koch erworben. Später machte ich ergänzend dazu eine Ausbildung zum Pâtissier bei Guy Savoy. Anschließend habe ich die Leitung der Konditorei im Restaurant »Akrame« übernommen. Letztendlich war ich Küchenchef der Gruppe »Atelier Vivanda«.

Heute möchte ich Sie an meinem neuen Abenteuer teilhaben lassen, das auf geplanten und zufälligen Begegnungen beruht. Ich habe das Alltagsleben mit meinen Reisebekanntschaften für einen Tag (oder mehr) geteilt, um dadurch mehr über ihren Beruf und/oder ihre Lebensart zu erfahren. Ich folgte ihren Ratschlägen wortwörtlich, um sie bei ihren täglichen Aufgaben optimal unterstützen zu können.

Was das kulinarische Abenteuer betrifft, so habe ich ihnen Rezepte angeboten, die zu ihnen passen. Rezepte nur mit den Produkten von ihrem Hof, direkt aus ihrer Gegend. Entdecken Sie jetzt diese Augenblicke des Austauschs!

Worte von Küchenchefs

PATRICK JEFFROY:
»Hôtel de Carantec« in Carantec

Als Sébastien mir seine *Tour de France* vorstellte, sagte ich sofort »ja«. Ich mag leicht verrückte Herausforderungen. Küchenchefs zu finden, die ihn in ihre Küche lassen. Kurze Berichte auf seiner Website über den Stand seiner Reise. Fabelhaft … Sébastien ist ein Koch, ein echter, und sehr neugierig, wie ich gemerkt habe. Das bewundere ich. Er ist jung, seine Tour ist noch lange nicht beendet.

PATRICK JEFFROY

DOMINIC QUIRKE:
Restaurant »Pickles« in Nantua

Meiner Meinung nach geht es bei einer guten Küche um Austausch, um Geschichten, um gute Produkte, das Gewusst-wie und Neugierde … mit seinem Fahrrad und seinen Messern hat Sébastien alles erfolgreich zusammengebracht.

DOMINIC QUIRKE

JEAN-LOUIS FARJOT:
Restaurant »Le Cinquante« in Groix

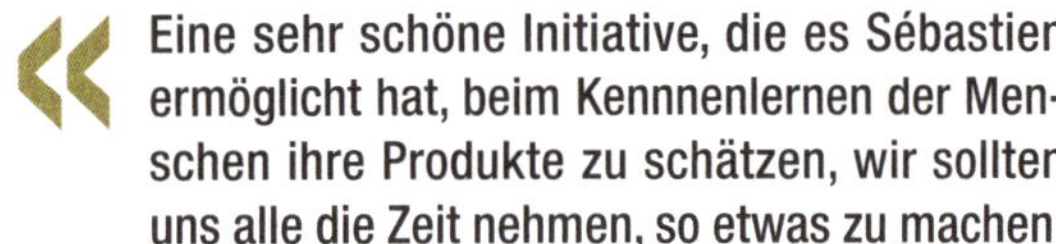

Eine sehr schöne Initiative, die es Sébastien ermöglicht hat, beim Kennnenlernen der Menschen ihre Produkte zu schätzen, wir sollten uns alle die Zeit nehmen, so etwas zu machen.

JEAN-LOUIS FARJOT

ÉRIC GUÉRIN:
Restaurant »La Mare aux oiseaux« in Saint-Joachim

Wegziehen, das Andere entdecken, beobachten, zusehen, staunen; dieses Rezept befolge ich täglich. Sébastiens Suche, dieses Eintauchen in die Kultur unseres Berufs kann nur den Zugvogel in mir berühren, der ich nach meinem Beruf als Koch bin. Mit diesem Abenteuer hat Sébastien ein schönes Kapitel in das Buch seines Lebens als Mann geschrieben.

ÉRIC GUÉRIN

ISABELLE BOYER:
Küchenchefin der »Abbaye Echourgnac« in Echourgnac

Eine sehr schöne Begegnung, eine sehr schöne Initiative, Du solltest der Botschafter junger, ein wenig verlorener Köche sein, die es nötig hätten, das Land und das Wissen kennenzulernen.

ISABELLE BOYER

PIERRE CAILLET:
Restaurant »Le bec au Cauchois« in Valmont

Der erste Kontakt war per E-Mail, und das Projekt hatte mich schon angesprochen. Dann sehe ich, einige Monate später, einen jungen Mann bei mir ankommen, der mir von Produkten und von Menschen, die sie herstellen, erzählt und der mich fragt, ob er kurze Zeit mit uns in der Küche verbringen könne.

»OK, du kommst morgen um 9 Uhr wieder und verbringst den Tag mit uns …« So habe ich die Bekanntschaft mit Sébastien und seinem Projekt gemacht. Er war von einem richtigen Entdeckergeist durchzogen, dem Wunsch nach Begegnungen, nach der Rückkehr zu den Ursprüngen. Ich bin davon überzeugt, dass er als Nächstes seine Erfahrung zum Glück seiner Kunden aufschreiben wird.

PIERRE CAILLET

OLIVIER BELLIN:

»Auberge des Glazicks« in Plomodiern

Ich habe Sébastien vor einigen Jahren kennengelernt, einen jungen, leidenschaftlichen Koch aus einer bretonischen Familie, wo man Schweine selbst schlachtet, was bedeutet, man kennt sich in der Fleischqualität aus. Seine Arbeit bei dem Freund Akrame war seriös und wertvoll.

Er beschließt, in Küchen und andere Orte des Kochberufs oder bei einfachen Privatleuten einzutauchen, das war eine ausgezeichnete Initiative, mutig, vielleicht manchmal schmerzhaft, aber so interessant, mehr zu erfahren über Produkte, Techniken und Methoden unserer Vorfahren, die von Generation zu Generation weitergereicht werden, einzigartige Kenntnisse, die er jetzt weitergeben kann.

Ich finde, diese Initiative ist von genialer Aktualität und von außergewöhnlichem Reichtum an Recherchen über unsere Regionen und letztendlich eine Bereicherung an menschlichen Begegnungen, die ihn immer prägen werden, also Glückwunsch und Hut ab, Seb!

OLIVIER BELLIN

ABER WARUM fortziehen?

Die Küche als Leidenschaft und Lebensart zu betrachten war offenbar von Kindesalter an meine Wahl. Zunächst die Hotelfachschule, um loszulegen, Grundlagen zu lernen, mich mit den Produkten vertraut zu machen, den Jahreszeiten und der Teamarbeit, dann ein paar Praktika, um in den Kern der Materie zu kommen. Danach, meine Ankunft in Paris mit 20 Jahren, zu einer Zusatzausbildung zum Pâtissier bei Guy Savoy. Als Jugendlicher hätte ich nie auf so einen Weg gewettet, er wäre mir vollkommen unzugänglich erschienen … Zunächst weil die Pariser Hektik kein ausreichendes Argument war, um fortzuziehen und dort zu leben, und weil ein Drei-Sterne-Restaurant ein unberührbares Heiligtum war, das ich mit dem Finger beim Lesen der Rezepte und der Porträts von Küchenchefs berührte. Durch meine Lehre in der Rue Troyon 18 wurde eine Utopie greifbar, und die Entdeckerlust überfiel mich …

Ich kündigte meine Abreise geradezu spontan an, ohne zu wissen, wohin meine neuen Bedürfnisse führten. Valentin Mille, mein Chef de Partie, spricht dann von Akrame, einem Küchenchef, mit dem er sich manchmal austauscht und der gerade einen Konditor sucht. Ein echter Segen … Ich komme also in der Rue Louriston an. Ich werde viereinhalb Jahre in dieser Straße bleiben, mit der Eröffnung des »Atelier Vivanda«, in dem ich später die Küchenleitung übernommen habe.

Ich reiste viel, von Manila nach Hong Kong, um am Ende in Bakou in Aserbaidschan zu landen, aber tief in mir verspürte ich die Lust, die Produkte meiner Kindheit, die ich fast schon zu vergessen begann, wieder zu verarbeiten. Also traf ich die Entscheidung, eine Pause in der Gastronomie einzulegen, um Kontakt zu Menschen aufzunehmen, ihre Produkte zu entdecken und den Boden, der sie wachsen und gedeihen lässt. Ich ging auf die Suche nach Leuten, die mich im Austausch gegen Unterkunft, Essen und kleine Handreichungen aufnahmen. Ein Projekt ohne lukrative Ziele, mit einem Fahrrad auf den Straßen Frankreichs.

Für einen Koch ist das Arbeiten mit schönen Produkten ein Glück. Einige werden sagen, dass die Küchenarbeit ein harter Beruf ist, wo die Arbeit von Stunden manchmal in einigen Sekunden des Genießens verschwindet, aber wir sind nur das letzte Glied in der Nahrungskette des Vergnügens … Wenn unsere Arbeit lang und manchmal mühsam ist, wie ist dann erst die Arbeit eines Austernzüchters, eines Fischers, eines Käseproduzenten, eines Züchters?

Es war also klar, dass ich vor der Zubereitung eines Produktes zuerst seine Grundlagen, seine Herstellung, seine Herkunft und vor allem seinen Charakter kennenlernen musste! Die Arbeitsstunden bei der Käseproduktion: Verkauf, Reifung, Herstellung, Behandlung, Pflege der Tiere, die Arbeit auf dem Feld …

Meine Route

TARDINGHEN
OYE-PLAGE
BOULOGNE-SUR-MER
LILLE
CHEMY
BERCK
VITZ-SUR-AUTHIE
AVESNES-SUR-HELPE
RAMBURES
AMIENS
THEUVILLE-AUX-MAILLOTS
BAILLEUL-NEUVILLE
VALMONT
LE HAVRE
HONFLEUR
DEAUVILLE
ROTS
REIMS
SAINTE-SUZANNE-SUR-VIRE
LISIEUX
GRANVILLE
SAINT-PIERRE-SUR-DIVES
PARIS
SAINT-PLANCHERS
PAIMPOL
CARANTEC
BREST
SAINT-BRIEUC
LAMPAUL-PLOUARZEL
RENNES
PLOMODIERN
QUIMPER
ROHAN
BULÉON
PENMARC'H
RIEC-SUR-BÉLON
SIXT-SUR-AFF
LANDAUL
GROIX
QUIBERON
ANETZ
DONGES
NANTES
DIJON
PORNIC
LES SORINIÈRES
LES MOUTIERS-EN-RETZ
SAINT-NICOLAS-LÈS-CÎTEAUX
NOLAY
LE GIROUARD
CHAILLÉ-LES-MARAIS
ARS-EN-RÉ
VILLEMONTAIS
CLERMONT-FERRAND
LYON
SAUJON
ÉCHOURGNAC
PAULIN
BORRÈZE
FRONSAC
SOUILLAC
LES EYZIES-DE-TAYAC-SIREUIL
SAINT-ÉMILION
BORDEAUX
MALARCE-SUR-LA-THINES
PAYZAC
BANNE
FONGRAVE
VILLENEUVE-SUR-LOT
MONTANS
TOULOUSE
MONTPELLIER
SOUBLECAUSE
ESPELETTE
LOURDIOS-ICHÈRE
MILHAS
MONTAGAGNE
LABASTIDE

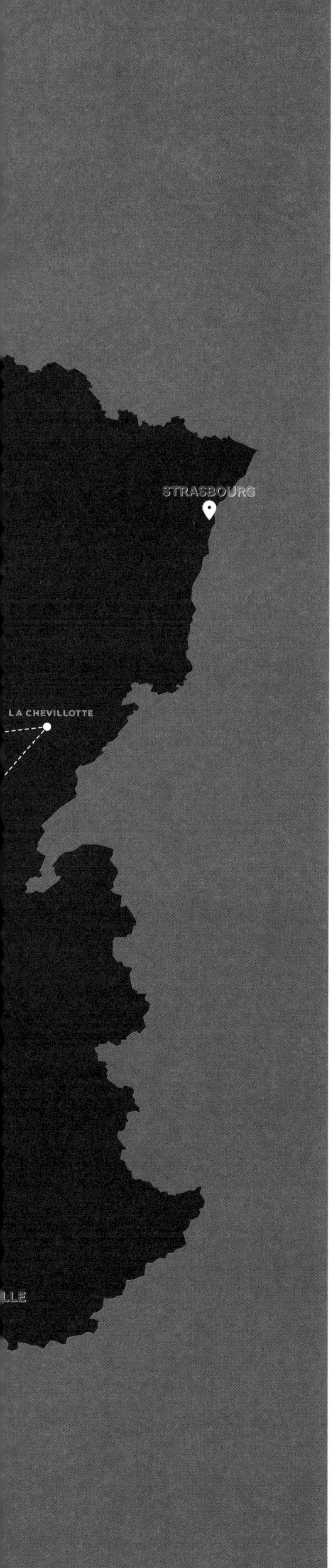

Alles Fragen, die man sich nicht täglich stellt, die aber jedes Produkt bestimmen. Und die Produzenten, wer sind sie hinter ihren abgespannten Zügen, ihren erdigen Händen, ihren gebräunten Gesichtern? Das Produkt ist immer im Bild seines Herstellers ...

Ich wollte das Alltägliche, das Universum, eine Region, die Umwelt entdecken, Augenblicke im Leben und der Arbeit teilen ... Mich nicht damit begnügen, bei dem »Produzenten, Handwerker oder Lieferanten« kurz vorbeizuschauen, nein, ich wollte einen vollständigen Zugang herstellen, wo jeder zum anderen führt. Überzeugt von meinem Projekt, war ich sicher, dass ich sehr wohl die Leute auf den Straßen Frankreichs verführen konnte und sich die Türen angesichts meiner Fahrradtour zu der Wiederentdeckung der Schätze unseres Bodens leichter öffneten.

Nachdem ich beschlossen hatte, meine Strecke im Departement *Nord* zu beginnen, musste ich nur noch die ersten beiden Monate meiner Reise vorziehen, besonders wegen des Wetters: Regen und Wind drohten, mit von der Partie zu sein! Letztendlich hat mich mein Zelt auf der gesamten Reise begleitet und ist nur ein einziges Mal aufgestellt worden, in der Bretagne in Carantec im April, aber ich wollte nicht unerwartet bei Leuten erscheinen, die mir »ja« per E-Mail, am Telefon oder sogar persönlich gesagt hatten. Es sind anspruchsvolle Berufe, bei denen die handwerkliche und körperliche Arbeit sehr viel Zeit einnimmt. Man musste grundsätzliche Vereinbarungen treffen und die Route mit Verfügbarkeit der Leute abstimmen.

Zwischen Familie, Freunden, Arbeitskollegen, landwirtschaftlichen Ausstellungen in Paris, Produzenten hier und da, Küchenchefs, die ich kannte (oder auch nicht), wurde mein Adressbuch schrittweise immer voller: ich habe die Leute, die mich aufgenommen hatten, oft gefragt, ob sie nicht Freunde oder Bekannte hätten, zu denen sie mich schicken könnten. Das ergab sich manchmal erst am Abend vor der Abfahrt!

Ausgestattet mit meinen Wünschen, meinem Arbeitsgeist, meinem Fahrrad und meinen guten Absichten war ich bereit, die Menschen und das köstliche Essen Frankreichs zu erkunden. Aber eine letzte Sache lag mir auf der Seele, ich wollte meinen Gastgebern danken, indem ich ihr Produkt zubereitete, das ehrte, was ich unter den Händen hatte, auf der Stelle, ohne Zeremonie. So habe ich meine Messer mit zu meiner Ausrüstung genommen. Ich habe die Kühlschränke durchsucht, auch die Schränke, die Tiefkühler haben mir ihre Schätze hinterlassen, und der Gemüsegarten ist mein Glücksbegleiter geworden. Wie ich meine Füße unter ihre Tische stellen durfte und mich um alles kümmern musste, war keine leichte Aufgabe!

Wenn Frankreich wegen seiner Gastronomie strahlt, darf man nicht den Reichtum und die Vielfalt der Produzenten und Handwerker vernachlässigen. Das ist das Ergebnis meines Projekts dieser *Tour de France*: ein Buch des Austauschs von Rezepten, Gefühlen, Anekdoten, von der Reise ... Ich kam einfach an und fuhr wieder weg wie ein Familienmitglied. Die Straßen Frankreichs sind schön und köstlich. Es wäre schade, an ihnen vorbeizufahren ...

SÉBASTIEN

ETAPPEN 1 & 2

1. BIS 3. FEBRUAR

AVESNES-SUR-HELPE (NORD)

Reisen bilden die Jugend

LYCÉE HÔTELIER D'AVESNES-SUR-HELPE
FERME BAHARDES
59440 Avesnes-sur-Helpe

DER BEGINN EINES ABENTEUERS

Im Jahr 2016 hatte ich die Gelegenheit, zum Arbeiten auf die Philippinen zu reisen, zur Eröffnung des Restaurants »Atelier Vivanda«. Danach ein Besuch in Hong Kong, dann Richtung Aserbaidschan, mit der Hauptstadt Baku, zur Voreröffnung eines neuen Restaurants: mit ausländischen Waren, lokalen Lieferanten und Küchenexperimenten – eine weitere großartige Erfahrung in der Küche. Das »Paris Bistro« in Baku lässt die französische Gastronomie erstrahlen. Das Treffen mit seinem Chefkoch Thibault Bera wurde zu einem außergewöhnlichen Erlebnis. Und mein Projekt hat ihm gleich einen Floh ins Ohr gesetzt. »Warum kommst du nicht in meine Gegend auf deiner *Tour de France*, in die Gegend von Maroilles, und warum nicht auch einen Besuch in meiner alten Hotelfachschule einlegen?« Durch die wenigen Worte war die Botschaft durchgekommen, die *Tour de France* wurde organisiert, und mein Entschluss, im Departement *Nord* loszufahren, stand klar am Horizont.
» – Thibault, ich werde die Tour im *Nord* beginnen.
– OK, lass mich noch ein paar Anrufe erledigen, und ich komme zu dir zurück.«
Und das war's.

Zurück auf die Schulbank

Nach einer Bahnfahrt vom *Morbihan* erreichte ich die Schule vom Bahnhof aus zu Fuß. Thibault hatte das Programm organisiert. Meine allererste Etappe auf meiner *Tour de France* wurde also die Hotelfachschule von Avesnes-sur-Helpe mit einem Besuch in der Küche und Unterhaltungen mit den Schülern über die Erfahrungen, die ich nach meinem Examen vor sieben Jahren machen konnte. Eine prägende Bekanntschaft auf dieser Etappe war zweifelsohne ihr Lehrer M. Christophe Dovergne, Mitbegründer der wohlbekannten Website »750g«.

RIECHEN SIE MAL

Dovergne organisierte mir einen Vormittag auf dem Käsebauernhof Bahardes bei Herrn und Frau Juste: Das wurde meine zweite Etappe! Herr Gouteau lieh mir großzügigerweise ein Mountainbike, und los ging es über acht Kilometer auf dem Land bei Thiérache. Zwei Kilometer vor der Ankunft hatten beide Reifen einen Platten. Ich lief den Rest zu Fuß. Das fing ja gut an, aber es blieben die einzigen Platten auf der Tour. Der Bauernhof bietet einen *maroilles fermier* (mit der Milch vom Hof, vor Ort hergestellt) an, aber auch andere Käsesorten *(boulettes d'Avesnes, tomme de Thiérache ...)* und Milchprodukte (Joghurt, Frischkäse ...). Sie besitzen eine Herde von 120 Kühen, davon 85 Prozent *schwarzbunte Bretonen* und 15 Prozent aus einer Kreuzung *Rouges Flamandes* und *Bleues du Nord.* Die Herde wird zu 80 Prozent mit Produkten der eigenen Nutzfläche gefüttert: eine lokale Produktion mit Herz.

Das morgendliche Melken liefert 1 200 Liter zur Herstellung der beiden Käsesorten: des *maroilles* und *tomme de Thiérache.* In der Käserei wird die Rohmilch frisch aus den Eutern der Kühe gemolken und verarbeitet. Man fügt Milchsäure hinzu, um die Milch in 45 Minuten bis zu eineinhalb Stunden anzusäuern, dann kommt das Lab dazu. Alles geht um Säuerung und Gerinnung. Nach diesem Schritt sind vor der Arbeit im *cave* die Portionierung und Entwässerung an der Reihe.

Reden wir vom *cave*! 98 Prozent Luftfeuchtigkeit in den roten so typischen Bachsteingebäuden des Departements *Nord.* Der entwässerte Käse kommt in eine saturierte Salzlake (mehr Salz als Wasser, damit das Salz sich nicht auflöst), dann wird er Tag um Tag gebürstet. Das Endprodukt kennen Sie: ein Käse von oranger Farbe (als ob er das Ergebnis einer perfekten Osmose zwischen dem Käse und den Ziegelsteinen der Kellerwände wäre), ein so feiner Duft in der Nase für einen betonten, einzigartigen Geschmack. Ohne Mäßigung zu verkosten!

ETAPPE 3
CHEMY (NORD)

3. BIS 5. FEBRUAR

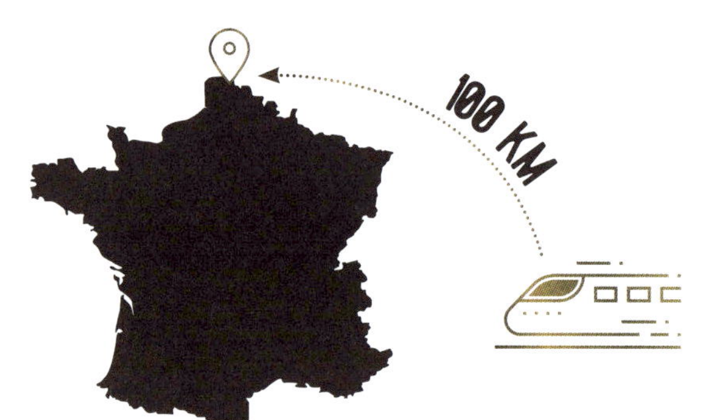

Zarte Karkassen

PIERRE UND JULIE LESAGE
METZGER
57 rue de la mairie
59147 Chemy

Von der Küche in die Metzgerei

Um zu verstehen, wie ich zu Pierre Lesage gekommen bin, muss man einige Jahre zurückgehen, als ich im »Atelier Vivanda« bei Küchenchef Akrame Benallal gearbeitet habe. Das war zwei Jahre lang mein Universum. Auf Latein bedeutet *vivanda* »was man zum Leben braucht«, und davon ist das Wort »viande« (Fleisch) abgeleitet. Dort war das Fleisch unsere Religion. Um unseren Qualitätsansprüchen gerecht zu werden, ließen wir uns nur von einer Metzgerei, die seit drei Generationen in Chemy ansässig war, beliefern: Maison Lesage.

Qualität & HANDWERK, ZAUBERWORT IM Maison Lesage

Der Arbeitstag mitten in den Karkassen beginnt um 5:30 Uhr. Pierre vertraut mich Patrick, seinem Metzger, an. Wir tragen sehr warme, gefütterte Kleidung – es sind minus vier Grad. Patrick streift sich Schutzhandschuhe über, um sich nicht an scharfen Knochen oder beim Wegrutschen des Messers zu verletzen.

VON DER KUNST DES SCHNEIDENS

Hier wird das Fleisch mit größter Sorgfalt ausgewählt, ob es aus Frankreich, Europa oder woanders herkommt. Nur die Qualität zählt. Es wird gründlich untersucht, um sicherzustellen, dass eine optimale Reifung zum gewünschten Ziel führt. Alle Fleischsorten werden gereift: Rind, Kalb, Lamm und manchmal sogar Schweinefleisch.

Fleisch benötigt Zeit, um gut zu sein. Die Reifung bewirkt, dass es zart und aromatisch wird, da die Fasern und Muskeln sich entspannen und das Fett zirkuliert und sich im Fleisch verteilt.

Den ganzen Vormittag bearbeitet und schneidet Patrick mit beeindruckender Meisterlichkeit. Das Messer durchtrennt Membranen, Gelenke, Knorpel und Knoten unter meinen staunenden Blicken.

Die Teile werden mit schwindelerregender Geschicklichkeit geschnitten – ich habe den Eindruck, ein Ballett zu betrachten, in dem Patrick den Tanz leitet! Seine Kunst erfordert große Strenge, Genauigkeit und Konzentration. Nichts stört ihn, selbst wenn er neben seiner Arbeit noch auf meine Fragen antwortet. Ich bin begeistert von seiner Fingerfertigkeit und frage ihn, wie er das hinkriegt.

Wenn er nur die Tierkörper betrachtet, erkennt er sofort jedes Tier und seine Rasse. Das ist unglaublich! Selbst in der Küche, mit unseren schönen Kochmessern sind wir, wenn wir denken, wir beherrschen das Schneiden, Lichtjahre vom Können des Metzgers entfernt. Die Zeit vergeht, und ich weiß nicht, ob es die Nähe all des guten Fleisches ist, das anfängt, mir einen Riesenhunger zu bereiten! Patrick bittet mich, ihm in den Pausenraum zu folgen, wo es einen Kaffee und Brot mit Leberpastete gibt – etwas ungewöhnlich, aber passt sicher gut, wenn man einige Hundert Kilo Fleisch getragen und zerteilt hat!

Auf den Sattel!

Der Nachmittag ist mit der Ankunft meines neuen Fahrrads ausgefüllt. Aber meine Begeisterung verblasst schnell: Mit dem ganzen Regenwasser läuft es nicht gut, ich versuche eine Zeit lang, die Batterien mit einem Föhn zu trocknen! Während dieser Momente des Zweifelns frage ich mich, wie es mit meinem Projekt weitergeht.

Glücklicherweise vergesse ich diese deprimierende Episode dank eines erfreulichen Abends. Ich war netterweise zu einem *Pot-au-feu*, wie man ihn nicht mehr macht, eingeladen … Die Unterhaltung war fröhlich, es gab viele Themen, mit einem leichten Schtii-Akzent.

Am nächsten Tag stieg ich in den Sattel: Richtung Werkstatt von Dave, einem befreundeten Mechaniker von Pierre, der einige Einstellungen an meinem Fahrrad in letzter Minute gemacht hat.

Und weg bin ich, auf den Straßen Frankreichs, ins Unbekannte, und lasse hinter mir eine gastfreundliche, großzügige Familie, verliebt in das Gute und Schöne …

Das Fleisch flirtet hier mit dem Gemüse: Alles köchelt lange zusammen, bevor es mit der Sauce eine Verbindung eingeht, die seine köstlichen Fasern aufweckt! Ein aufmunterndes Gericht – besonders wenn der erste Frost des Winters in Sicht ist.

KALBSHAXE im POT-AU-FEU ravigote

FÜR 4 PERSONEN

ZUBEREITUNG: 30 MIN – GARZEIT: 1 STD 45

200 G GERÄUCHERTER SPECK + 1 ZWIEBEL + 20 G BUTTER + 1 ½ KG KALBSHAXE + 1 KLEINE KNOLLE SELLERIE + 2 GROSSE KAROTTEN + 2 MAIRÜBCHEN (NAVETTEN) + 2 LORBEERBLÄTTER + 4 SCHEIBEN TOASTBROT + FLEUR DE SEL.

FÜR DIE SAUCE RAVIGOTE: 1 EI + 1 SCHALOTTE + 1 EL KAPERN + ⅓ BUND GLATTE PETERSILIE + 1 TL SENF + 50 ML ROTWEINESSIG + SALZ + SCHWARZER PFEFFER AUS DER MÜHLE + 100 ML TRAUBENKERNÖL

1. Den Speck ohne Fett in einem Schmortopf 3 Minuten pro Seite anbraten. Das geschmolzene überschüssige Fett entfernen. Die Zwiebel abziehen, vierteln und dazugeben. Dann die Butter hinzufügen. Das Ganze 5 Minuten braten. Die Kalbshaxe in den Schmortopf legen und so viel Wasser zugießen, dass das Fleisch damit bedeckt ist.

2. Den Sellerie, die Karotten und die Mairübchen schälen, waschen und grob würfeln.

3. Wenn das Wasser im Topf kocht, den Schaum abschöpfen. Die Lorbeerblätter hinzufügen und 1 Stunde im geschlossenen Topf garen.

4. Für die Sauce Ravigote das Ei 10 Minuten kochen, abkühlen lassen und pellen. Die Schalotte abziehen und fein würfeln. Die Kapern und das Ei fein hacken. Die Petersilie waschen und fein hacken. Die Schalotte, die Kapern, das Ei, die Petersilie, den Senf, den Essig, 2 Prisen Salz und etwas Pfeffer in einer Schüssel verrühren. Die Sauce mit dem Öl montieren.

5. Am Ende der Garzeit die Karotten in den Schmortopf geben. Nach 10 Minuten den Sellerie hinzufügen. Nach weiteren 10 Minuten die Mairübchen hinzufügen und 10 Minuten weitergaren.

6. Den Pot-au-feu heiß mit der Sauce Ravigote servieren. Das Fleisch mit einem Löffel vom Knochen lösen, das Mark auslösen, auf einer Scheibe Toast verteilen und mit etwas Fleur de sel bestreuen.

ETAPPE 4

OYE-PLAGE (PAS-DE-CALAIS)

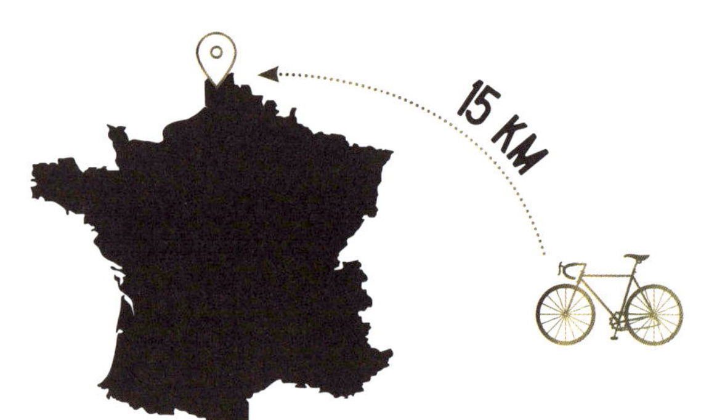

Wie ein Schiff-brüchiger

FAMILIE BOULOGNE
MODERNE GASTWIRTE
62215 Oye-Plage

Auf den Sattel!

Ich schlage die Richtung Restaurant »La Grenoullière« in Madelaine-sous-Montreuil ein, wo ich einen Termin mit Küchenchef Alexandre Gauthier für ein kurzes Gespräch habe … leider entscheidet die atemlose Technik meines Fahrrads heute anders: Ich habe nur noch eine von zwei Batterien, eine der Türen meines Anhängers schließt schlecht, meine Bremsen funktionieren nicht mehr … Nach 15 Kilometern liege ich auf der Strecke. Ich rufe die Sekretärin des Chefs an, um ihnen meine Lage zu schildern … ich habe nicht einmal mehr die Kraft, mein Rad zu schieben, es ist äußerst schwer, und ich bin erschöpft …

Mit dem Fahrrad oder zu Fuß?

Ich suche nach Lösungen, da ich einem Problem bezüglich der Größe entgegensehe: Mein Gefährt kann nur mithilfe eines Anhängers oder eines Kleinlasters bewegt werden. Nach einigen Telefonaten eilt die Familie Boulogne mir zu Hilfe, und ich warte jetzt auf meine Retter.
Ich entscheide, die Zeit zur Problemdarstellung zu nutzen und es pragmatisch zu betrachten. Was tun, um das Abenteuer fortzusetzen? Muss ich zu Fuß weitermachen? Das ist möglich. Ich stelle mir vor, wie ich als Pilger von Compostela, von früh bis spät über meinen Stock gebeugt, die Straße entlanglaufe.
Diese bukolische, stark idealisierte Vision wird meine Eltern nicht überzeugen; sie werden mir eher ein richtiges Fahrrad anbieten, als dass sie mich meine Sohlen auf den schönen Straßen Frankreichs ablaufen lassen. Anne Boulogne kommt mit Mickaël, einem Freund der Familie, der sich einen Anhänger für das Wochenende geliehen hat. Beschämt, dass ich diese guten Seelen aus ihren sonntäglichen Beschäftigungen gerissen habe, verzurre ich das Fahrrad unter einem nicht schwächer werdenden Regen. Dann nehmen wir die Landstraße, 100 Kilometer Richtung Oye-Plage.

EINE WOCHE in der Küche

Gleich bei meiner Ankunft wechsele ich von meinen Schuhen in meine geliebten Küchenschuhe. Ich trage sie immer gerne, besonders unter diesen Umständen: ein Essen vorbereiten für die Familie Boulogne und die von Mickaël, zwölf Personen, die mich aufgesammelt haben, als ich durchnässt und verzweifelt war. Ich koche ihnen Spaghetti bolognese, denn ich kenne kein besseres Mittel gegen einen grauen, kalten und verregneten Sonntagabend.
Vor dem Herd beruhige ich mich, denn in Wirklichkeit ist gerade das die Essenz meines Projekts: im Unbekannten ankommen, sich in aller Einfachheit aufnehmen lassen und kochen, um zusammenzukommen! Wie Herbergsleute aus alten Zeiten empfängt mich die Familie Boulogne voller Vertrauen, und wir teilen kostbare Stunden. Die darauffolgende Woche wird also ausnahmslos der Küche gewidmet. Das Wichtige ist, spontan zu bleiben, natürlich, und mich auf eine Küche für die Familie zu konzentrieren, gemacht aus dem, was ich hier vorfinde, und nicht auf eine Küche, die auf meine Ideen antwortet.

Überraschungsmenü BEI CASSEL

Im Laufe der Woche treffe ich – zu meiner größten Freude – Eugène Hobraiche im Restaurant »Haut Bonheur de la Table« in Cassel. Ich wurde ihm von einem gemeinsamen Bekannten, Christophe Dovergne, Mitbegründer der bekannten Website »750g«, empfohlen. Ich komme gegen Mittag an, denke, ich könnte dem Service etwas zur Hand gehen, und finde mich in der Küche wieder, sitze am Tisch dem Chefkoch gegenüber, um ein verdammt gutes Überraschungsmenü zu essen! Eugène und Marie-Pierre Hobraiche sind in vielen der großen Restaurants gewesen, bevor sie in ihre Heimat zurückkehrten. Sie arbeiten fast ausschließlich mit regionalen Produkten. Der Nachmittag vergeht schnell zwischen Gesprächen über *sucre soufflé* und der französischen Küche.

Auf den Sattel!

Am Ende dieser Woche mit so warmem Empfang übernehme ich ein richtiges Fahrrad mit elektrischer Unterstützung für die vielen Hügel, die mich erwarten, und mit einem Anhänger für den Transport meiner Sachen. Für mein altes Gefährt hat die Stunde des Rückzugs geschlagen. Mein Gepäck ist geschnürt, meine strammen Waden und meine Nerven aus Stahl sind bereit, die Straßen Frankreichs zu befahren.

DIE Zichorienherausforderung!

Die Boulognes haben mich gefragt:
»Kennst du Zichorie?
– Mehr Name als Geschmack, warum?
– Hier ist eine Herausforderung für dich: verwende Zichorie in der Küche. Entdecke die Zichorie von Lutun, das ist der letzte handwerkliche Zichorienröster Frankreichs, in Oye-Plage.«
Natürlich habe ich diese Herausforderung gerne angenommen. Bei dieser Gelegenheit lud ich die gesamte Familie ein, der ich ein Dankesmenü für diese Woche, in der ich wieder in die Gänge gekommen bin, gekocht habe. Hier ist das Menü, das ich ihnen rund um regionale Produkte vorgeführt habe:

- Kartoffelcrème, Haddock, Zichorie
- Wolfsbarsch, Jus aus Zichorie und Pflaumen, Birnen, Topinambur
- Bratäpfel, Biercrème, Karamell von der Zichorie, Meringue

Ein bisschen Völlerei für den Winter … Wir nehmen ein paar Spekulatius, fügen etwas typischen Vergeoise Zucker aus Nordfrankreich hinzu, vermengen beides mit einem Teig, bedecken ihn mit Mandelcreme, krönen ihn mit kandierten Birnen, Mandeln … und fertig!

TARTE mit BIRNEN, Spekulatius & Vergeoise

FÜR 4 PERSONEN

ZUBEREITUNG: 30 MIN + 1 STD ZUM RUHEN – KOCH-/BACKZEIT: 1 STD 05

4 BIRNEN + 250 G VERGEOISE ZUCKER + 30 ML ZITRONENSAFT + 1 VANILLESCHOTE + 100 G SPEKULATIUS + 200 G MEHL (TYPE 405) + 200 G BUTTER + 2 EIGELB + 2 EIER + 100 G GEMAHLENE MANDELKERNE + 3 EL DUNKLES BIER + 40 G MANDELBLÄTTCHEN

1. Die Birnen schälen, vierteln und das Kerngehäuse entfernen.

2. 80 g Vergeoise Zucker, den Zitronensaft, das Mark der Vanilleschote und 1 l Wasser in einen Topf geben. Bei geringer Temperatur zum Köcheln bringen und die Birnen darin etwa 15 Minuten pochieren. Mit einem Messer in die Birnen stechen, um den Garpunkt zu prüfen: Sie müssen weich sein. Die Birnen in dem Sirup auf Zimmertemperatur abkühlen lassen.

3. Den Spekulatius in einem Mixer zerkleinern und in einer Schüssel mit dem gesiebten Mehl und 70 g Vergeoise Zucker vermischen.

4. In die Mitte eine Mulde drücken und 100 g weiche Butter, die Eigelbe und 2 EL Wasser dazugeben. Mit den Händen gut vermengen und eine Teigkugel formen. Den Teig in Frischhaltefolie wickeln und 1 Stunde im Kühlschrank ruhen lassen.

5. Den Ofen auf 180 °C (Ober-/Unterhitze) vorheizen. Die gemahlenen Mandeln auf einem mit Backpapier ausgelegten Backblech verteilen und 10 Minuten backen. Auf Zimmertemperatur abkühlen lassen.

6. 100 g weiche Butter und 100 g Vergeoise Zucker in eine Schüssel geben und vermengen. Die Eier, das Bier und die gemahlenen Mandeln unterrühren.

7. Den Ofen auf 180 °C (Umluft) vorheizen.

8. Den Teig 3 mm dick ausrollen und in eine Tarteform von 24 cm Durchmesser einlegen. Die Mandelcreme auf den Boden geben und glatt streichen. Die Birnen gleichmäßig darauf verteilen und mit Mandelblättchen bestreuen. 40 Minuten backen.

Im *Pas-de-Calais* ist in jedem Kühlschrank ein Bier und ein *Maroilles*.
Das ist natürlich ein Klischee, aber wie der Japaner sagt, wird die Reise ins Land der aufgehenden Sonne durch eine Mischung aus Geschmack und Vielfalt gewährleistet. Noch ein ch'ti croc …

YAKITORI-SPIESSE, Perlhuhn & Maroilles

FÜR 4 PERSONEN

ZUBEREITUNG: 15 MIN + 2 STDN ZUM MARINIEREN – GARZEIT: 15 MIN

500 ML DUNKLES BIER + 50 G VERGEOISE ZUCKER + 2-3 CM FRISCHER INGWER + 2 KNOBLAUCHZEHEN + 2 PERLHUHNBEINE (OHNE KNOCHEN) + ½ MAROILLES (KÄSE) + 4 HOLZSPIESSE + 2 EL OLIVENÖL + FLEUR DE SEL

1. Das Bier mit dem Vergeoise Zucker 5 Minuten lang kochen und dann abkühlen lassen.

2. Den Ingwer schälen, den Knoblauch abziehen, beides zu einer Paste zerdrücken und unter das abgekühlte Bier rühren. Die Perlhuhnbeine längs halbieren und in die Marinade legen. 2 Stunden kalt stellen, damit das Fleisch den Geschmack der Marinade annimmt.

3. Das Fleisch abtropfen lassen. Den Käse in acht Würfel schneiden. Auf jeden Spieß einen Streifen Perlhuhn und zwei Würfel Maroilles stecken: das Ende des Perlhuhnstreifens auf der Hautseite einstechen, einen Würfel Maroilles aufspießen, das Perlhuhnstück darüberlegen und wieder auf der Hautseite einstechen. Den zweiten Würfel Maroilles aufspießen und abschließend das Perlhuhnstück mit der Hautseite darüberlegen und einstechen.

4. Den Ofen auf 200 °C (Ober-/Unterhitze) vorheizen. Das Olivenöl in einer Pfanne erhitzen. Wenn es raucht, die Spieße unter Wenden kurz darin anbraten, bis die Perlhuhnhaut schön gebräunt ist. Dann die Spieße für 5 Minuten in den Ofen geben. Kurz vor dem Servieren mit Fleur de sel bestreuen.

18. BIS 20. FEBRUAR

ETAPPE 5

TARDINGHEN (PAS-DE-CALAIS)

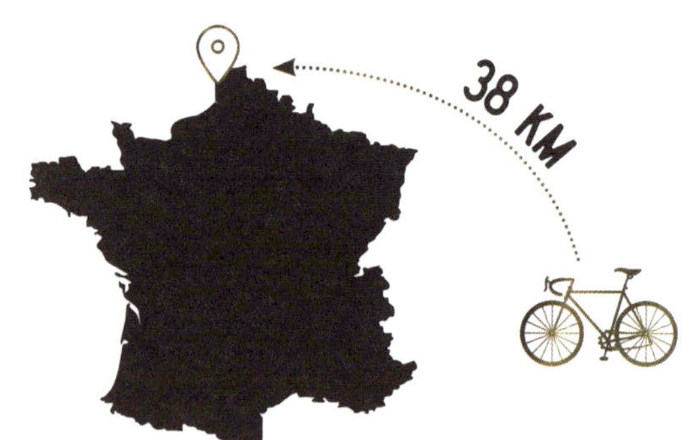

Auf zu den Noyons!

CHRISTOPHE UND ALEXIA NOYON
BIERBRAUER
Brasserie des 2 Caps
1413 route d'Ausques
62179 Tardinghen

Auf den Sattel!

Der erste Ausflug mit einem Fahrrad, das funktioniert! Auf dem Programm: 38 Kilometer von Oye-Plage nach Tardinghen. Ich fahre vergnügt los, aber die Realität wird mich noch einmal einholen, denn ich habe einige Schwierigkeiten, meine neue Ausrüstung zu zähmen!
Mitten im Zentrum von Calais wäre ich fast gestürzt, weil ich mich in Schuhhalterung und Pedale verheddert hatte … zum Glück mehr Angst als Schaden, und nach einigen emotionalen Momenten befinde ich mich auf der Landstraße, beruhigt … bevor ich mich wieder verfahre.
Völlig verwirrt versuche ich, die Strecke durch Seitenwege abzukürzen, aber die sind leider eher für Traktoren vorgesehen. Nachdem ich bei Hervelinghen eine rasante Strecke zurückgelegt habe, an die sich meine Waden jetzt noch erinnern, nähere ich mich dem Ziel. In dem Zustand schreien alle meine Beinmuskeln um Gnade.
Glücklicherweise bietet mir das Ende der Reise in Richtung des Bauernhofs von Belle Dalle, wo sich auch die »Brasserie des 2 Caps« befindet, eine schöne, beschauliche Strecke, die hinunter bis ans Meer führt.

EIN EHEMALIGER BAUERNHOF JETZT EINE Brauerei

Die »Brasserie des 2 Caps« befindet sich zwischen dem Kap *Gris-Nez* und dem Kap *Blanc-Nez*. Seit 2003 haben Christophe und Alexia dort ihren Brauereibetrieb installiert, auf dem alten Getreidehof der Familie, wo Christophe das Licht der Welt erblickt hat. Als seine Eltern aufgehört hatten, fanden sie keinen Nachfolger für den Bauernhof. Es musste eine Entscheidung gefällt werden. Mit dem Einverständnis seiner Schwestern hat Christophe, der bereits Agraringenieur war, beschlossen, eine Zusatzausbildung als Braumeister in Belgien zu absolvieren. Sein Ziel: den alten Bauernhof wieder neu zu beleben, und zwar mit dem Schwerpunkt Bierbrauerei.
Aber besonders wollte Christophe, der die industriellen Produkte leid war, die den Markt überfluten, die Franzosen den Geschmack des handwerklich gebrauten Bieres wiederentdecken lassen!
Dieser alte Bauernhof in der Gegend um Boulogne aus dem 18. Jahrhundert, in sehr schlechtem Zustand am Anfang, hat also nach und nach wieder Leben erhalten. Er ist komplett Stein für Stein wieder aufgebaut worden, auch das Taubenhaus wurde neu gebaut – dank der Einkünfte aus Christophes Brauereiaktivität. Das scheint alles zusammengefasst sehr einfach, es ist in Wirklichkeit eine sehr komplexe Angelegenheit! Um dieses Projekt fertigzustellen, haben Christophe und Alexia viele Aktivitäten durchführen müssen: aussäen, kultivieren, brauen und kommerzialisieren. Der Hof ist von 63 Hektar Land umgeben und produziert 95 Prozent seiner Gerste selbst – der Hauptbestandteil von Bier. Bei klarem Wetter kann man auf der anderen Seite des Kanals England sehen!

Bierherstellung

Der erste wesentliche Schritt ist die Liebe zum Bier und zum Beruf. Nach der Ernte lässt Christophe seine Gerste bei einem Fachbetrieb im wenige Kilometer entfernten Belgien mälzen. **Gerste mälzen** besteht darin, die Körner so lange keimen zu lassen, bis sie Enzyme entwickeln, die dann die Stärke der Körner in Zucker umwandeln. Die drei Schritte der Mälzung sind heikel – man muss die Körner einige Stunden in Wasser einweichen, sie dann an einem luftigen Ort auf einer glatten Oberfläche ruhen lassen, dann, wenn sie keimen, im Ofen trocknen.

Für den nächsten Schritt, der **Umwandlung in Zucker**, kommt die gemälzte Gerste danach zurück auf den Bauernhof von Belle Dalle. Es wird warmes Wasser hinzugefügt, dann, nach dreimaligem Filtern, beginnt die Arbeit der Enzyme von Neuem: Sie wandeln weiterhin Stärke in Zucker um. Diese Zucker sind absolut wichtig, weil sie die Nahrung für die Bakterien bilden, die für die Fermentierung zuständig sind. Danach wird Hopfen hinzugefügt, der dem Bier die bittere Note verleiht und nebenbei die Enzyme zerstört, die nicht mehr gebraucht werden – das ist die **Hopfengabe** .

Am Ende geht es zur **Fermentierung**, indem der Mischung Hefe beigegeben wird. Das ist der Augenblick, indem der Zucker sich in Alkohol umwandelt. Die Fermentierung dauert von drei bis zu sechs Tagen und findet bei einer mittleren Temperatur von 18 bis 26 Grad statt. Eine zweite Fermentierung, hoch oder niedrig – nach der von den Hefen verlangten Temperatur, die entweder *Lagerbiere* oder *Ales* hervorbringt – kann stattfinden. Die letztendlich gewonnene Flüssigkeit wird geklärt oder nicht.

DIE Biere DER REGION

Bei meinem Aufenthalt bei Christophe und Alexia ist das Bier gewiss gut geflossen … Aber nicht von der Menge, sondern von der Vielfalt haben wir profitiert, um alle kleinen Tricks zu entdecken, die Christophe im Laufe der Zeit eingesetzt hat. Jedes seiner Biere trägt den Namen eines Ortes aus der Region – eine Hommage an seine Heimat und seine Wurzeln.

• **La 2 Caps**, eine Referenz an die *beiden Kaps »Blanc-Nez« und »Gris-Nez«*: ein reines Malzbier mit verschiedenen Aromen, was man gut zum Aperitif oder zur regionalen Küche trinken kann – Muscheln mit Pommes Frites (moules-frites), Hering, Geflügel, Schmorgerichte …

• **La Blanche de Wissant**, eine Referenz an den weißen Sand der Côte d'Opale: ein *weißes Bier* (bière blanche), leicht, gebraut von zartem Winterweizen und gemälzter Gerste. Dieses Bier trinkt sich ideal im Sommer, es ist aromatisch und erfrischend, man kann es auch das ganze Jahr über trinken, als Begleitung zu Fisch, Crevetten, Krabben …

• **La Noire de Slack**, eine Referenz an die benachbarten Sümpfe von Slack: ein *schwarzes Bier* (bière noire) mit gerösteter Gerste, erfrischend und belebend. Seine subtilen und kräftigen Düfte sind die Frucht eines ganz besonderen Rezepts und Brauvorgangs. Es passt ideal zu Käsesorten, deren Rinde mit dem gleichen Bier gewaschen wurde.

• **La Belle Dalle »Jahrgangsbier«**, mit dem Namen des Bauernhofs: ein verkostendes Bier auf der Hefe »Single Malt«, Aperitif und Digestif, das ausschließlich mit der Gerste des *Bauernhofs »Belle Dalle«* gebraut wird.

Mit seinem Geschmack für die Gastronomie, seiner Leidenschaft für seine Arbeit und für die schöne Region hat Christophe die Entwicklung der Neuheit noch nicht abgeschlossen, immer auf der Suche nach Perfektion. Als Beweis dafür erhielt sein Bier der »2 Caps« bei der ersten Ausgabe der »France Bière Challenge« die Goldmedaille.

Bier ist ein fester Bestandteil der nordfranzösischen Gastronomie. Hier wird es für eine schöne süß-salzig-bittere Mischung mit Chicorée und Vergeoise Zucker in Verbindung gebracht, die gut in ihrem Terroir verankert sind.

HUHN MIT BIER in 2 Varianten

FÜR 4 PERSONEN

ZUBEREITUNG: 30 MIN – GARZEIT: 1 STD

1 Freilandhuhn (Beine von der Brust abgetrennt) + Salz und Pfeffer + 1 Karotte + 1 Bund Mairübchen (Navetten) + 40 g Butter + 4 grosse Champignons + 2 Chicorée + 2 EL Olivenöl + Saft und Abrieb von 1 unbehandelten Orange + 40 ml Picon Bière (Likör) + 1 l dunkles Bier + 25 g Vergeoise Zucker + 200 g Crème fraîche + 1 Eigelb + Fleur de sel

1. Den Ofen auf 180 °C (Ober-/Unterhitze) vorheizen. Die Hühnerteile salzen und pfeffern und mit etwas Wasser in eine feuerfeste Auflaufform mit Deckel geben. Bei geschlossenem Deckel 45 Minuten im Ofen garen, gelegentlich begießen.
2. Die Karotte in Stücke schneiden, die Mairübchen halbieren (das Grün aufbewahren) und mit der Butter in einer Pfanne 10 Minuten braten. Die Champignons vierteln und nach 5 Minuten dazugeben. Mit Salz und Pfeffer würzen und beiseitestellen.
3. Den Chicorée halbieren und salzen, 1 EL Olivenöl in einer Pfanne erhitzen und die Schnittseiten des Chicorées darin anbraten. Wenn sie gebräunt sind, mit dem Orangensaft ablöschen. Bei geschlossenem Deckel bei niedriger Temperatur etwa 20 Minuten köcheln lassen, bis die Flüssigkeit aufgenommen ist. Den Picon Bière hinzufügen. Wenn man mit einem Messer leicht in den Chicorée gleiten kann, ist er gar.
4. Die Hälfte des Bieres mit der Hälfte des Zuckers 20 Minuten in einem Topf bei niedriger Temperatur reduzieren.
5. Die Auflaufform aus dem Ofen nehmen. Die Ofentemperatur auf 250 °C erhöhen.
6. Die andere Hälfte des Bieres in einem Topf erhitzen. Die Crème fraîche und das Eigelb unterrühren, salzen und pfeffern. Die Hühnerbeine und das gekochte Gemüse hinzufügen.
7. Das Grün der Mairübchen kurz in 1 EL Öl anbraten, salzen und warm halten. Die Auflaufform mit der Hähnchenbrust weitere 15 Minuten in den Ofen stellen und mit etwas Bierreduktion begießen (den Sirup gleichmäßig auf der Haut verteilen). Den Rest der Bierreduktion alle 5 Minuten nachgießen.
8. Mit einem Hauch von Fleur de sel und dem Orangenabrieb servieren.

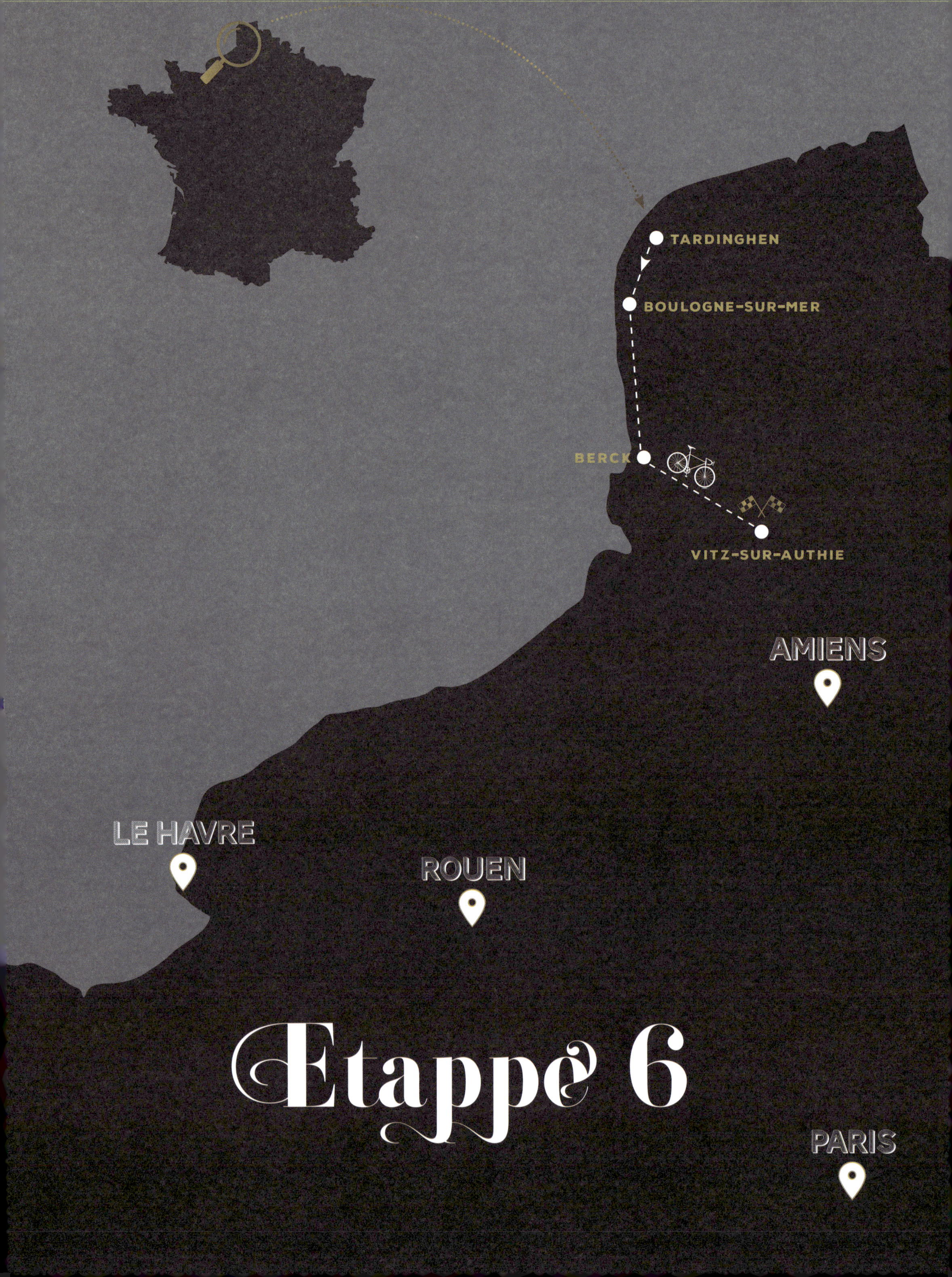

TARDINGHEN

BOULOGNE-SUR-MER

BERCK

VITZ-SUR-AUTHIE

AMIENS

LE HAVRE

ROUEN

Etappe 6

PARIS

20. FEBRUAR 2017

Von Tardinghen nach Vitz-sur-Authie

HERING IM RÄUCHERRAUM.

6. Etappe: Ich war kurz in **Boulogne-sur-Mer**, ein großer Fischereihafen – der bedeutendste in Frankreich –, Zeit, die berühmten Gebäude von J.-C. David zu besichtigen. Die Liebhaber von Haddock, Hering und anderen guten Räucherfischwaren erkennen zweifelsohne ihr berühmtes gelb-rotes Logo auf den ersten Blick. Es ist ein Qualitätshaus, das zur kulinarischen Ausstrahlungskraft unseres Landes beiträgt, dank des Labels »Unternehmen lebendiges Erbe«. Ein paar Stunden später habe ich die Straße nach **Berck** genommen. Anscheinend kann man dort manchmal Seehunde beobachten … Was mich betrifft, kann ich diese Legende nicht bestätigen, denn durch den dichten Nebel konnte ich nicht meine Füße sehen. So bin ich nach nur einer Nacht in diesem Badeort an der Côte d'Opale weitergefahren.

Auf der Suche nach schlafenden Wäldern

PIERRE-YVES CEZ UND ANNE CARPENTIER
DRECHSLER
14 rue du 8-Mai 1945
80150 Vitz-sur-Authie

Auf den Sattel!

Jetzt bin ich für 45 Kilometer auf der Straße nach Vitz-sur-Authie unterwegs, bedeckt von meinem Poncho, bewaffnet mit meinem Mut, entferne mich immer weiter von Somme. Nicht endende Getreidefelder und pausenloser Regen wie ein dichter Vorhang sind meine einzige Begleitung. Das Befahren einzelner besonders böiger Strecken ist eine sportliche Herausforderung für meinen Anhänger.

21. BIS 23. FEBRUAR

ETAPPE 7

VITZ-SUR-AUTHIE (SOMME)

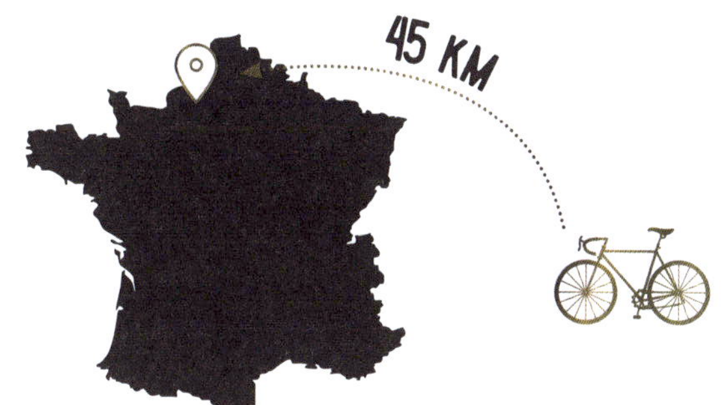

HIER ist das Holz König

Meine *Tour de France* geht rund um die guten Dinge, die man essen kann. Und wenn die Substanz begeistert, lasst uns nicht das Zubehör vergessen, das ihren Genuss erst möglich macht! Kochen ist eine Sache, aber ohne die Tischkultur wäre die französische Gastronomie nicht das, was sie ist. Jetzt bin ich also bei Pierre-Yves und Anne, Spezialisten in Tischdekoration, Gebrauchs- und Tischkunst.

Sie sind beide gleichermaßen passionierte Drechsler, ein seltener Beruf! Sie sind einer staatlichen Handwerkskammer angeschlossen und bearbeiten lokale Hölzer wie Eibe, Ahorn, Nussbaum, Esche und auch verschiedene Obstbäume; aber nur die Buche genügt den Lebensmittelvorschriften.

Man muss wissen, dass Holz eines der ersten Materialien ist, das der Mensch zu Behältern verarbeitet hat: Es berührt immer wieder, diese Stoffe und Techniken zu betrachten, die uns seit der Entstehung der Menschheit begleiten. Darüber hinaus ist das Holz ein lebendes Material: Auch wenn es einmal geschnitten ist, fern von dem Ort, wo es gewachsen war, lebt es weiter und verändert sich mit der Zeit.

EINE EMPFINDLICHE AUFGABE

Nach dem Verzehr von köstlichem Chicorée mit Schinken – natürlich von Holztellern – lässt uns Pierre-Yves seinen Rohstoff entdecken: das Trocknen der Hölzer. Ich betrete seine Werkstatt, in der es alles für meine Einführung in das Drechselhandwerk gibt. Als Erstes müssen wir einen Kreisel bauen. Es ist faszinierend: Bei wenigen Umdrehungen formt sich der einfache Zylinder und verwandelt sich in dieses so vertraute, universale Spielzeug. Danach stellt Pierre-Yves eine Schüssel her: Er befestigt ein Stück Holz auf seinem Gerät, führt ein paar Bewegungen aus, denen man ansieht, dass er sie schon tausendmal wiederholt hat. Das sieht nach nichts aus, aber es ist sehr empfindlich: Die Werkzeuge sind sehr scharf, und die geringste Abweichung kann das Teil sofort deformieren.

Die Bewegung ist höchst genau, schnell, und wenige Augenblicke später ist die Schüssel geformt! Es braucht nur einen Monat zum Trocknen, dann wird es mit mehreren Schichten Walnuss- oder Leinöl beschichtet, um das Holz zu sättigen und es für die darin enthaltenen Lebensmittel undurchlässig zu machen. Geduld und Präzision, Holz verdient das!

DRECHSELN VON Hand

Dieser Beruf ist heute fast verschwunden, hat er doch große Zeiten vor der industriellen Revolution gekannt, vor der Automatisierung in den Fabriken und dem Kunststoff. Für Pierre-Yves geht es um Philosophie. Er sagt sich gerne, dass er den umgestürzten und gefallenen Bäumen durch seine Bearbeitung das Leben wiederschenkt.

Die Küche ist eine große Familie! Es genügt zu fragen, es kommt immer etwas Positives dabei heraus.

Alles entstand aus meiner Neugier, die Arbeit von Sébastien Porquet zu entdecken, dem ehemaligen Chefkoch des »Table des Corderies« in Saint-Valéry-sur-Somme. Sébastien ist ein Anhänger der Kurzstrecken und schätzt den Wert des Lokalerbes. Ich träumte von einem Aufenthalt bei diesem Freak der Naturküche … Aber leider haben sich unsere Wege aus vielen Gründen nicht gekreuzt. Jedoch hat mir dieser Kontakt die Bekanntschaft mit Pierre-Yves und Anne erlaubt, da sie mit Sébastien arbeiten. Sie haben mir großzügig ihre Tür geöffnet und mir ihre fabelhafte Arbeit gezeigt.

Ich meinerseits habe natürlich mein Salzkorn in ihrer Küche gelassen, um mich für ihren Empfang zu bedanken und meine Freude an der Freude, ihnen ein Essen zuzubereiten, zu befriedigen.

Die Küche, AUSGANGSPUNKT FÜR SCHÖNE Entdeckungen

Zwischen Waldgerüchen, die mich an Waldwanderungen aus meiner Kindheit mit meinem Vater und Großvater beim Pilze sammeln erinnern, und den kulinarischen Visionen von Pierre-Yves und Anne, die diese kräftigen Rinden in Form von Essgefäßen wiederbeleben, war dieser Aufenthalt für mich gleichbedeutend mit einer angenehmen Rückkehr in die Vergangenheit.

Holz, ein in jeder Hinsicht edles Material, wird durch die Bearbeitung von Handwerkern wie unseren beiden Zauberern unsterblich; sie tragen die Flagge für eine ganze Kette von Produzenten und Handwerkern in unserem schönen Frankreich.

KURS AUF RAMBURES

WARUM DIESES GERICHT?

Die Küche erzählt immer eine Geschichte!
Hier stellt die Gemüsekiste einen Lauch vor, im obersten Stock ein Stück Schinken mit einem Nachbarn namens Parmesan für eine Ode zum Grillen. Die leichte Mayonnaise wird ihre salzigen Begleiter verstärken und brechen.

GANZER LAUCH AUS DEM OFEN, Schinken & Parmesan

FÜR 4 PERSONEN

ZUBEREITUNG: 15 MIN – GARZEIT: 45 MIN

4 STANGEN LAUCH + 2 EL OLIVENÖL + SALZ + 50 G GERIEBENER PARMESANKÄSE + 4 SCHEIBEN BAYONNE-SCHINKEN. FÜR DIE MAYONNAISE: 1 EI + 1 TL SENF + 200 ML TRAUBENKERNÖL + 1 TL ZITRONENSAFT + 1 EL HÜTTENKÄSE + 1 EL KAPERN (FEIN GEHACKT) + 1 EL ESSIGGURKEN (FEIN GEHACKT) + ABRIEB VON 1 UNBEHANDELTEN LIMETTE + SALZ, SCHWARZER PFEFFER AUS DER MÜHLE

1. Den Lauch waschen und das Grün abschneiden. Die Wurzelhaare dranlassen. Das Grüne vom Lauch in sehr dünne Ringe schneiden.

2. Den Ofen auf 180 °C (Ober-/Unterhitze) vorheizen. Den Lauch mit dem Olivenöl beträufeln, salzen und 25 Minuten im Ofen backen.

3. In der Zwischenzeit den Parmesankäse in einer kleinen Auflaufform ausstreuen und 10 Minuten im Ofen backen. Die Bayonne-Schinkenscheiben auf ein Backblech legen und 10 Minuten im Ofen backen.

4. Für die Mayonnaise das Eigelb mit dem Senf und 2 Prisen Salz verquirlen, dann mit dem Traubenkernöl nach und nach aufschlagen. Den Zitronensaft, den Hüttenkäse, die Kapern, die Essiggurken und die Lauchringe unterrühren. Mit Pfeffer abschmecken.

5. Alles aus dem Ofen nehmen und beiseitestellen. Den abgekühlten Parmesan in Stücke brechen.

6. Einen Streifen Mayonnaise auf einen Teller verteilen, einen gekochten Lauch auflegen und den Schinken und die Parmesanchips darauf anrichten. Mit Pfeffer würzen und mit etwas Limettenabrieb bestreuen.

VITZ-SUR-AUTHIE

AMIENS

RAMBURES

BAILLEUL-NEUVILLE

LE HAVRE

ROUEN

Etappen 8 & 9

PARIS

22. BIS 26. FEBRUAR

Von Vitz-sur-Authie nach Bailleul-Neuville

DIE LÄMMER VON STÉPHANE HÉNOCQUE.

Mit dem Lastwagen erreiche ich **Rambures** von **Vitz-sur-Authie** aus. Ich wurde für ein paar Tage von Jean-Marie und Valérie aufgenommen, das Wetter beruhigt sich langsam.

8. Etappe: Zunächst Marie-Paule Defacque, die 2013 den Titel »Beste Konfitürenköchin« gewonnen hat! Neben der Herstellung von Konfitüre betreibt die Familie auch eine Rinderzucht und verkauft die Tiere direkt auf dem Markt.

9. Etappe: Danach entdecke ich die Arbeit von Stéphane Hénocque, einem Schafzüchter aus »Hâble d'Ault«.

Ein toller Zeitplan vor dem Verlassen der Somme in Richtung *Seine-Maritime*, um dort François und Fabienne Demarais auf ihrem Bauernhof »Ferme du Grémonval« aufzusuchen.

KURS AUF BAILLEUL-NEUVILLE →

Intervall bei Grémonval

FRANÇOIS UND FABIENNE DEMARAIS
WILDSCHWEINZÜCHTER
Bauernhof von Grémonval
76660 Bailleul-Neuville

ETAPPE 10

27. FEBRUAR BIS 2. MÄRZ

BAILLEUL-NEUVILLE (SEINE-MARITIME)

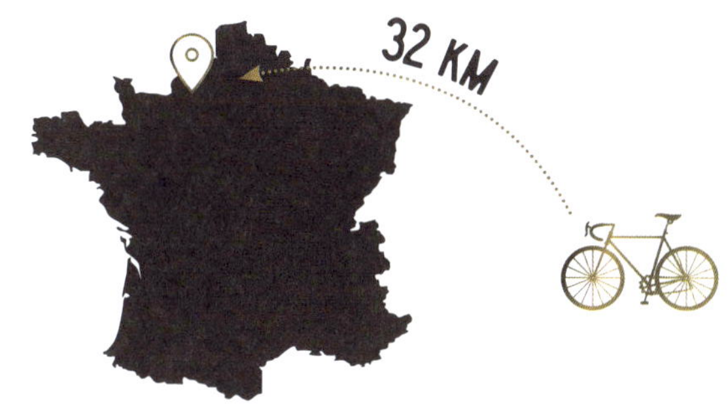

Auf den Sattel!

Eine Etappe von 32 Kilometern ist ein Kinderspiel auf dem Papier … bei gutem Wetter. Der Wind von vorne und starker, anhaltender Regen machten die Fahrt zur Hölle! Hinzu kam noch, dass mein Poncho bei den Talfahrten den Wind aufnahm und sich aufblähte wie ein Fallschirm, damit mein schon mühseliges Weiterkommen noch bremste und damit meiner Ausstattung etwas Groteskes verlieh. Ich kam erschöpft, durchgefroren und nass bis auf die Knochen an! Fabienne reichte mir zur Aufmunterung einen heißen Tee und ein paar leckere Brotscheiben – ein einzigartiger Augenblick des Glücks. Nichts ist mehr wert als diese tröstlichen Momente nach einer anstrengenden Tour!

François' Leidenschaft: WILDSCHWEINE

François bringt die größte Leidenschaft in seinen Beruf ein. Wie die einen die Wildschweine als Schädlinge betrachten, so hat er sich entschieden, sie zu verteidigen; im Laufe der Jahre hat er sie besser kennengelernt und sie gezähmt.
Er züchtet sie, und obwohl sie sehr wohl domestiziert sind, erinnert ihr kräftiger Geschmack noch an Wild. Die Wildschweine durchwühlen weiterhin den Boden des Bauernhofs, um mit ihrer Schnauze Eicheln, Kastanien oder Wurzeln aufzunehmen, wie in der Wildnis, auch wenn sie einen köstlichen Ersatz vorgesetzt kriegen (eine Mischung aus Gerste, Erbsen und Futterrüben). Als François zum Füttern kommt, kommt das Rudel im Galopp. Nicole, eine liebesbedürftige Bache, holt sich ihre Streicheleinheiten wie ein Haustier. Vor noch nicht allzu langer Zeit haben die Demarais auch ein paar Hirsche und Rehe gezüchtet, aber heute konzentrieren sie sich auf Getreideanbau und nachhaltige Züchtung von Kühen und Schafen. Kühe und Kälber von Salers, Lamm aus Suffolk und Charolais gedeihen auf ihrem Land.
All diese Rassen zeichnen sich durch besonders aromatisches Fleisch aus, eine vom Geschmack geleitete Auswahl.
Was die Wildschweine betrifft, muss man aufpassen, dass sie sich nicht mit ihren wild gebliebenen Brüdern vermischen – diese kommen regelmäßig zu Besuch, neugierig zu sehen, wie wohlgenährt und gut untergebracht ihre Artgenossen auf der »Ferme du Grémonval« sind.
Wenn die Stunde der Schlachtung naht, werden die Wildschweine, die schwierig in ihrem 30 Hektar großen Gehege zu fangen sind, mit dem Gewehr erlegt und sofort ausgenommen, bevor sie in den Schlachthof zur Weiterverarbeitung gebracht werden.

ETAPPE 10

EINE KOLOSSALE Wartungs-arbeit

104 Hektar, davon 30 für das Wildschweingehege … das braucht Wartung! Die Zucht dieser schönen Pelztiere ist nicht leicht. Der Boden muss regelmäßig gewartet werden, tote Stümpfe aufsammeln, vom Wind umgestoßene Bäume, die vielen, durch das Wühlen der Wildschweine entstandenen Schäden reparieren.

Mit François haben wir also »Holz gemacht«. Nur wenige Stämme haben seinen Axtschlägen widerstanden, trotzdem meinte Fabienne, dass er »heute nicht in guter Form« war.

Ich habe das Holz zusammengelegt, er hat es zerteilt, ich habe das Kaminholz für den nächsten Winter aussortiert und aufgestapelt.

Ich habe auch die Tiere gefüttert: Heu für die Kühe, Milch für die Lämmer. Neben den Arbeiten für den Bauernhof haben wir einen Markt vorbereitet: Wir haben Wildschwein und Lamm zerlegt, die Teile in Portionen für den Verkauf vakuumverpackt.

Auch in der Küche waren wir nicht faul: Wildschwein im Netz, Omelett und sogar köstliche »pets-de-nonne« (Nonnenfürze), diese kleinen leckeren Küchlein aus zuckrigem Brandteig gibt es.

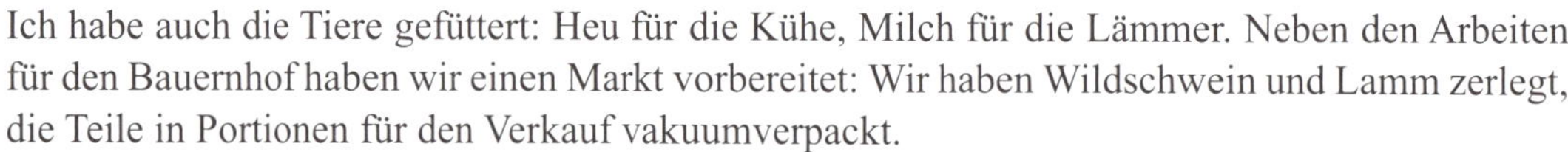

DIE BEGEGNUNG

Auf der Messe des Bauernverbands in Vincennes traf ich Fabienne und François. Nach wenigen Minuten im Gespräch hatte ich bereits meine Einladung auf den Bauernhof!

In Grémonval ließ ich mich in einem schönen Wohnwagen in leuchtenden Farben nieder. Die Mahlzeiten waren fröhlich, immer zu viert bei Tisch mit Adrien, Fabiennes Vater, 102 Jahre alt, kann noch gut laufen und sehen … was für eine Freude, diesen normannischen Empfang zu genießen und mit diesen warmherzigen Menschen diese Augenblicke auf dem Bauernhof zu teilen! Aber mit ein wenig Traurigkeit wird die Familie bald die Fackel an die nächste Generation übergeben, von der wir hoffen, dass sie sie mit ebenso viel Leidenschaft weiterträgt.

DER BAUERNVERBAND, ein schönes Projekt

Der »Pari fermier« ist ein seit 20 Jahren bestehender Bauernverband mit dem Ziel, die landwirtschaftlichen Produkte zu schützen. Ihre Tätigkeit? Organisation von Messen und Märkten, die zu 100 Prozent aus landwirtschaftlichen Produkten bestehen! Heute stellen über 200 Bauern aus und verkaufen direkt an die Kunden, ohne Zwischenhändler. Die Atmosphäre ist heute besonders angenehm und freundlich: Aussteller wie Besucher, alle sind froh, da zu sein! Ihre Veranstaltungen sind immer eine Reise wert. Was mich betrifft, so sind die von der Vereinigung vertretenen Werte genau dieselben, die ich mit meiner *Tour de France* vertreten will, es war also logisch, dass ich so viele Kontakte knüpfen konnte.

WARUM DIESES GERICHT?

Das Wildschwein – von dem das Schwein eine Unterart ist – wurde von Obelix und seinem gewaltigen Appetit populär gemacht. Aber hier, kein Braten am Spieß: Ich habe das aromatische Fleisch für eine Terrine verwendet, begleitet vom kitzelnden Säuregehalt von eingelegten Zwiebeln.

TERRINE VOM WILDSCHWEIN & vom Schwein

FÜR 4 PERSONEN

ZUBEREITUNG: 25 MIN + 24 STDN ZUM MARINIEREN – GARZEIT: 1 STD 30

FÜR DIE MARINADE: 750 ML CIDRE (HERB) + 1 EL SCHWARZER PFEFFER AUS DER MÜHLE + 3 FRISCHE LORBEERBLÄTTER + 1 ZWEIG THYMIAN + 1 ZWIEBEL (FEIN GEHACKT). FÜR DIE EINGELEGTEN ZWIEBELN: 2 ROTE ZWIEBELN + FEINES SALZ + 250 ML APFELESSIG + 45 G ZUCKER + 1 ZWEIG THYMIAN. FÜR DIE FARCE: 600 G WILDSCHWEINFLEISCH + 750 G SCHWEINEBRUST (ENTSCHWARTET UND OHNE KNORPEL) + 150 G SCHWEINEHERZ + 150 G SCHWEINELEBER + 2 ZWIEBELN + 1 BUND GLATTE PETERSILIE + 3 KNOBLAUCHZEHEN + 20 G GROBES SALZ + 4 G GEMAHLENER SCHWARZER PFEFFER + 1 LORBEERBLATT

1. Das Wildschweinfleisch in kleine Stücke schneiden. Alle Zutaten für die Marinade vermischen und das Fleisch unterheben. 24 Stunden kalt stellen.

2. Für die eingelegten Zwiebeln die Zwiebeln abziehen und in sehr feine Streifen schneiden. Mit Salz bestreuen. Den Apfelessig mit dem Zucker aufkochen und über die Zwiebeln gießen. Die Mischung in ein Einmachglas füllen und den Thymian darauf legen. Auf Zimmertemperatur abkühlen lassen und dann im Kühlschrank aufbewahren.

3. Für die Farce den Ofen auf 180 °C (Ober-/Unterhitze) vorheizen. Die Brust, das Herz, die Leber und die Zwiebeln grob würfeln. Die Petersilie grob hacken, den Knoblauch abziehen und fein hacken. Das grobe Salz und den Pfeffer hinzufügen und alles vermischen.

4. Das Wildschweinfleisch abtropfen lassen, die gesamte Marinade entfernen und durch den Fleischwolf drehen. Zu der Mischung geben und vermengen.

5. Die Farce in eine Terrinenform füllen und das Lorbeerblatt darauf legen. Die Terrinenform in einen tiefen Teller stellen. Den Teller mit kaltem Wasser füllen, bis die Hälfte der Form bedeckt ist. Für 1 ½ Stunden im Ofen backen.

6. Die Terrine auf Zimmertemperatur abkühlen lassen und dann in den Kühlschrank stellen, damit die Terrine fest wird. Mit den eingelegten Zwiebeln servieren.

OPINEL
CARBONE
OPINEL
SAVOIE FRANCE
Carbone

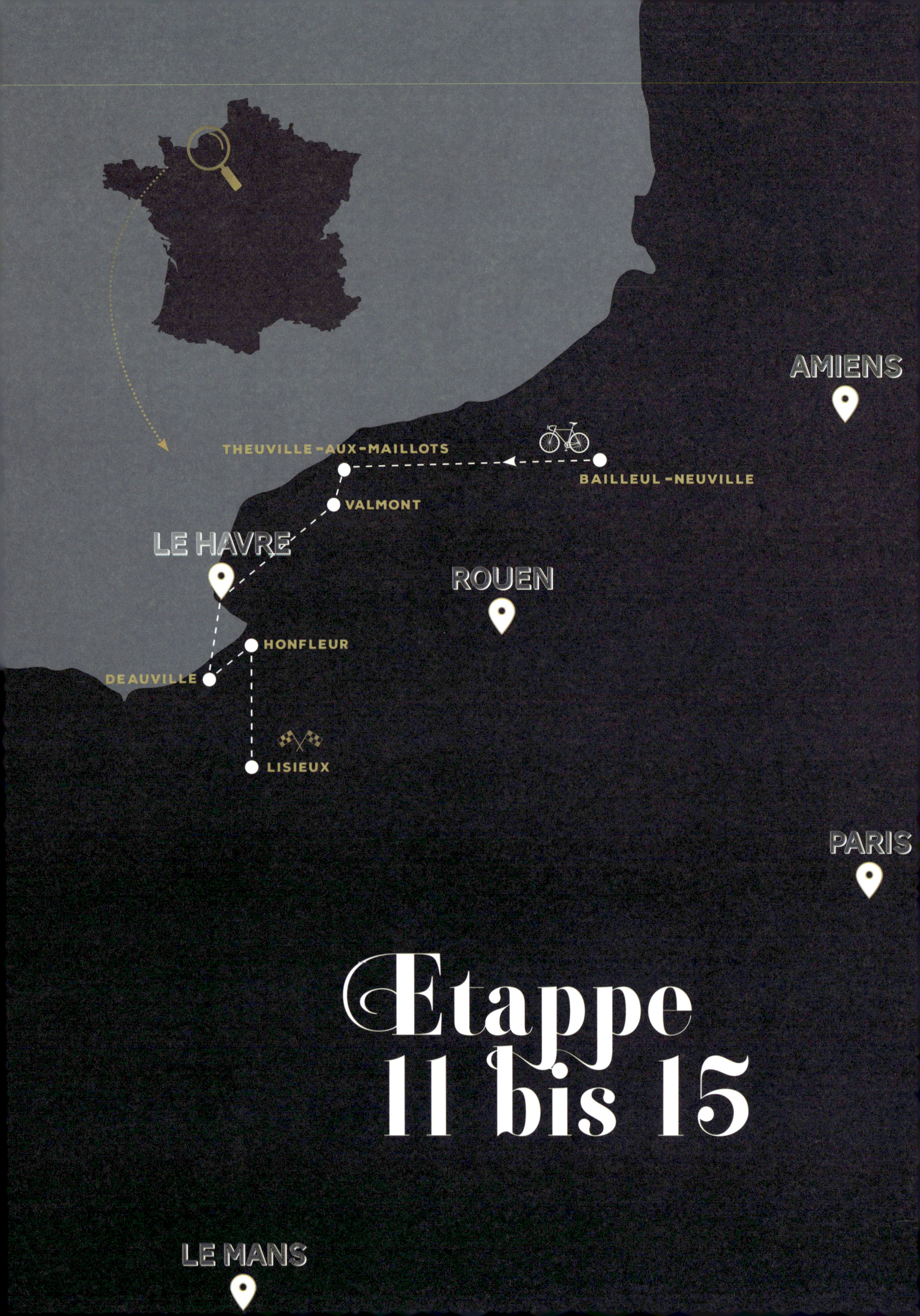

AMIENS

THEUVILLE-AUX-MAILLOTS

BAILLEUL-NEUVILLE

VALMONT

LE HAVRE

ROUEN

HONFLEUR

DEAUVILLE

LISIEUX

PARIS

Etappe 11 bis 15

LE MANS

2. BIS 11. MÄRZ

Von Bailleul-Neuville nach Lisieux

Pierre Caillet vor seinem Haus.

Schöne Fahrt durch die *Seine-Maritime!*

11. Etappe: Ich fahre bei klarem, blauem Himmel los, um mich in **Theuville-aux-Maillots** mit der Familie Hauville zu treffen. Auf dem Programm: Besuch eines Bio-Schweinebauern und eines normannischen Milchkuhhofs.

12. Etappe: Danach bin ich mittags bei Pierre Caillet im Restaurant »Le Bec au Cauchois« in **Valmont**.

13. Etappe: Dann führt mich der Chef auf den Weg nach **Le Havre** zu Pauline und Victor, Freunden aus der Kindheit.

14. Etappe: Von dort weiter nach **Deauville**, eine Strecke von 42 Kilometern über die Brücke zur Normandie, um im Restaurant »Maximin Hellio« zur Abendschicht zu kommen.

15. Etappe: Weg zurück nach **Honfleur** für zwei Tage in das berühmte Restaurant »SaQuaNa«.

Schließlich geht es in Richtung Pays d'Auge, 34 Kilometer bei herrlichem Sonnenschein über der schönen normannischen Landschaft. Auf den Hügeln von **Lisieux** erblicke ich das berühmte Kloster dieser Stadt, die von dem Schicksal der heiligen Theresa geprägt ist, ich fahre **Richtung Saint-Pierre-sur-Dives**, zur Familie Rolo.

Kurs auf Saint-Pierre-sur-Dives →

ETAPPE 16

11. BIS 14. MÄRZ

SAINT-PIERRE-SUR-DIVES (CALVADOS)

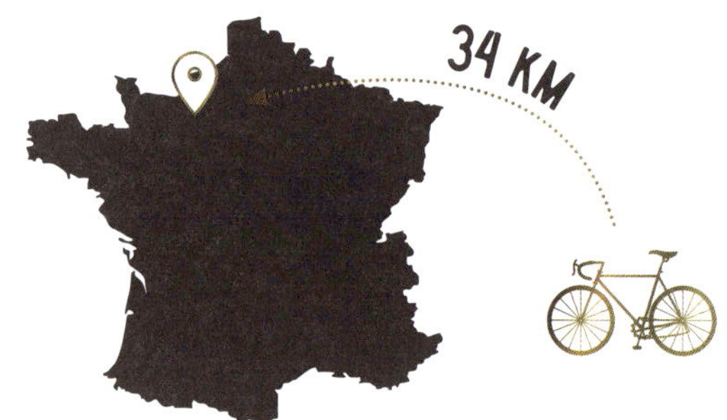

Menschen und Äpfel

AUDE ROLO
HERSTELLERIN VON APFELWEIN
Cidrerie
Parc du moulin
Ammeville, L'Oudon
14170 Saint-Pierre-sur-Dives

APFELWEIN, EINE FAMILIENGESCHICHTE

Aude und ihre Schwester Caroline stammen aus einer Familie, die seit Generationen Apfelwein herstellt: Der fließt sozusagen in ihren Adern!
Heute arbeitet Aude mit Sébastien, die beiden leiten den Betrieb – 25 Hektar, davon 18 Hektar Obstbäume und sieben Hektar Weideland. Das macht 3 000 Apfelbäume mit etwa 30 verschiedenen Sorten, vorwiegend für Apfelwein, aber auch ein paar Sorten für Apfelsaft. Der Obstgarten ist 1995 zur Bio-Produktion übergegangen, hat das Label aber erst 2005 für das gesamte Programm erhalten.

REISE IN EINEN OBSTGARTEN

Achtung, hier ist das *Pays d'Auge*, das Herz des Apfelweins im *Calvados*! Die Erntezeit ist von September bis Anfang Dezember je nach Apfelsorte. Mit der Kelterei beginnt man aber schon vorher.
Anfang November werden die Äpfel zunächst zerkleinert (eingemaischt). Ein paar Tage nach dem Pressen bildet sich in den Fässern ein brauner Schaum und legt sich wie eine Kappe auf den Saft. Dann erfolgt die Umfüllung, eine erste Klärung des Mosts.
Jetzt die Fermentierung! Jetzt kommen Filtrierung der Säfte und ihre Fermentierung – also die Umwandlung von Zucker in Alkohol. Eine weitere Fermentierung findet dann in der Flasche statt. Man erhält einen süßen, halbtrockenen oder trockenen Apfelwein, je nach dem Grad der Umwandlung von Zucker in Alkohol. So ist also der süße etwas weniger alkoholhaltig als der trockene. Der Calvados dagegen ist ein noch zusätzlich fermentierter Apfelwein, trocken und ein Jahr gelagert und dann destilliert.
Die *Pommeau* der Normandie besteht aus einem Drittel mindestens 18 Monate altem Calvados, vermischt mit zwei Drittel Apfelsaft, dann mindestens drei Jahre in Eichenfässern gereift, die selbst 10 bis 15 Jahre alt sind.
Der Apfelsaft wird auf 80 Grad erhitzt – das ist die Pasteurisierung –, manchmal separat, manchmal direkt in der Flasche. Um ihn spritzig zu machen, wird ihm einfach Kohlensäure zugesetzt.
Und schließlich ist der Apfelessig ein sehr trockener Apfelwein, der auf natürliche Art eine Essigmutter entwickelt, dank der Oxidierung des Alkohols, der sich in Essigsäure umwandelt.

WENN DER MÄRZ DEN APRIL VORBEREITET

Montag, 13. März, geht es zum Beschneiden der Obstbäume im *Parc du Moulin*. Es ist fast Frühling, und in einem Obstgarten bedeutet das, dass alle Bäume »gelichtet« werden müssen. Man muss Luft ins Ganze bringen. Diese Ausdünnung hat eine sehr wichtige Bedeutung, die die gesamte kommende Ernte bestimmt. Zunächst entfernt sie kaputte Zweige, dann macht sie die Bäume frei und lässt nur zwei bis drei Zweige pro Ast, was die Photosynthese verstärkt. Das erlaubt auch, einen Teil der Blüten zu entfernen, um so größere Äpfel auf einem weniger beladenen Baum zu bekommen.
Die Knospung findet im allgemeinen Anfang März statt, für eine Blüte Mitte April bis Mitte Mai. Das heißt, ein Apfelbaum trägt nur alle zwei Jahre Früchte.
Reihe für Reihe gehen wir mit Aude an die mannshohen Äste, während Sébastien die Arbeit ganz oben vollendet, mit einer elektrischen Heckenschere mit Verlängerung, die bis an die Astspitzen gelangt.

DAS REZEPT FÜR MILLE-FEUILLE VOM Glück

Aude und Caroline hatten mich wie einen großen Bruder in den Schoß ihrer Familie aufgenommen. Gerade angekommen, nehme ich an einer überaus familiären Mahlzeit teil: *poule au blanc*, ein Rezept aus dem Pays d'Auge, das Produkte aus dem Hühnerstall, der Molkerei und dem Gemüsegarten vereinte, und als Dessert *la scofa*, eine Wortschöpfung aus den Anfangsbuchstaben der Zutaten *sucre* (Zucker), *caramel* (Karamell), *oeufs* (Eier), *farine* (Mehl) und *amandes* (Mandeln). Dieses wunderbare Dessert ist fast wie ein Buch aufgebaut, dessen Seiten aus Meringuemasse bestehen. Zwischen den Blättern Buttercreme mit gerösteten Mandeln. Welch ein Glück, an so einem Tag das fünfte Kind zu sein!

WARUM DIESES GERICHT?

Aude kocht selten Schweinefleisch. Ich beschloss, mich daran zu wagen, die Kinder wollten unbedingt probieren! Mit Süß-sauer kombinierte ich Cidre mit Früchten aus dem Korb. Ich gab gerösteten Leinsamen hinzu – die Normandie ist Weltführer in der Leinsamenproduktion – bleiben wir lokal!

KONFIERTE SCHWEINEBRUST & Cidre

FÜR 4 PERSONEN

ZUBEREITUNG: 20 MIN – GARZEIT: 3 STDN 45

1 KG SCHWEINEBRUST + 1 FLASCHE CIDRE (HERB) + 1 KLEINER ZWEIG THYMIAN + 3 ÄPFEL + 400 G BANANEN + 50 G HONIG + 130 G APFELESSIG + 1 EL OLIVENÖL + 1 TL SALZ + 1 TL GERÄUCHERTES PAPRIKAPULVER + ½ TL PIMENT D'ESPELETTE + 25 G BUTTER + 1 LIMETTE + 2 TL GERÖSTETE LEINSAMEN

1. Die Schweinebrust, den Cidre und den Thymian in einen Topf geben – der Cidre sollte das Fleisch bedecken. Zum Kochen bringen und den Schaum abschöpfen. Die Temperatur reduzieren und mit geschlossenem Deckel 2 Stunden garen. Von Zeit zu Zeit Wasser angießen.

2. Den Ofen auf 180 °C (Ober-/Unterhitze) vorheizen. Die Äpfel waschen, die Stiele entfernen und 1 Stunde lang im Ofen backen. Die Bananen schälen und in Stücke schneiden.

3. Den Honig in einem Topf aufkochen und mit Apfelessig ablöschen. Nochmals aufkochen lassen und die Bananen dazugeben. Die Temperatur reduzieren und 10 Minuten köcheln lassen. Die Äpfel dazugeben, alles fein pürieren und durch ein Sieb passieren.

4. Das Öl, das Salz, das Paprikapulver und den Piment d'Espelette in einen Topf geben. Das Püree und die Hälfte des Cidres unterrühren und 20 Minuten einkochen lassen. Mit der Butter montieren und den Saft von der ½ Limette hinzufügen.

5. Die Ofentemperatur auf 170 °C reduzieren. Die Schweinebrust in vier Stücke schneiden und mit dem restlichen Cidre 15 Minuten in den Ofen geben. Alle 5 Minuten begießen.

6. Einen Teil der Brust mit der reduzierten Sauce lackieren und mit den Leinsamen bestreut servieren.

Äpfel und Milch sind Teil der gastronomischen DNA der Normandie: Man muss sie unbedingt kombinieren. Der Bratapfel ist hier in einen knusprigen Teig gehüllt und wird mit einer Milchmarmelade serviert. Ein köstliches Dessert ganz nach Wunsch!

Verschnürte Äpfel

FÜR 4 PERSONEN

ZUBEREITUNG: 25 MIN + 2 STDN ZUM RUHEN – KOCH-/BACKZEIT: 1 STD + 45 MIN

275 G ZUCKER (+ 1 EL FÜR DEN TEIG) + 1 PRISE BACKPULVER + 1 L MILCH (+ 1 EL FÜR DEN TEIG) + 4 ÄPFEL + 195 G BUTTER + 250 G MEHL (TYPE 405) + 1 EI + 1 PRISE SALZ

1. Den Zucker, das Backpulver und die Milch in einem Topf verrühren, zum Kochen bringen und 30 Minuten köcheln lassen. Die Milch beginnt ihre Farbe zu ändern und wird gelblich. Unter Rühren weiterköcheln lassen und darauf achten, dass die Mischung nicht anbrennt. Weitere 30 Minuten einkochen lassen, den Topf vom Herd nehmen und die Milchmarmelade abkühlen lassen.

2. Den Ofen auf 170 °C (Ober-/Unterhitze) vorheizen. Die Äpfel schälen, das Kerngehäuse ausstechen und 20 g Butter in die Löcher verteilen. 15 Minuten im Ofen backen und dann im Kühlschrank abkühlen lassen.

3. Das Mehl in eine Schüssel geben und in die Mitte eine Mulde drücken. 175 g in Stücke geschnittene Butter, 1 EL Zucker und das Salz in die Mulde geben. Die Zutaten mit den Händen zu einer Masse mit sandiger Textur vermengen. 1 EL Milch und etwas Wasser hinzufügen und zu einem homogenen Teig verarbeiten. 1 Stunde im Kühlschrank ruhen lassen.

4. Den Teig 2 mm dick ausrollen und in 2 cm breite Streifen schneiden.

5. Die Äpfel trockentupfen und mit den Teigstreifen umwickeln. 1 weitere Stunde im Kühlschrank ruhen lassen. Das Ei mit etwas Wasser verrühren und die Teigstreifen damit bestreichen.

6. Den Ofen auf 180 °C (Ober-/Unterhitze) vorheizen. Die Äpfel 30 Minuten lang backen. Mit der Milchmarmelade servieren.

Etappen 17 & 18

LE HAVRE

ROTS

SAINTE-SUZANNE-SUR-VIRE

SAINT-PIERRE-SUR-DIVES

SAINT-PLANCHERS

RENNES

LE MANS

Von Saint-Pierre-sur-Dives nach Saint-Planchers

WEGESRAND VOLL MIT BÄRLAUCH.

17. Etappe: Ich verlasse **Saint-Pierre-sur-Dives** und lasse Aude mit ihren Apfelweinen hinter mir, um eine Reise mit aufregenden Etappen anzutreten. Zuerst begebe ich mich nach **Rots**, eine Strecke von 62 Kilometern in der Normandie, begleitet von … Störchen. Ich halte an, um mir mein bereits bei Aude zubereitetes Brot mit einer guten Handvoll Bärlauch zu garnieren – er wächst wild am Wegesrand. Dann fahre ich weiter zum Bauernhof von Billy, wo mich Guillaume, selbst Apfelweinproduzent, für die Nacht beherbergt.

18. Etappe: Am nächsten Morgen fahre ich nach **Sainte-Suzanne-sur-Vire**. Eine Strecke von 49 Kilometern zu Jean-François und Marie-Christine, die mich mit gebratenem Perlhuhn, Kartoffeln und Chicorée begrüßen, gefolgt von einem Rhabarberkuchen: perfekt zum Wohlfühlen!

KURS AUF SAINT-PLANCHERS →

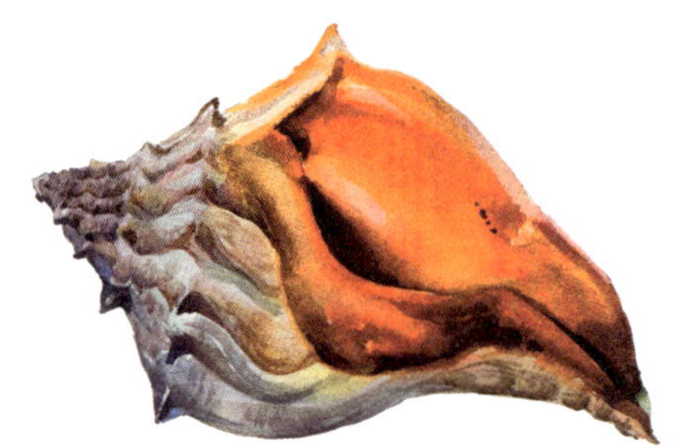

Eine Portion Jod

JEAN HAUVILLE
GASTWIRT DER »TEMPS MODERNES«
50400 Saint-Planchers

ETAPPE 19

17. BIS 21. MÄRZ

SAINT-PLANCHERS (MANCHE)

JEAN: DIE NORMANDIE IM HERZEN

Abfahrt Richtung Saint-Planchers, 52 Kilometer, wo mich Jean, ein hervorragender Fischer, mit einer Flasche Birkenwasser, frisch aus dem Garten, erwartet. Eine Köstlichkeit und ein Schuss reiner Energie aus der Erde! Wir gehen sofort zum Mittagessen. Ich werde nicht müde, ihm zuzuhören, wie er über die Heimat seines Herzens spricht, die Gegend rund um Granville. Jean ist voller Leidenschaft. Nach dem Essen geht es Richtung Granville auf die Suche nach guten Zutaten für unser Abendessen. Wir finden unter anderem: Schwanz von der Lotte, Spinat und Sonnenblumenkerne, Bulots (Meeresschnecken) von Didier Leguelinel – großer Verfechter von Fischerei und Muschelhandel – und etwas, um die süße Spezialität der Region zuzubereiten, einen Milchreis aus dem Ofen namens *teurgoule*.

TAGE DER SCHLEMMEREI

Jean stellt mir eines seiner Lieblingsgerichte aus dem Meer vor: Seemandeln gefüllt mit einer Reduktion aus Apfelwein und Schalotten. Einfach und so köstlich! Fein gehackte Schalotten in Apfelwein eingekocht. Etwas Crème fraîche dazu, Salz und Pfeffer … eine große Portion Liebe.
Paul Bocuse hat gesagt: »Klassisch oder modern, es gibt nur eine Küche … die gute!«
Der knisternde Kamin dient ebenso zum Füßewärmen wie zum Grillen von Fisch, Fleisch und Krustentieren zu den vielen Festessen der folgenden Schlemmertage: mit Lauch umwickelte Jakobsmuscheln, dünne Scheiben von Andouille, Austern aus der Normandie, Lamm aus dem Kamin mit Kartoffeln, Schweinekotelett mit Knoblauch und Piment d'Espelette … Und was ich noch vergessen habe!

Aber zurück zu unserem Essen direkt vom Markt. Als wir heute früh an den Marktständen vorbeizogen, hat mir Didier Leguelinel wertvolle Anleitungen zum Kochen der Meeresschnecken gegeben. Ich werde ihnen Kartoffelcreme, knusprige Chips, Walnussöl und geröstete Walnüsse beigeben, außerdem etwas Bärlauch aus dem Garten: ein Gericht, wie es lokaler nicht sein kann!
Jean hat eine Passion für Walnüsse, und er presst große Mengen mit seiner kleinen hydraulischen Mühle. Eine lange und mühselige Arbeit, angefangen mit dem langwierigen Aufbrechen am Kamin, abends im Winter. Das Öl hat ganz einfach den Geschmack einer geknackten Nuss, ein zauberhaftes Produkt, sehr rein, leider nur für die nähere Umgebung …

1
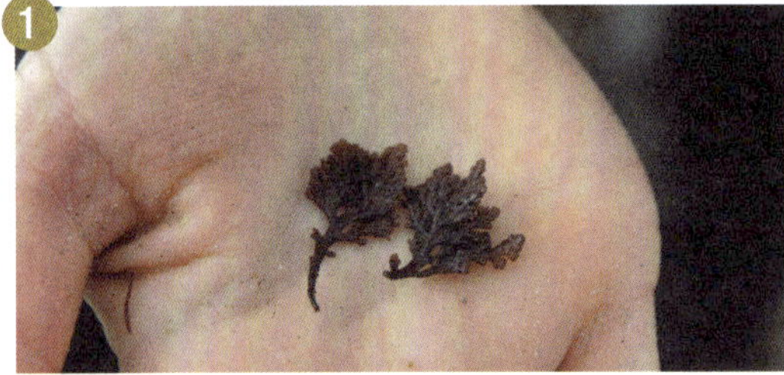

2

5

3

AUF DER ENTDECKUNG VON ALGEN

4

Aber ich bin nicht nur zum Essen hier! Ich ziehe meine Stiefel an und gehe zu Nadège Bénard-Capelle, einer passionierten Biologin, die sich auf Aquakultur spezialisiert hat.

Ein Teil des Watts ist schon zu sehen, auch wenn das Wasser heute nicht weiter zurückgeht, so zeigen sich doch genügend Felsen, um Algen zu sammeln. Nadège hat es sich zur Aufgabe gemacht, die Franzosen über das weite Feld der Algen aufzuklären.

Sic bictct zahlrcichc Wattwandcrungcn und Kochkursc an. Trotz des Aufkommens eines echten Interesses an diesem Thema muss sie zugeben, dass wir weit von den Japanern entfernt sind, die fast 14 Kilo Algen pro Kopf im Jahr konsumieren! Ich bin sicher, dass ihre Bemühungen eines Tages belohnt werden, denn Algen sind magische Produkte: kalorienarm, reich an Eiweiß und Ballaststoffen, reich an Vitaminen und Mineralien.

Nach der Qualitätskontrolle des Wassers kann die Ernte beginnen. Algen sind nicht giftig für Menschen, sie müssen aber bei der Ernte fest am Felsen liegen, das garantiert Frische und Qualität.

Ich entdecke mehr und mehr, und ich probiere Meerespfeffer (*Laurencia pinnatifida*) (1), Dulse (*Palmaria palmata*) (2), eine Rotalgenart (*Gracilariales*) (3), Nori (*Porphyra umbilicalis*) (4) und Golftange (*Sargassum*) (5). Während ich sie vor Ort während der Ernte probiere, öffnen sich mir unendlich viele kulinarische Möglichkeiten.

Didier
DIE STIMME DER MUSCHELFISCHER

Dann geht es Richtung Granville zum Treffen mit einer berühmten Person, fast schon einer Legende: Didier Leguelinel, gerade »pensioniert« oder fast. Auch wenn er sein Boot im Hafen von Port-en-Bessin gelassen hat, um ein neues Leben im *Calvados* zu beginnen, bleibt er doch ein unermüdliches Sprachrohr der Fischer. Sein Credo:

- die Anzahl der Fangtage begrenzen
- den Abstand der Sortierstäbe verringern, um die kleinen Muscheln zu schützen
- eine Angelpause von vier Wochen nach den Feiertagen, zur Erholung der Muscheln
- das Angeln am Wochenende verbieten

Maßnahmen, die die Bevölkerung nicht immer gern akzeptiert: »Wenn man das Erkämpfte wieder infrage stellt, bricht Wut aus, so ist das!«
Seiner Meinung nach hätte das viele Vorteile: Die Muscheln vermehren sich besser, die Seeleute hätten weniger Arbeit, aber Angebot und Nachfrage wären im Gleichgewicht, sie verkaufen ihr Produkt etwas teurer.
Und dann kann er nicht vor den ständig weniger werdenden Reserven stehen, ohne etwas tun zu können! Eine sensible Frage in Granville, das, wie wir wissen, der erste Hafen für Meeresmuscheln in Europa ist.

DIE FREUNDE MEINER FREUNDE

Was für Umwege, um bis hierhin zu kommen! Ich war in den Ferien in Slowenien auf der Suche nach einem guten Olivenöl. Ich führe ein Gespräch mit einem Produzenten und berichte über mein Projekt *Tour de France*. Er bringt mich mit einem seiner Freunde in Kontakt, dem Art Director von *Marmiton*, einer Kochwebsite. Ich treffe ihn später in Paris. Ich bin also Korrespondent der Website von *Marmiton* auf meiner Reise, was mir die Bekanntschaft von Stéphanie Hauville bringt, der Herausgeberin der Papieredition. Sie schickt mich nach Granville zu Jean, ihrem Vater – das alles für ein wenig Olivenöl!

Während meines Besuchs in der Region haben wir Lamm von den Salzwiesen mit seinem hocharomatischen Fleisch gegessen. Für dieses Rezept habe ich Nori-Blätter verwendet, inspiriert von Nadèges Einführung in die Algen. Ein Hauch von Apfelessig und Butter, ein wenig zartes Grün, in das das Schaf gern gebissen hätte, und das war's …

LAMMKEULE, Algen & Wirsing

FÜR 4 PERSONEN

ZUBEREITUNG: 15 MIN – GARZEIT: 30 MIN

10 G GETROCKNETE NORI-BLÄTTER + 4 EL APFELESSIG + 1 WIRSING + 1 EL GROBES SALZ + 100 G BUTTER (+ 50 G ZUM BRATEN) + FEINES SALZ, PFEFFER + 4 SCHEIBEN LAMMKEULE À 150 G + 2 EL OLIVENÖL + FLEUR DE SEL

1. Die getrockneten Nori-Blätter in 1 EL Apfelessig einweichen.
2. Die Wirsingblätter lösen, waschen und die Blattrippen herausschneiden.
3. Wasser mit dem groben Salz in einem großen Topf zum Kochen bringen. Die Wirsingblätter 5 Minuten blanchieren. Danach sofort in kaltem Wasser abkühlen lassen.
4. Die Blätter abtropfen lassen und trockenschleudern. In dünne Streifen schneiden.
5. Den Wirsing in 100 g Butter anschwitzen.
6. Die Nori-Blätter in feine Streifen schneiden und die Hälfte zu dem Wirsing geben. Salzen und pfeffern.
7. Die Lammkeulenscheiben salzen. Das Olivenöl in einer Pfanne erhitzen. Wenn es raucht, das Fleisch von einer Seite 2 Minuten braten. Wenden und 3 EL Apfelessig, 50 g Butter und die restlichen Noristreifen dazugeben. 2 Minuten weiterbraten, dabei regelmäßig mit der Sauce begießen.
8. Mit Fleur de sel bestreut servieren.

In Granville ist die *Bulot* König, und ohne ihre Königin, die Mayonnaise, ist sie nicht vorstellbar! Hier habe ich eine Mischung aus einer Vinaigrette und einer Mayonnaise gemacht, um das feste und weiche Fleisch der Meeresschnecken zu verbinden – kombiniert mit gerösteten Nüssen und erfrischt durch die Anisnote des Kerbels.

Tatar von Bulots & gegrillten Nüssen

FÜR 4 PERSONEN
ZUBEREITUNG: 30 MIN – GARZEIT: 30 MIN

GROBES SALZ + 1 KG ROHE BULOTS (MEERESSCHNECKEN) + 1 EI + 1 TL SENF + 100 G TRAUBENKERNÖL + 1 EL WALNUSSÖL + 2 TL ZITRONENSAFT + FEINES SALZ, SCHWARZER PFEFFER AUS DER MÜHLE + 100 G WALNUSSKERNE (+ EINIGE ZUM RASPELN) + 1 SCHALOTTE + ½ BUND KERBEL + 1 TL APFELESSIG

1. Wasser mit dem groben Salz in einem Topf zum Kochen bringen. Das Wasser sollte salzig schmecken.
2. Die Bulots in warmem Wasser mehrfach spülen und dann abtropfen lassen. In das kochende Salzwasser geben und 20 Minuten kochen. Abtropfen lassen.
3. Das Ei, den Senf und etwas feines Salz in eine Schüssel geben und mixen. Nach und nach mit dem Traubenkernöl und dem Walnussöl montieren. Den Zitronensaft unterrühren und mit Salz und Pfeffer abschmecken.
4. Den Ofen auf 170 °C (Ober-/Unterhitze) vorheizen. Die Walnüsse 10 Minuten im Ofen rösten und dann grob hacken.
5. Die Schalotte abziehen und fein würfeln. Den Kerbel fein hacken.
6. Das Fleisch der Bulots mithilfe einer Rouladennadel oder eines Zahnstochers aus den Schneckenhäusern herausziehen. Die Schnecken in zwei Hälften schneiden und mit der Schalotte, dem Kerbel und der Vinaigrette vermischen.
7. Den Apfelessig und die gehackten Walnüsse hinzufügen. Mit Salz und Pfeffer abschmecken.
8. Auf tiefen Tellern anrichten und einige Walnüsse darüber raspeln.

Huile de Noix
du
Village Lainé

Etappe 20 bis 27

Von Granville nach Lampaul-Plouarzel

20. und 21. Etappe: Die Strecke von **Granville** ist lang! Ich fahre 100 Kilometer Richtung Rennes. Es ist eine schöne Straße mit einer hübschen Steigung nach Avranches und dem Mont-Saint-Michel am Horizont. In **Rennes** dreht sich mein Programm um das Freilandhuhn Label Rouge aus Janzé, mit einem Abend in der Küche des Restaurants »Les Carmes« und dem Küchenchef Etienne Mangerel. Statt mit dem Fahrrad verlasse ich die Stadt motorisiert, denn ich bin in Verzug mit meinem Programm und möchte nicht die nächste Flut verpassen.

22. Etappe: Ich fahre also mit einem von Freunden geliehenen Auto in Rennes los. Kleiner Zwischenstopp in **Sixt-sur-Aff** bei Adrien und Claire, um ihre Welt der Pflanzen zu entdecken, sie ernten 230 Kilo Trockenpflanzen auf ein Hektar Boden! Sie öffnen mir auch die Tür zum »Table de l'Amante verte«, dieses Konzept Café-Buchhandlung will, dass wir den Duft der Pflanzen wiederentdecken und den Kräutertee wieder in den Mittelpunkt der Gastronomie setzen!

23. Etappe: Ich schließe mich einem Abalonefischer im 200 Kilometer entfernten **Penmarc'h** an, um im sehr kalten März-Wasser zu fischen. Ah, die Abalone! Eine schöne Muschel, die am Felsen hängt … sie lässt sich nur abtrennen, wenn man genau die richtige Technik einsetzt. Andernfalls muss man viel Kraft und Geduld mitbringen, um zum Ziel zu kommen.

24. bis 26. Etappe: Danach fahre ich zurück nach **Rennes**, schlage dann die Richtung **Saint-Brieuc** ein, dieses Mal mit dem Fahrrad, für weitere 100 Kilometer auf der bretonischen Landstraße. Von Saint-Brieuc aus fährt mich ein Freund bis **Paimpol**, ungefähr 40 Kilometer, wo ich die Nacht verbringe.

27. Etappe: Am nächsten Tag neue Abfahrt Richtung **Carantec**, ungefähr 80 Kilometer, ins Hotel-Restaurant von Patrick Jeffroy für zwei intensive Küchentage. Dann nehme ich die Straße durch das windige *Finistère*. Das flache Land ist übersät von Zwiebeln, noch unter Planen, die die Nachmittagssonne reflektieren. Überall rieche ich das Meer – man muss sagen, egal, woher der Wind weht, er bringt Salz mit: Es gibt die Manche im Norden, den Atlantik im Westen, die Bucht von Brest im Süden! Die Sonne wird bald hinter Ouessant untergehen, wenn ich endlich bei Hervé in **Lampaul-Plouarzel** ankomme.

ABALONE VON PENMARC'H.

11. BIS 13. APRIL

ETAPPE 28

LAMPAUL-PLOUARZEL (FINISTÈRE)

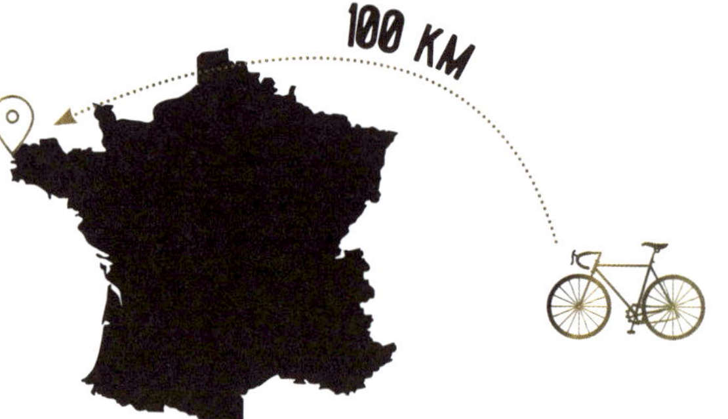

Dümpeln in der Iroise-See

HERVÉ JESTIN
FISCHER
29810 Lampaul-Plouarzel

NUR DAS MEER ALS HORIZONT

Hervé ist in den 1970er-Jahren in Le Conquet aufgewachsen. Das Schicksal der dortigen Jugend war vorgezeichnet: nur das Meer als Horizont. Sein Vater war Kältefachmann beim Arsenal in Brest, seine Kameraden alle Söhne von Fischern. Zu der Zeit sind die Seeleute hauptsächlich Krabben- und Hummerfänger. Einige Netzfischer fangen Langusten und Seespinnen, das Meer ist reich. Unerwünschte Fische kommen zurück ins Meer. Das Aufkommen der Nylonnetze in den 1980er-Jahren revolutioniert die Fischerei in Le Conquet. Die Fischer verdienen sehr gut. Hervé wächst heran, immer noch beim Hafen. Er erlernt wie alle Kinder der Gegend *godiller:* eine spezielle Technik des Ruderns. Er segelt *Optimist* und *Caravelle* und verpasst nie die Angeltouren mit seinem Vater. Nach einigen Jahren in Polynesien, wo er seine Liebe zur Küche entdeckt, kehrt er Anfang der 1990er-Jahre nach Le Conquet zurück.

Ein Tag an Bord der Annaëlle

Die Sonne geht auf, es ist 7:30 Uhr. Wir gehen Seelachs fischen, zwischen den Inseln Ouessant und Sein. Wir sind auf der Annaëlle, dem Boot von Hervé. In Richtung der Fangtiefen zwischen 50 und 100 Metern, wo die Seelachse hoffentlich in unsere Angelhaken beißen werden.

Hervé hat die Angel in der Hand und lässt die mit Blei beschwerte Schnur, auf der Köder gereiht sind, die zappelnden Fischen ähneln, nach unten ins Wasser gleiten. Die Hand auf der gespannten Schnur, führt Hervé die Schnur so geschickt, dass es zu leicht aussieht. Das ist der Moment des Rausziehens. Da ist er, der Seelachs! Diese gelben Fische kommen zu Dutzenden hoch, das Angeln war erfolgreich …

DIE ENTSCHEIDUNG FÜR *IKEJIME*

Jetzt kommt Jean-Guy dran … Jean-Guy ist ein echter Bretone, ein Haudegen des Meeres, der nichts auf der Welt gegen sein Leben als Seemann eintauschen würde. Er wird jetzt *Ikejime* mit den gerade gefangenen Fischen praktizieren.

Was ist *Ikejime*? Dieses japanische Wort bedeutet »totlebendig« und beschreibt Methoden, wie man den Fisch sofort, wenn er aus dem Wasser kommt, tötet und ihm so einen qualvollen Tod erspart. Es ist eine bedeutende Besonderheit in der japanischen Fischerei. Seit Jahrhunderten erlaubt *Ikejime* den japanischen Fischern, ihre Fische so länger frisch zu halten. Darüber hinaus entwickelt das Fleisch eine außergewöhnliche Feinheit.

Wie ist diese Technik auf die Brücke von *Annaëlle* gekommen?

Nach seiner Rückkehr nach Le Conquet begibt sich Hervé auf verschiedene Bootstypen für die Langleinenfischerei. Am Abend vor seinem 40. Geburtstag kauft er sich »Kenvad«, um Angler von Barsch und Seelachs an den Ufern von Ouessant zu werden. *Annaëlle* ist sein zweites, größeres Boot, mit dem er täglich mit einem Matrosen ausläuft. Eines Tages trifft er Daniel Kerdavid – ein passionierter Fischer und Verfechter von *Ikejime*, den ich auch etwas später auf meiner Reise treffen werde –, wie er auch begeistert von Meer und nachhaltigem Fischfang: Er nimmt ihn an Bord und das japanische Abenteuer beginnt.

Wenn man *Ikejime* einmal beherrscht, ändert sich folglich die Fangmethode. Man muss mehr Eis laden, die zusätzliche Arbeit ist beträchtlich, aber Hervé ist vom Vorteil dieser Methode überzeugt, ob nur für ihn selbst, verliebt in seine Arbeit, aber auch für Gastronomen und die wirklichen Fischliebhaber. Nachhaltiger, verantwortungsvoller Fischfang – das Credo der leidenschaftlichen Freunde dieser Meeresschätze, damit der Ozean immer sein Versprechen hält.

Wieder einmal habe ich durch die Verbindung von Freunden und Freunden von Freunden den Kontakt zu Hervé gefunden. Nach einem Telefongespräch und einer guten Unterhaltung rund um unsere Leidenschaft ist es beschlossene Sache: Zur Seelachssaison ist für mich ein Platz auf dem Boot reserviert! Ich muss nur noch meine Ankunft vorbereiten, dicke Pullover und Ölzeug mitnehmen, und ich bin bereit!

Die Zutaten des gastronomischen Herzens der Bretagne werden hier im thailändischen Geiste verarbeitet … Der leicht saure Geschmack der *Lait Ribot* vermischt sich mit der rauchigen Note der *Andouille*. Der Buchweizen bringt das Knusprige mit, zu dem saftigen und festen Fisch, der in einer Gourmetbrühe badet.

SEELACHS IM GEISTE EINER Tom Kha Gai

FÜR 4 PERSONEN

ZUBEREITUNG: 50 MIN + 30 MIN WÄSSERN – GARZEIT: 55 MIN + 30 MIN ZIEHEN LASSEN

1 GANZER SEELACHS (2 KG, IDEALERWEISE *IKEJIME*) + 2 KNOBLAUCHZEHEN + 3 SCHALOTTEN + 5 LORBEERBLÄTTER + 4 GROSSE CHAMPIGNONS + 100 G ANDOUILLE (WURST) + 1 STANGE SELLERIE + 1 L LAIT RIBOT (ODER BUTTERMILCH) + 200 G SÜSSE SAHNE + FEINES SALZ + 1 EL BUCHWEIZEN + ZESTEN VON 1 UNBEHANDELTEN ZITRONE + ½ BUND DILL

1. Die Filets vom Fischhändler auslösen und halbieren lassen, die Karkasse und den Kopf mitnehmen. Augen und Kiemen entfernen. Die Karkasse dreimal in kaltem Wasser spülen, alle 10 Minuten umrühren und dabei das Wasser wechseln.

2. Karkasse und Kopf in eine Kasserolle legen, mit 1 l kaltem Wasser begießen und alles zum Kochen bringen. Abschäumen. Den Knoblauch abziehen und die Zehen halbieren, eine Schalotte abziehen und grob würfeln. Knoblauch, Schalotte und ein Lorbeerblatt hinzufügen. Bei niedriger Temperatur 20 Minuten köcheln lassen, dann bei Zimmertemperatur 30 Minuten ziehen lassen.

3. Die restlichen Schalotten abziehen und in feine Ringe schneiden. Die Champignons putzen und in acht Teile schneiden. Die Andouille in feine Scheiben und den Sellerie in kleine Stücke schneiden.

4. Den Fischsud in etwa 20 Minuten um ¾ reduzieren, um die Aromen zu konzentrieren. Filtern, dann die Lait Ribot und die Sahne hinzufügen. Nach Belieben salzen.

5. Den Ofen auf 200 °C (Umluft) vorheizen. Die Milch-Sahne-Mischung in eine ofenfeste Form gießen. Die Fischfilets mit der Hautseite nach oben hinzufügen, dann das Gemüse, die Andouille, den Buchweizen und den restlichen Lorbeer auf dem Fisch verteilen. Alles für 10 Minuten in den Ofen stellen. Den Fisch mit einem Zahnstocher kontrollieren: Dringt er leicht ein, ist der Fisch gar.

6. Mit Zitronenzesten und Dillspitzen garniert servieren.

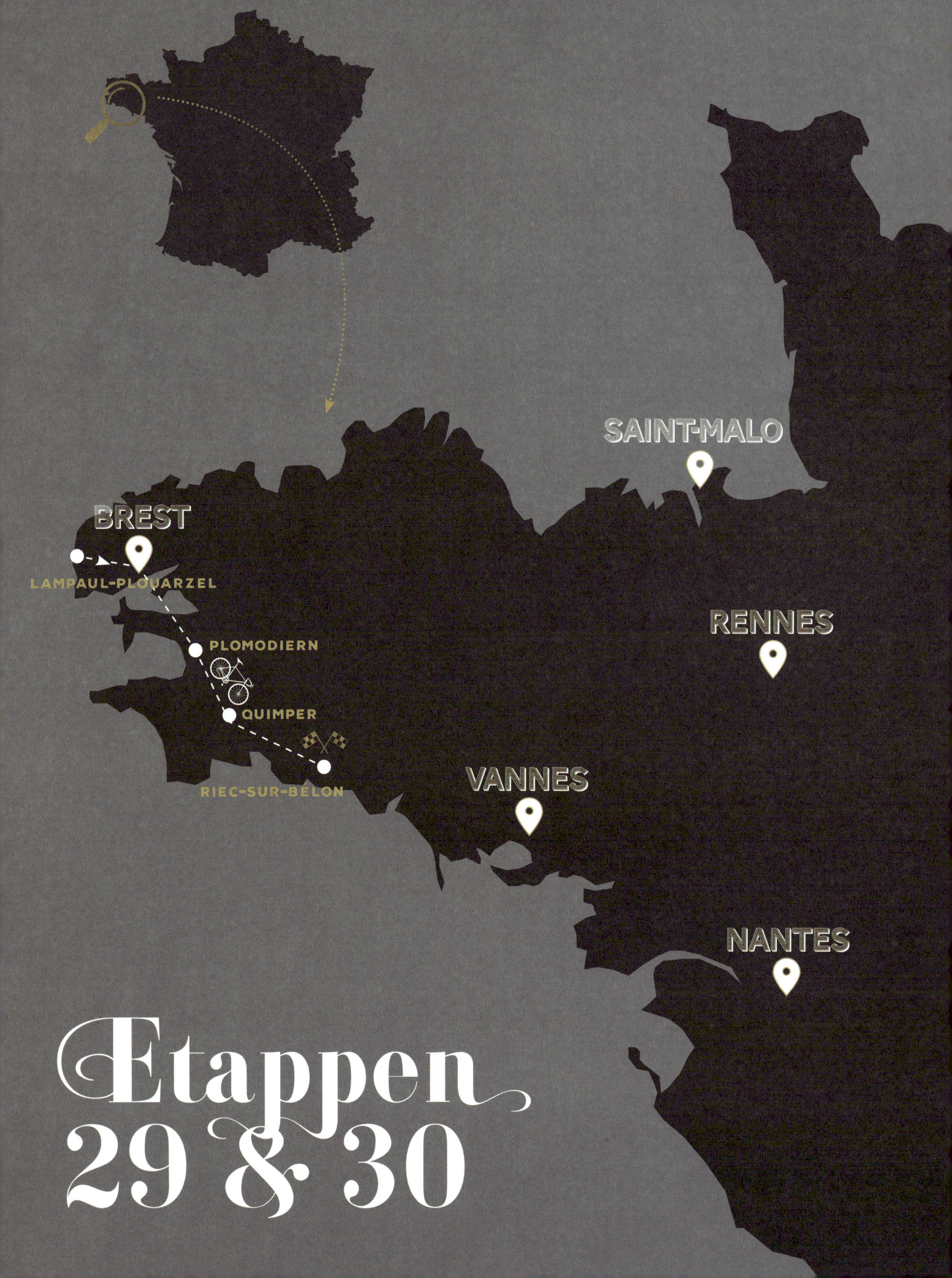

Etappen 29 & 30

SAINT-MALO
BREST
LAMPAUL-PLOUARZEL
PLOMODIERN
QUIMPER
RIEC-SUR-BELON
RENNES
VANNES
NANTES

Von Lampaul-Plouarzel nach Riec-sur-Bélon

29. Etappe: Nach ungefähr 24 Kilometern von **Lampaul-Plouarzel** nach **Brest** bin ich bei Xavier und Mika Pensec, um die französisch-japanische Fusion in ihrem Restaurant »Hinoki« kennenzulernen. Er ist Franzose, sie Japanerin. Die beiden lassen einen Wind direkt aus dem Fernen Osten in das Universum des rohen Fisches wehen, ohnegleichen! Man stattet mich aus, japanisch, selbstverständlich! Xavier benutzt ein Messer namens Yanagiba (auf einer Seite angeschrägt) für all seine Fischzuschnitte.

DIE »AUBERGE DES GLAZICKS« VON OLIVIER BELIN.

Ich befolge seine Anweisungen und die von Mika minutiös, denn hier geht es um Millimeter. Die Perfektion ist keine Option, sondern die Regel! Dann werde ich auf die andere Seite der Theke gebeten, um eine Mischung von den Sushis zu verkosten, die Xavier vor meiner Nase fertiggestellt hat, von Mika in der Küche gerollte Makis, garniert mit Abalone und Tintenfisch als kleine Leckereien. Freitagnachmittag Richtung Bucht von Brest, um ein paar Muscheln der Saison zu finden: Prärieaustern und Venusmuscheln.

30. Etappe: Ein Wecker im Morgengrauen, aber was für ein Ausflug! Einer, der das Pedal schon am frühen Morgen kitzelt. 60 Kilometer durch den Naturpark von Armor zwischen bretonischem Land, Flüssen, die sich ins Meer werfen und Achterbahnen im *Finistère*. Endlich bin ich bei Küchenchef Olivier Bellin in **Plomodiern**. Er empfängt mich in seiner herrlichen »Auberge des Glazicks« und leiht mir seine Jacke, viel zu groß für meine schmalen Radfahrerschultern. Eine kurze, aber intensive Erfahrung, wo ich von innen die tolle, so feminine Küche dieses Kochs entdecke. Ich lasse ihn und sein Team sich vom Osterfeuerwerk erholen und verlasse diesen Ort mit Bedauern, der für zwei kurze Tage meine Zuflucht war.

KURS AUF RIEC-SUR-BÉLON →

Der unwiderstehliche Bretone

JEAN-BERNARD UND LAURENCE HUON
BAUERN
Ferme de Penprat
Route de Pont-Aven
29340 Riec-sur-Bélon

70 JAHRE: ALTER VON JEAN-BERNARD HUON, BAUER SEIT **55** JAHREN

15 HEKTAR LAND

DIE DATEN VON PENPRAT

2 SCHWEINE
FAHRRÄDER

Produktion: BUTTER, APFELWEIN, KARTOFFELN … FAST AUTARK
Rythmus: SEIN EIGENER
Sternzeichen: STIER

1 TRAKTOR

4 OCHSEN

10 KÜHE

ETAPPE 31

RIEC-SUR-BÉLON (FINISTÈRE)

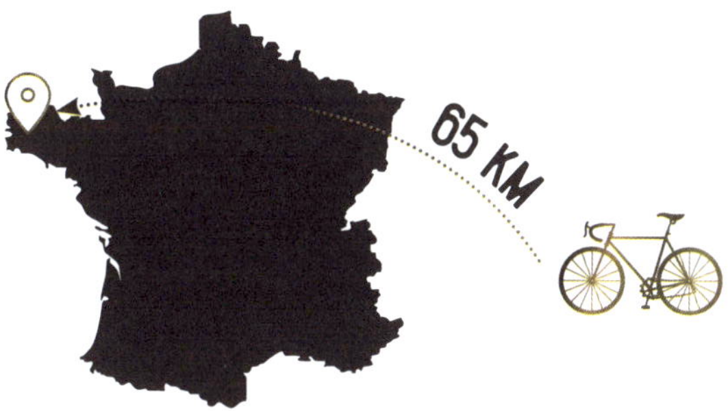

Auf den Sattel!

Ich mache 65 Kilometer Richtung Süden vom *Finistère*, vorbei an Quimper. Ich trete in die Pedale und erreiche endlich die Küste. Am Rande des Bauernhofs von Penprat kitzelt ein starker Geruch von Rind meine Nasenlöcher. Ich treffe Jean-Bernard und Laurence an, die mich direkt zu Tisch führen, wo ich entzückt ein saftiges Schweineschnitzel sehe, garniert mit kleinen, gerade geernteten Kartoffeln, wie man sie in der Bretagne findet. Ich genieße dieses Festessen, so einfach wie üppig. Mir wurde geraten, nach all den Kilometern auf dem Fahrrad ein Nickerchen zu machen. Berechtigt, ich schlafe sofort ein, ohne auch nur daran zu denken, meinen Handywecker zu stellen. Als ich die Augen öffne, ist es schon Zeit für das Abendessen. Ich kehre zum Tisch zurück, das Timing ist perfekt.

PENPRAT: Leben ausserhalb der Zeit

Der Trubel der modernen Welt scheint an der Schwelle dieses bretonischen Bauernhofes aus dem 19. Jahrhundert stehen geblieben zu sein. Er wird seit vier Generationen von Jean-Bernards Familie bewirtschaftet. Er ist eine Oase des Friedens, man glaubt, direkt aus einem Kinderbuch entsprungen: Ein lieber Hund bewacht alles, Gänse picken in die Waden, wenn man sich ihnen unachtsam nähert, Kühe grasen auf der Weide und werden noch von Hand gemolken. Auf der anderen Seite des Hofs schlägt Laurence die Butter, die Schweine fressen unsere Kartoffelreste, und die Hühner picken gackernd altes Brot. Dieser Aufenthalt ist weit entfernt vom modernen Babylon. Hier herrscht eine unglaubliche Ruhe und Gelassenheit. Auf dem Hof von Penprat kaufen sie kaum etwas, alles wird vor Ort hergestellt, nach ihren Bedürfnissen, im Rhythmus der Jahreszeiten. Feinschmecker kommen manchmal von weither, um die Butter und den Apfelwein mit dem Geschmack von früher bei Jean-Bernard zu kaufen.

ETAPPE 31

Jean-Bernard,

DER UNBESIEGBARE BRETONE

Der Bauernhof von Penprat besteht aus 15 Hektar Wiesen, Apfelbäumen, kleinen Feldern, Wäldern, Hohlwegen, von denen keiner den Verwüstungen der »modernen Landwirtschaft« ausgesetzt war, wie Jean-Bernard stolz versichert. »Nach dem Krieg kam der Traktor auf. Ich aber wollte weiterhin mit den Tieren arbeiten, in ihrem Rhythmus leben und vor allem frei sein! Ich bin nicht der Herde gefolgt, das war meine Entscheidung.«

Die Bretonen sind für ihre Entschlossenheit und Ausdauer bekannt. Jean-Bernard könnte eine Karikatur davon sein – er hat sich immer der Dampfwalze der Modernität entgegengesetzt, um die Lebensart seines Urgroßvaters zu bewahren. Diese Lebensart, in Harmonie mit den Tieren und der Natur, macht ihn glücklich und sein Glück verbindet.

DER TAGESBEGINN WIRD angekündigt

Hier sind es die Hühner, die den Tag- und Nachtrhythmus bestimmen! Mein Programm hier: die umliegenden Wälder instand halten und auf den Feldern und dem Hof arbeiten.

Wir beginnen damit, den Stall mit Gabeln und Schubkarren auszumisten, und das ist keine leichte Arbeit. Dieser Naturdünger wird den Gemüsegarten ernähren. Dann räumen wir einen kleinen Holzhaufen beim Hühnerstall auf und bündeln die Zweige. Ein großes Gebiet muss freigeräumt werden, bevor ein neuer Hühnerstall gebaut wird. Denn in der Gegend treiben sich Füchse rum und richten verheerende Schäden an. Der neue Hühnerstall wird stabiler und kann so wirklich das gesamte Geflügel schützen.

Mit den Rindern auf den Feldern

Wir machen uns mit Karig und Karnes, den »Nantaisen«, sowie mit Breizh und Izel, den »schwarzbunten Bretonen« auf den Weg zu den Feldern. Bevor wir mit ihrer Hilfe arbeiten, müssen wir zur Schmiede, um den Pflug vorzubereiten. Das ist ein wenig wie Messer schärfen: Die Kanten werden dünn und scharf geschliffen, damit der Pflug besser in die Erde eindringen kann.

Jean-Bernard führt die Ochsen leicht und geschickt, aber diese Feinschmecker nutzen den Ausflug, um zu naschen: Sie knabbern an dem kleinsten Ast, den sie auftreiben können. Die vier Ochsen wiegen mehr als drei Tonnen, man muss sich schon durchsetzen, um sie auf den richtigen Weg zu bringen – unnütz, sie zu schieben, sie rühren sich nicht vom Fleck!

Hier sind wir endlich auf dem Feld, wo ich als »Pflugführer« eingesetzt bin. Ich frage Jean-Bernard, wie lange man für eine Parzelle braucht. Er antwortet mir: »Keine Ahnung! Die Tiere arbeiten in ihrem Tempo, also wird das Feld fertig sein … wenn es fertig ist. Aber keine Sorge, wir haben Zeit, das Leben ist kein Wettrennen.«

So lässt er mich philosophierend bei der Arbeit zurück!

DIE FREUNDE MEINER FREUNDE

In Douarnenez habe ich vor einem Jahr zwei Wanderer aus den *Alpes-de-Haute-Provence* getroffen. Sie wanderten mit ihren zwei Eseln, langsam im Rhythmus der Tiere und des Wetters. Sie waren es, die mir von Jean-Bernard und Laurence erzählt haben. Ihre Beschreibung von dem Bauernhof hatte mich so begeistert, dass ich dort anrief und auch eine Einladung nach Penprat erhielt.

Die Gastfreundschaft von Jean-Bernard und Laurence wird nicht ausgenutzt: Bei ihnen ist jeder willkommen, egal ob Wanderer, Motorradfahrer, Koch auf dem Fahrrad oder *Wwoofer* aus Frankreich oder Navarra. Das *Wwoofing*, aus dem Englischen *World-Wide Opportunities on Organic Farms* ist ein globales Netzwerk zur Unterstützung und Erhaltung von Biohöfen, die Landwirte und Wohltätige auf der ganzen Welt verbindet; die freiwilligen Helfer bieten ihre Mitarbeit gegen Unterkunft und Verpflegung an. Jean-Bernard muss nicht weiter ins Dorf gehen – nur noch zweimal im Jahr um »Menschen zu sehen« –, denn heute kommt die Welt zu ihm.

Jean-Bernard ist hier geboren, und er hat Penprat nie verlassen, außer zum obligaten Militärdienst. Er war noch sehr jung, als sein Vater starb, er musste sich also zusammen mit seiner Mutter um den Hof kümmern und ihr Auskommen sichern.

Die Jahre sind vergangen und Penprat hat sein schönes Gesicht von früher erhalten. Doch Jean-Bernard bezeichnet sich nicht als altmodisch, er sagt lieber, dass er die Gegenwart auf dem reichen Land der Vergangenheit gebaut hat, ganz einfach und ohne Kampfgeist …

Der Frühling kommt sanft … Das Gemüse, das den Winter hinter sich gelassen hat, wird sich in einem gemeinsamen Bad vereinen! Serviert mit geräuchertem Speck und begleitet von geröstetem Brot mit leichter Knoblauchnote.

Spätwinterliche SUPPE

FÜR 4 PERSONEN

ZUBEREITUNG: 20 MIN – GARZEIT: 1 STD 10

1 Zwiebel + 2 Karotten + 1 Knolle Sellerie + 4 festkochende Kartoffeln + 1 Stange Lauch + 400 g geräucherter Speck + 25 g Butter + 1 Lorbeerblatt + 1 Scheibe altbackenes Brot + 2 EL Olivenöl + 1 Knoblauchzehe (fein gewürfelt) + Salz

1. Die Zwiebel abziehen und vierteln, die Karotten putzen und schälen und in schräge Scheiben schneiden, den Sellerie und die Kartoffeln schälen und grob würfeln, den Lauch putzen und in Scheiben schneiden.

2. Den Speck in vier Stücke schneiden und in einer großen Kasserolle von allen Seiten scharf anbraten, bis der Fleischsaft heraustritt. Die Butter, die Zwiebel und das Lorbeerblatt hinzufügen. Das Ganze zusammen braten – die Butter sollte eine schöne goldenen Farbe angenommen haben.

3. 1 ½ l kaltes Wasser dazugeben, dann die Karotten. Wenn das Wasser kocht, den Sellerie und die Kartoffeln hineingeben. 20 Minuten kochen lassen. Anschließend den Lauch hinzufügen und alles 20 Minuten weiterkochen lassen.

4. Den Ofen auf 175 °C (Ober-/Unterhitze) vorheizen.

5. Das Brot grob würfeln, mit dem Olivenöl beträufeln und mit dem Knoblauch und einer Prise Salz bestreuen. Die Brotwürfel auf einem Backblech verteilen, in den Ofen geben und nach 5 Minuten wenden. Etwa 5 Minuten weiterbacken, bis die Croûtons geröstet sind.

6. Die Suppe schön heiß, begleitet von den Knoblauchcroûtons, servieren.

WARUM DIESES GERICHT? Jean-Bernard wurde hier geboren und betreibt Landwirtschaft wie sein Urgroßvater. Dieses Gericht habe ich mit von Bauerngemüse genährtem Schwein und der Milch der »schwarzbunten Bretonen« von nebenan realisiert. 100 % lokal!

SCHWEINE-NACKEN mit Milch & Frühlingsgemüse

FÜR 4 PERSONEN

ZUBEREITUNG: 15 MIN – GARZEIT: 3 STDN 15

1 kg Schweinenacken mit Knochen + Salz, schwarzer Pfeffer aus der Mühle + 1 l Milch + 2 kleine Zweige Thymian + 2 Lorbeerblätter + 1 kleiner Zweig Rosmarin + 1 Knoblauchzehe + 2 Karotten + 1 Bund Mairübchen (Navetten) + 1 Bund Lauchzwiebeln + 500 g Spinat + 70 g Butter

1. Den Ofen auf 150 °C (Ober-/Unterhitze) vorheizen.
2. Das Fleisch salzen und pfeffern und in einen Bräter geben. Die Milch, 500 ml Wasser, den Thymian, den Lorbeer, den Rosmarin und den Knoblauch hinzufügen.
3. Bei geschlossenem Deckel 3 Stunden im Ofen schmoren lassen, dabei ab und zu mit dem Sud begießen.
4. Die Karotten putzen und schälen und in schräge Scheiben schneiden, die Mairübchen putzen und halbieren, die Lauchzwiebeln waschen und die Knollen vom Grün trennen, den Spinat waschen und abtropfen lassen.
5. 20 g Butter in einer Pfanne erhitzen und das Gemüse etwa 10 Minuten darin schmoren, es soll noch Biss haben. Salzen und pfeffern. Das Gemüse warm halten.
6. Das Fleisch aus dem Bräter nehmen und warm halten. Die Milch 5 Minuten einkochen lassen, nachwürzen, mit 50 g Butter montieren. Das Fleisch in Scheiben schneiden und wieder in die Sauce legen.
7. Das Gemüse um das Fleisch herum verteilen und servieren.

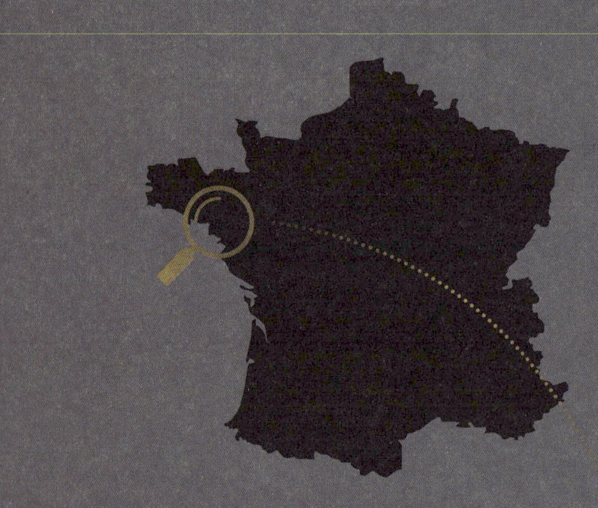

BREST

QUIMPER

RENNES

ROHAN

RIEC-SUR-BÉLON

BULÉON

VANNES

GROIX

LANDAUL

NANTES

Étappe 32 bis 34

20. BIS 28. APRIL

Von Riec-sur-Bélon nach Landaul

32. Etappe: Donnerstag, 20. April, Abfahrt von **Riec-sur-Bélon**, wo ich Jean-Bernard verlasse, um nach Caudan zu meinen Großeltern zu fahren. Dann Richtung **Île de Groix** vom Fährhafen von Lorient aus. Ich verbringe einen Samstag in der Küche mit Jean Louis und Claire Farjot in dem legendären Restaurant der Insel, dem »Le Cinquante«. Eine regionale Küche, angeführt von einem Küchenchef, der reich an Erfahrungen aus den großen Häusern ist. Frühmorgens Rückkehr nach Caudan, ich lasse meine Großeltern zurück auf den Stufen, die mir Glück für die Fahrt ins Herz vom *Morbihan* wünschen.

ENTLANG DES KANALS.

33. Etappe: Ich erreiche **Buléon** am Nachmittag. Ein Ausflug von 70 Kilometern, um meine alte Lehrerin zu besuchen. Ich verbringe eine Weile in ihrer Klasse, um den Schülern von meinem Abenteuer seit Oye-Plage zu berichten. Es ist eine erfrischende und bereichernde Begegnung.

34. Etappe: Auf dem Weg nach Villeneuve-Saint-Gouvry auf der Gemeinde von **Rohan**, wo die Familie Harnois mich erwartet, mit ihr in die Welt des Joghurts einzutauchen. Hervé ist viel rumgekommen, bevor er in sein Land zurückkehrte, um das Familienerbe wiederzubeleben. Kühe, Milch – aber was macht man mit diesen schönen Produkten? Joghurt? Aber aufgepasst – Geschmack, nur Geschmack. Der Beginn des Abenteuers war 2005, eine ziemlich schnelle Expansion erfolgte, heute hat Ker Ronan an die 20 Angestellte. Als ich an einem Freitagabend ankomme, kann ich nicht bei der Produktion dabei sein, nur beim Melken. Trotzdem darf ich Joghurt verkosten: Blaubeere, Limone, Pfirsiche aus dem Roussillon, Natur, Dessertcreme aus Vollmilch, Karamell mit Salzbutter … Köstlich! Hier sind die Leute passioniert: die beste Methode für ein Rezept, die immer funktioniert.

Zurück zu den Wurzeln

MEINE ELTERN JEAN-PIERRE UND VÉRONIQUE FORMAL
SCHWEINEZÜCHTER
Kerbasco
56690 Landaul

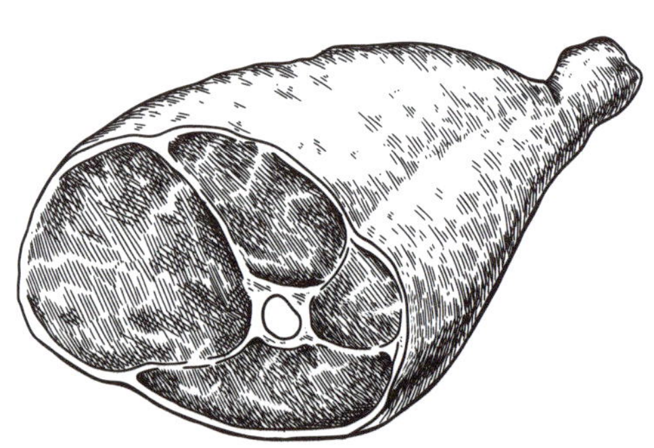

Auf den Sattel!

Bei Hervé treffe ich Alain Glon wieder, ein berühmter Mann aus der Gegend von Pontivy, ein erfahrener Tourenradfahrer. Wir fahren nach Cléguérec, wo wir zu Mittag essen, dann fahren wir weiter zu meinen Eltern. Schon wieder eine Strecke von 100 Kilometern.

28. BIS 30. APRIL

LANDAUL (MORBIHAN)

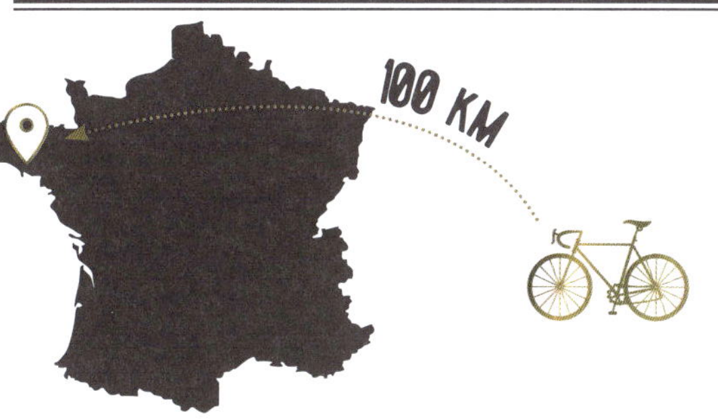

Die Geburt einer Berufung

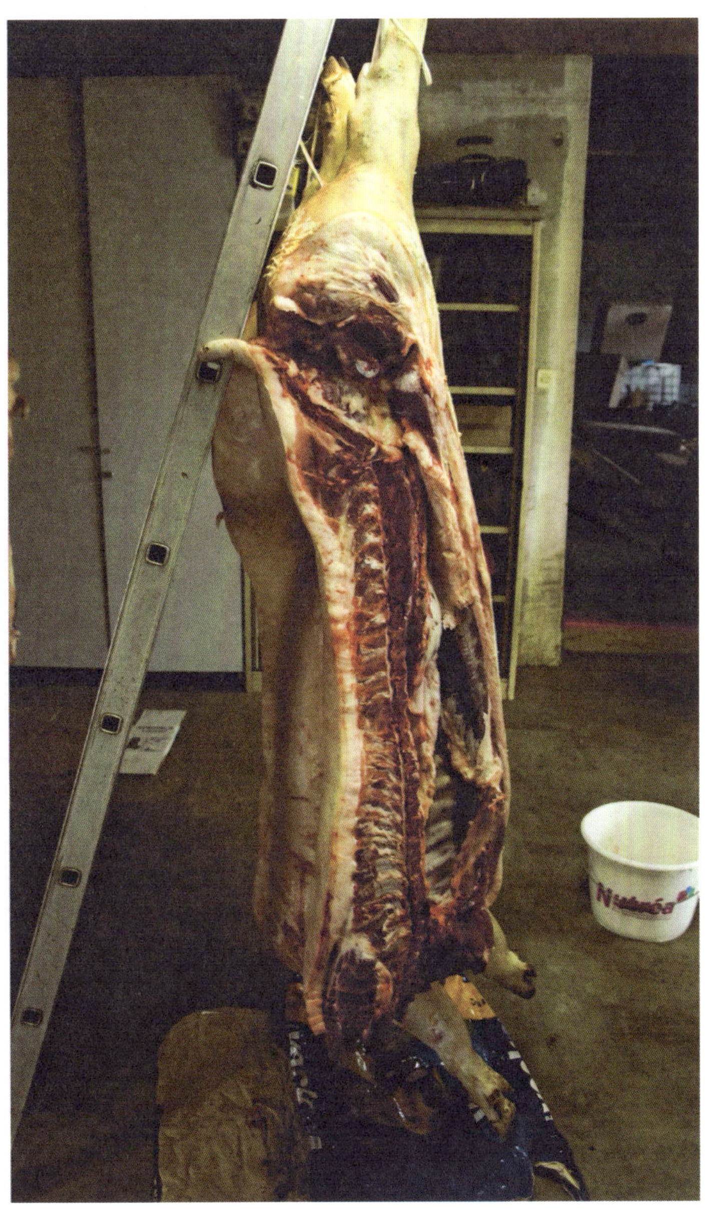

Ich bin in einem Familienbetrieb aufgewachsen, der seit Generationen aus Bauern besteht. Mein Vater, der nicht von dieser Regel abweichen konnte, hat also die Nachfolge meiner Großeltern angetreten.

Die Kühe waren früher die »Königinnen von Kerbasco«, aber sie mussten den Schweinen weichen.

Ich meinerseits sagte bereits im Alter von sechs Jahren, dass ich gerne Koch werden möchte. Aber nichts deutete darauf hin, dass ich wirklich mit 20 Koch geworden wäre, in Paris arbeiten würde, wo ich nicht meine Arbeitsstunden zählte und mit Leidenschaft gearbeitet habe. Warum so viele Stunden in der Küche? Viele Rückblenden gehen mir durch den Kopf, all diese Erinnerungen, die meine Passion schon seit der Kindheit genährt haben. Ich fing bei den Hühnern mit ihren Eiern an, der Garten voll von Früchten und Gemüse oder Erdbeeren – mit meinem Bruder bin ich direkt unter die glühend heiße Plane gekrabbelt, wo sie wuchsen und wir sie gleich verputzen konnten. Wir haben in der Küche meiner Großeltern Erbsen gepalt und Bohnen geputzt und dabei Brote mit Brombeerkonfitüre gegessen.

Ihr Lagerraum wird jedes Jahr mit einigen Weinfässern direkt aus Graves gefüllt. Mein Großvater war mit einem Winzer befreundet und großer Liebhaber von Bordeauxweinen, jedes Jahr erhielt er ein Fass, um seinen Keller zu füllen. Ich war als Etiketteur angestellt, auf einem Hocker sitzend, die Flasche auf den Knien, umgeben von Alten, die die Welt neu erschaffen wollten. Hinten im Raum befanden sich viele Konserven, Obst in Sirup aus dem Garten – Kirschen, Pflaumen und Birnen –, ganz zu schweigen von dem in Étel gekauften und von meinen Großeltern haltbar gemachten Thunfisch.

Mein Bruder und ich waren wie die Vögel in den Bäumen und pickten die reifen Früchte vor allen anderen.

Die Jahreszeiten

Der Herbst war die Jahreszeit für den klassischen Apfelwein. Sobald die Äpfel gepflückt waren, haben mein Bruder und ich die Mühle von Hand gedreht und so einen Nektar erhalten, der einem das Wasser im Mund zusammenlaufen ließ. Die zerkleinerten Äpfel kamen dann in die Presse, dann kam der einfach mit Stroh gefilterte Saft zu den Holzfässern, um zu Apfelwein zu werden.
Wenn der Winter nahte, tauchten Teppiche von Pfifferlingen, Schafsfuß und Steinpilzen auf, die in Fleischeintöpfen und Omeletts landeten. Sonntags brachten uns die Jäger Wildschwein und Reh, die Grundlage für üppige Schmorgerichte. Das Meer ist sieben Kilometer vom Hof entfernt. Auf dem Weg dorthin lässt man eine Landschaft von Wiesen, bestellten Feldern, Kastanien- und Eichenwäldern hinter sich. Das Ria d'Ételist ein sehr flaches Tal, vom Meer überströmt. Süß- und Salzwasser vermischen sich, der schlammige Boden ist ideal für Austernzüchter, Fischer, die Venusmuscheln, Herzmuscheln oder sogar Krabben sammeln. Aus dem Meer haben uns Barsch, Dorade und Meeräsche erfreut. Eine Kindheit zwischen Land und Meer, was mich zu zwei Rezepten inspiriert hat, die ich auf den folgenden Seiten mit Ihnen teilen möchte.

HEILIGES SCHWEIN

Zweimal im Jahr – im März/April und November – ist »Saint-Cochon«, das heilige Schwein, eine Tradition, die nicht von gestern ist! Der Betrieb ist 300 Meter vom Haus entfernt und gehörte zu unseren Lieblingsspielplätzen. Am Abend davor wird das Tier geschlachtet, am nächsten Tag kommt der Metzger, packt seine Messer aus und das Zerlegen beginnt: Schinken entbeinen, Rippen zerteilen, Schweineschulter abtrennen, jeder kauft sein Teil. In der Zwischenzeit kochen wir den Schweinskopf, bereiten die Blutwurst vor, die Würste mit Petersilie und Zwiebeln, die *Andouillette* … die Pastete mit den Innereien – Leber, Herz, Nieren – ein Genuss für alle. Der entbeinte Kopf wird zum Speck gelegt, der in einem Sud aus Kohl, Zwiebeln und Lauch kocht. Man gießt das Blut mit Salz und Pfeffer dazu und dann das Ganze in Darm, um die Blutwurst zuzubereiten. Ein gigantisches Essen steht dem Abend bevor. Die Teller werden immer leer. Die Blutwürste und Würstchen werden im Holzofen über glühender Kohle gegrillt, Wein wird reichlich ausgeschenkt. Ich liebe diese Traditionen, die unsere modernen Zeiten überdauern …

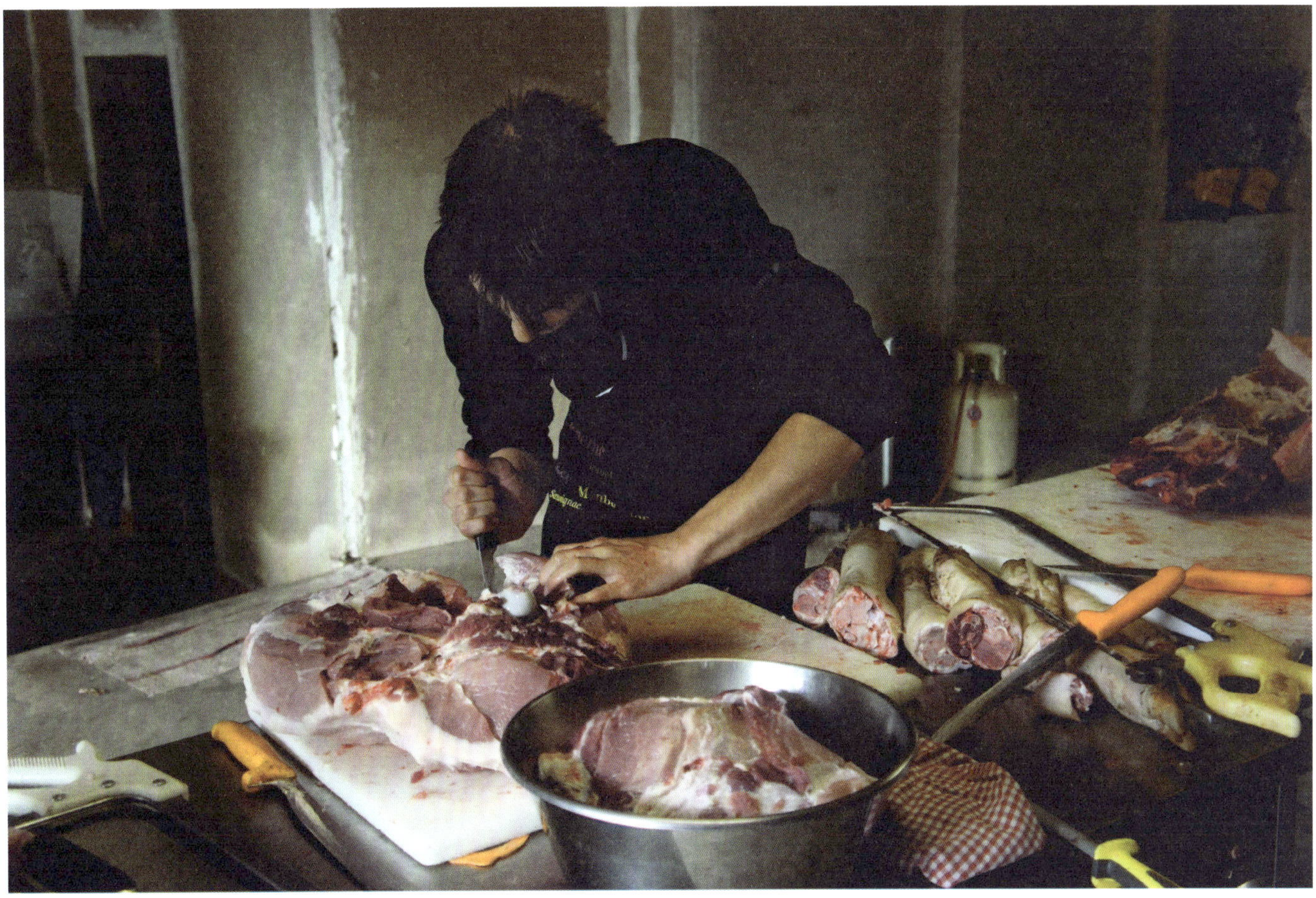

WARUM DIESES GERICHT? Ich habe beschlossen, »Saint-Cochon«, das heilige Schwein, zu würdigen, ein traditionelles und gastronomisches Fest, das in den meisten ländlichen Teilen Frankreichs gefeiert wird. Das Schlachten eines Schweins kündigt seine Eröffnung an. Blutwurst, hier begleitet von Äpfeln, Kartoffeln und in Butter gebratenen Zwiebeln, wird das Hauptgericht dieses großen Gourmettreffens sein.

BLUTWURST mit ÄPFELN & Kartoffelstampf

FÜR 4 PERSONEN

ZUBEREITUNG: 15 MIN – GARZEIT: 1 STD 35

500 ML CIDRE + 3 EL APFELESSIG + 4 EL OLIVENÖL (+ ETWAS ZUM BETRÄUFELN) + SALZ, SCHWARZER PFEFFER AUS DER MÜHLE + 1 BUND LAUCHZWIEBELN + 280 G BUTTER + 400 G ZWIEBELN + 2 ÄPFEL + 500 G MEHLIGKOCHENDE KARTOFFELN + 500 G BLUTWURST

1. Den Cidre 20 Minuten zu etwa 4 EL sirupartiger Flüssigkeit einkochen. Den Apfelessig und das Olivenöl hinzufügen, vermischen, salzen und pfeffern.
2. Die Lauchzwiebeln waschen und die Knollen vom Grün trennen. Die Knollen halbieren und das Grün beiseitelegen. In eine Pfanne geben und mit 50 g kalter Butter bei niedriger Temperatur 20 Minuten langsam karamellisieren lassen.
3. Die Zwiebeln abziehen und in feine Ringe schneiden. Mit 40 g Butter in einen Topf geben und bei niedriger Temperatur 20 Minuten zu einem Kompott einkochen lassen. Salzen und pfeffern.
4. Die Äpfel schälen, vom Kerngehäuse befreien und in Spalten schneiden. 80 g Butter in einer Pfanne schmelzen lassen und die Apfelspalten von allen Seiten darin karamellisieren.
5. Die Kartoffeln schälen, grob würfeln und in Salzwasser 20 Minuten kochen.
6. Die Blutwurst mit einer Messerspitze auftrennen und die Pelle entfernen. 30 g Butter schmelzen und mit der Blutwurst vermischen. Salzen und pfeffern.
7. Die gegarten Kartoffeln sofort mit einer Gabel zerdrücken. Das Grün der Lauchzwiebeln in feine Ringe schneiden und mit 80 g Butter unter den Kartoffelstampf mischen. Salzen und pfeffern.
8. In einen Servierring eine Lage Zwiebelkompott, eine Lage Blutwurst und dann Kartoffelstampf schichten. Den Servierring entfernen.
9. Rundum mit den Apfelspalten und den karamellisierten Lauchzwiebeln garnieren. Mit Olivenöl beträufelt servieren.

Meine »Madeleine de Proust« ist nicht süß …
Für mich ist Jod der Gewinner: Fisch mit Kartoffeln und Mayonnaise.
Ein echtes *Lichoux*-Gericht (Gourmet auf bretonisch)!

SEEHECHT, KARTOFFELN & WARME Mayonnaise

FÜR 4 PERSONEN

ZUBEREITUNG: 20 MIN – GARZEIT: 1 STD

FÜR DIE MAYONNAISE: **1 EIGELB + 1 EI + 1 TL SENF + 1 EL APFELESSIG + 250 ML TRAUBENKERNÖL + SALZ.**

FÜR DEN SEEHECHT UND DIE KARTOFFELN: **700 G FESTKOCHENDE KARTOFFELN + 200 ML SONNENBLUMENÖL + 4 STÜCKE SEEHECHT À 150 G + 2 EL OLIVENÖL + 20 G BUTTER + ABRIEB VON 1 UNBEHANDELTEN LIMETTE + SALZ, FLEUR DE SEL**

1. Für die Mayonnaise das Eigelb, das Ei, den Senf, den Apfelessig und das Traubenkernöl mixen und salzen. Die Masse in einen Siphon füllen und 1 Gaspatrone aufschrauben. Den Siphon in ein Wasserbad bei 60 °C legen und regelmäßig schütteln.

2. Die Kartoffeln (bis auf eine) schälen, grob würfeln und 20 Minuten in Salzwasser kochen.

3. Die verbliebene Kartoffel in dünne Scheiben schneiden. Die Scheiben unter kaltem Wasser abspülen und mit Küchenpapier gründlich trockentupfen. In Sonnenblumenöl frittieren, bis sie eine goldbraune Farbe angenommen haben. Die Kartoffelchips auf Küchenpapier legen und salzen.

4. Die Haut des Seehechts salzen. Das Olivenöl in einer Pfanne erhitzen, bis es raucht. Den Fisch mit der Hautseite etwa 2 Minuten braten, bis die Haut schön braun ist, dann die Butter dazugeben. Die Filets umdrehen und weitere 2 Minuten in der schäumenden Butter braten. Regelmäßig mit der Butter begießen. Den Fisch mit einem Zahnstocher kontrollieren: Dringt er leicht ein, ist der Fisch gar.

5. Die Kartoffeln abgießen und auf einem Teller platzieren. Den Fisch danebenlegen, mit dem Siphon die warme Mayonnaise auf die Kartoffeln spritzen, die Kartoffelchips anlegen und mit Limettenabrieb und Fleur de sel bestreut servieren.

Daniel Kerdavid, der Initiator

DANIEL KERDAVID
LANGLEINENFISCHER | *IKEJIME*
56170 Quiberon

ETAPPE 36
QUIBERON (MORBIHAN)

Auf den Sattel!

Heute bin ich schon um 3:30 Uhr aufgestanden. Über meine Radfahrerkluft habe ich die Anglerkleidung gezogen: Stiefel und die rote wasserdichte Guy-Cotten-Jacke meines Großvaters. Die Strecke zu Daniels Wolfsbarsch ist kurz. Sobald das Fahrrad auf den Lastwagen geladen ist, fahren wir nach Quiberon ans Meer. Wir gehen um 5 Uhr morgens in Port Maria an Bord der »Miyabi«, Richtung offenes Meer! Windstärke 3 bis 4 Beaufort (Skala für Windstärke von 0 bis 12), ein beständiger, aber mäßiger Wind. Ich setze mich vor den Bug, es ist noch dunkel, der Horizont ist noch nicht zu sehen …

DER TRAUM VON NACHHALTIGER UND respektvoller FISCHEREI

Daniel entdeckt das Hochseeangeln mit elf Jahren. Zielstrebig geht er auf das »Lycée Professionnel Maritime et Aquacole d'Etel«. Mit 15 Jahren segelt er auf der schottischen See in fast 1 100 Meter tiefen Gewässern. Ein rauer und langer Fischfang, wo der einzige Bezugspunkt der Rhythmus der Fische ist.

Mit 18 geht Daniel für zwei Jahre zu einem Langustenfischer, dann geht er auf die »Triskell«, bis er 24 ist. Auf dem Schiff entdeckt er eine verantwortungsvollere Fangmethode, bei der das Fangen von Fischen zu einer Kunst wird. Aber mit 28 verspürt er das Bedürfnis zu atmen. Eine Pause, eine Unterbrechung. Er fährt nach Nepal, um in ein total anderes Universum als seins zu versinken, in ein überaus irdisches. Um nachzudenken. Was tun? Was werden? Eine Reise, die Daniel Richtung Küche führt. Der Auslöser kommt schnell: Enttäuscht von der Qualität der Fische, die er verarbeitet, spürt er, dass es einen Platz für eine feine, nachhaltige und respektvolle Fischerei geben muss, für den Fisch und für die Umwelt.

Da hört er von *Ikejime*. Dieser japanische Begriff für »lebender Tod« ist eine uralte japanische Methode, bei der der Fisch mit einem ganz präzisen Schnitt getötet wird, sobald er aus dem Meer kommt.

Daniel erlernt diese Technik zwei Jahre lang, um sie sich zu eigen zu machen, mit Verbissenheit und Austausch (die Technik der Bewegung wird eigentlich nur mündlich vermittelt) beendet er diese Ausbildung. In Quiberon wirkt er heute wie ein Ufo, in dieser Bretagne, wo alles, was die Vorfahren bestimmt haben, das absolute Gesetz ist.

Die neue Technik, die den Geschmack des Fisches ändert

Dank der *Ikejime*-Schlachtung wird der Fisch von seinem Blut und einem Großteil von Giftstoffen gereinigt, sein Fleisch wird heller und fester als das eines erstickten Fisches.

Diese Technik besteht darin, einen schnellen Einstich ins Gehirn zu vollziehen, der zum sofortigen Tod führt, gefolgt von der Zerstörung des Rückenmarks mithilfe einer Nadel. So hat der Fisch keinen Todeskampf und die damit verbundenen chemischen Reaktionen. Er scheidet keine Milchsäure aus, die teilweise für den säuerlichen Geschmack bei rohem Fisch verantwortlich ist.

Diese Technik, heute in der Gastronomie weltweit anerkannt und von den meisten Fischern in Japan praktiziert, erlaubt eine längere Haltbarkeit und mit Reifungsmethoden zu experimentieren, wie man sie schon bei Fleisch anwendet.

Die »Miyabi« arbeitet in dieser Richtung und wendet diese Technik direkt auf den Fang an. Eine Kieme wird aufgeschnitten, damit das Blut abfließt, dann kommt der Fisch für zehn Minuten in Eiswasser, bevor er ausgenommen und im Laderaum gelagert wird.

Ikejime braucht mehr Zeit als andere Fangmethoden, aber die Auswirkung direkt auf den Fisch ist sehr wichtig für Daniel Kerdavid und seine treuen Kunden, die überzeugt von der Qualität des Produkts sind.

Geduld IST DIE MUTTER DES ERFOLGREICHEN FISCHFANGS

Das Boot nimmt Fahrt in Richtung der Fangtiefen vor Quiberon auf, wir haben noch ein paar Seemeilen bis zur Fangzone vor uns.

Die »Miyabi« ist ein Langleinenfischerboot: Das ist ein Boot, das Langleinen zwischen zwei Gewässer legt, zwei Angelschnuren, die mit zwei Bleien und zwei Bojen versehen sind und mit einem Navigationssystem ausgestattet, sodass sie Daniel immer orten kann. Daniels Köder sind Makrelen, an jedem Angelhaken, in der Hoffnung, dass ein Großteil der Fische in die Falle dieser scharfen Delikatesse geht.

Aber egal welche Methode, das Fischen braucht Zeit, Stunden des Wartens … auf einem Boot sind der Geruch der Makrele gemischt mit dem Benzingestank und der fehlende Horizont gefürchtet! Ich muss für ein paar Stunden gegen die Seekrankheit ankämpfen. Daniel kann sein Grinsen nicht verbergen: »Das ist üblich«, sagt er. Die Sonne geht endlich auf, die Fische müssen angebissen haben. Dank des Navigationsgeräts finden wir die Bojen ganz einfach. Werden wir Fische antreffen?

Am Ende wird es ein magerer Tag für Daniel, aber diese nachhaltige Fischerei ist immer verschieden. Dennoch sind ein paar *Ikejime*-Schlachtungen auf dem Programm: Merlane, Dorsche, Conger, Rotbarben, Knurrhähne, Seelachse … und Unmengen von Katzenhaien, alle wieder freigelassen. »Dank *Ikejime* leidet der Fisch nicht. Er hält nicht einen Tropfen Blut in sich (und gibt so keinen strengen Geruch ab), das Fleisch bleibt perlmuttartig und fest, eine unvergleichbare Qualität. Auch die Haltbarmachung ist vervielfacht, man kann den Fisch reifen lassen wie Fleisch.«

Wir sind um 16:30 Uhr wieder an Land. Auf Wiedersehen, Daniel, du kennst das Meer, und es dankt dir, Verteidiger einer nachhaltigen und klugen Fischerei, in Einklang mit dem Gewissen unserer Zeit. Lang lebe »Miyabi« und ihr Kapitän!

KURS AUF DONGES

Bei den Dünen stellt man sich gleich den schönen Spargel direkt aus dem Sand vor, mit wildem Fenchel, der gerade seine ersten Triebe zeigt! Alle Zutaten werden hier von *Kari Gosse* hervorgehoben, einer Gewürzmischung, die von einem Apotheker aus Lorient entwickelt wurde – inspiriert von der Zeit der »Französischen Ostindienkompanie«: eine mehr als glückliche Ehe mit Fisch.

FÜR 4 PERSONEN

ZUBEREITUNG: 40 MIN + 30 MIN WÄSSERN + 5 MIN ZIEHEN LASSEN – GARZEIT: 1 STD

1 KG MERLAN (IDEALERWEISE *IKEJIME*) + ½ BUND DILL + 1 SCHALOTTE + 1 STANGE LAUCH + 1 KLEINER ZWEIG THYMIAN + 200 ML TRAUBENKERNÖL + GROBES SALZ + 4 STANGEN WEISSER SPARGEL + 100 G BUTTER + 1 TL KARI GOSSE (GEWÜRZMISCHUNG) + OLIVENÖL + FEINES SALZ, FLEUR DE SEL

1. Die 4 Filets vom Fischhändler auslösen und halbieren lassen, die Karkassen und die Köpfe mitnehmen. Augen und Kiemen entfernen. Die Karkassen dreimal in kaltem Wasser spülen, alle 10 Minuten umrühren und dabei das Wasser wechseln. Den Dill waschen, entstielen und trockenschütteln. Die Dillstiele beiseitelegen.

2. Die Karkassen und die Köpfe mit 1 l Wasser in einer Kasserolle zum Kochen bringen. Abschäumen. Die Schalotte abziehen und würfeln, den Lauch waschen und in Streifen schneiden. Beides mit den Dillstielen und dem Thymian ins Wasser geben. Bei niedriger Temperatur 20 Minuten köcheln lassen. Abkühlen lassen.

3. Das Traubenkernöl auf 60 °C erhitzen. Den Dill hinzufügen (zum Anrichten etwas beiseitelegen) und 5 Minuten ziehen lassen. Mit einem Stabmixer fein pürieren.

4. Wasser mit dem groben Salz aufkochen. Den Spargel schälen und etwa 5 Minuten blanchieren, er soll weich sein. Abgießen.

5. Den Fischsud filtern, in einen Topf geben und erhitzen. In etwa 20 Minuten auf die Hälfte reduzieren lassen, dann in 2 Portionen teilen. Die eine Hälfte in 10 Minuten zu einem Sirup reduzieren, 50 g Butter und Kari Gossi dazugeben und vermischen.

6. Die andere Hälfte des Suds 5 Minuten in einer Pfanne leicht sprudelnd köcheln lassen. Den Spargel, 25 g Butter und etwas Salz dazugeben.

7. Etwas Olivenöl in einer Pfanne erhitzen. Die Fischfilets salzen und mit der Hautseite in die Pfanne legen.1 Minute braten, dann 25 g Butter dazugeben. Den Fisch wenden und 2 Minuten weiterbraten.

8. Die Filets mit der Fischsauce, dem Spargel und etwas Dill anrichten. Mit ein paar Spritzern Dillöl beträufeln, mit Fleur de sel bestreuen und servieren.

ETAPPE 37
DONGES
(LOIRE-ATLANTIQUE)

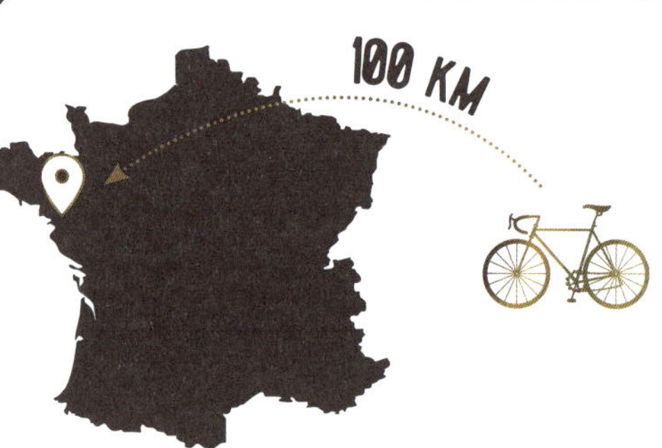

Das Gold der Bienen

ALAIN REY
IMKER
44480 Donges

HONIG IN EIN PAAR ZAHLEN

80 % ZUCKER

1 % POLLEN

18,5 % WASSER

0,5 % MINERALIEN

Auf den Sattel!

Abfahrt Auray, ich habe gehört, wie Daniel aufgestanden ist, um aufs Meer zu fahren. Das Fischen sucht man sich aus, man macht es nicht per Zufall! Ich habe als Ziel Ville Prudence in Saint-Dolay in der Nähe von La Roche-Bernard. Es empfangen mich Serge und Gislaine Logodin, Eltern einer Freundin, nach 75 Kilometern eines sehr heißen Tages. Am nächsten Morgen reise ich nach Donges, wo ich Alain Rey, einen Imker, zu einem zweitägigen »Eintauchen« in Honig treffe … Nach einer Fahrt von 25 Kilometern frühmorgens durch den Naturpark von Brière komme ich an. Es ist 9 Uhr und Alain wartet schon, den Tag anzugehen, der der Honigernte gewidmet ist.

ETAPPE 37

Waben schleudern

Gestern hat Alains Partner die Aufsätze mit dem Honig aus den Bienenstöcken geholt und sie nachts in einen warmen Raum gestellt, damit der Honig nicht in den Waben kristallisiert.

Nach und nach nehmen wir die Wabenrahmen aus den Aufsätzen und kratzen den oberen Teil der Waben mit einem Spezialmesser zum Entdeckeln aus – das ist der erste Schritt. Diese erste Masse muss abtropfen, dann ebenso die Rahmen, bevor die Masse in den Extraktor gefüllt wird – eine Maschine, die wie eine Zentrifuge arbeitet –, in der der Honig aus den Waben geleert wird. Wenn er herauskommt, ist er gefiltert. Was für ein Duft, was für ein Gefühl, diesen Honig direkt aus dem Bienenstock zu probieren! Und eines ist sicher nach dieser Erfahrung: Honig klebt …

Dieser erste Honigextrakt kommt zur Reifung in Tanks, was Unreinheiten, Luftblasen, Pollen und Wachspartikel an die Oberfläche steigen lässt. Der Honig bleibt dort vier bis fünf Tage bei 25 bis 30 Grad.

Im Laufe dieses ersten Tages lerne ich Alain und seine Lebensphilosophie kennen. Dieser Mann aus dem Aveyron mit 1000 Leben wuchs in Saint-Denis auf, war Schäfer im Larzac und Informatiker in La Défense. Dann hat er spontan sein Leben verändert und alles aufgegeben für die Salzwiesen und später dann für die Bienen, mit denen er nun sein Glück gefunden hat …

Das Ende des Tages naht: kein Bienenstich zu vermelden, ein Wunder! Dafür klebe ich von oben bis unten! Wir verspeisen ein paar köstliche Langustinen vor einer wohlverdienten Nacht und einem frühen Erwachen: Die Bienen sind um 6 Uhr wach, also wir auch.

ETAPPE 37

Auf dem Boden werden, die Dinge schwieriger

Wir brechen nach Montreuil-Bellay, *Maine-et-Loire*, auf, wo hin die Bienen zur Überwinterung gezogen sind. Ja, die Biene überwintert und lässt kein Stück von ihren kleinen Flügeln heraus bei der Kälte. Solange nicht eine Temperatur von mindestens zwölf Grad herrscht, lebt der Bienenstock in Autarkie.
Sobald wir eingekleidet sind, fahren wir mit dem Lastwagen zur Ernte. Wir gehen zu den Bienenkörben, um ihre Arbeit zu überprüfen; wir entnehmen die mit Honig gefüllten Waben und ersetzen sie durch leere. Das ist keine leichte Arbeit: ein Bienenstock, das bedeutet ein Bienenvolk von 40000 Bienen im Winter und 40000 im Sommer, und glauben Sie mir, sie lassen es sich nicht so gefallen, wenn sie sehen, wie ihre gesamte Nahrung verschwindet!
Der Überlebenstrieb des Bienenstocks geht über alles: Sie greifen an und stechen wild herum, selbst wenn dem Stechen der Tod in Minuten folgt: Schicksal!
Doch ohne Pause führen wir unsere Tätigkeiten weiter aus, inmitten von Ballett und Gesumme der Bienen, die sich auch pausenlos der Verteidigung ihres Hauses und ihres Nektars widmen.
Der Honig, den wir sammeln, ist der vom Frühling, der erste des Jahres, von den bunten Blüten auf dem Land: Raps, Apfelbäume, Kirschbäume, Löwenzahn … ein Festmahl für unsere Freunde, die Bienen, die bekannterweise unerlässlich für unseren Obst- und Gemüseanbau sind (man muss wissen, dass 80 Prozent der Pflanzenwelt von Bienen befruchtet wird und dass wir 40 Prozent daraus für unsere Ernährung beziehen).

Wie der HONIG hergestellt wird?

Die Bienen gehen auf die Jagd nach Pflanzennektar und bestäuben dabei die Blüten, aus denen Äpfel, Kirschen, Zucchini, Tomaten und Gurken entstehen … Sie bringen diesen Nektar in den Bienenstock, wo er in Honig umgewandelt wird. Dieser Honig, reich an Zucker und anderen Nährstoffen, wird zur Nahrung der Bienen.
Danke, kleine Bienen: Ihr seid für uns unersetzlich, und das ist ein paar Stiche ab und zu wert, nicht wahr? Ich komme mit sechs Kriegsverletzungen davon! Honig ist eine köstliche süße Erinnerung, der es nicht an »Pikantem« mangelt!

DIE FREUNDE MEINER FREUNDE

Ich hatte gehört, dass Alain für den Chefkoch Eric Guérin Bienenstöcke installiert hatte und dass er eng mit ihm zusammenarbeitete, was meine Aufmerksamkeit erweckte. Die Arbeit mit dem Honig ist komplex, und Alains Wunsch, lokale Honigsorten zu kreieren, ist unvorstellbar groß: eine verrückte und spannende Herausforderung. Ich habe ihn also kontaktiert, und er hat mich herzlich eingeladen, seine Welt und seine Bienenzucht kennnenzulernen.

« Dank der Bienen gewinnen wir eine Quintessenz, die der Erde, belebt durch die Sonne, Bakterien und natürlich die unglaubliche Vielfalt der Pflanzen. Ich hatte die Idee, dass man auf dem Boden, auf den Geschmäckern, wie ein Winzer arbeiten könnte. Darum nannte ich eine meiner ersten Kreationen, einen Honig mit Fleur de sel, »Quintessenz«. »

ALAIN REY

Aus Freude an der Arbeit mit Frühlingshonig, so klar, und frischen Erdbeeren …
In der *Loire-Atlantique* stellt man dieses Gericht nach einem alten bretonischen Rezept mit knusprigem Buchweizen her.

HONIGRÜHRKUCHEN, ERDBEER-TATAR MIT BUCHWEIZEN & SCHLAGSAHNE

FÜR 4 PERSONEN

ZUBEREITUNG: 20 MIN – KOCH-/BACKZEIT: 40 MIN

250 G BUTTER + 5 EIER + 100 G ZUCKER + 280 G FRÜHLINGSHONIG + 250 G MEHL (TYPE 405) + SALZ + 1 VANILLESCHOTE (HALBIERT) + 2 UNBEHANDELTE LIMETTEN + 250 G SÜSSE SAHNE + 250 G ERDBEEREN + 2 TL BUCHWEIZEN

1. Den Ofen auf 180 °C (Ober-/Unterhitze) vorheizen.
2. Die Butter schmelzen lassen. Die Eier trennen.
3. Die Eigelbe mit dem Zucker und 150 g Honig aufschlagen, bis die Mischung weiße Farbe annimmt, dann das Mehl hinzufügen.
4. Das Eiweiß mit etwas Salz steif schlagen.
5. Die geschmolzene Butter zu der Eigelb-Zucker-Honig-Mehl-Masse geben, dann das Eiweiß unterheben. Den Teig in eine gebutterte Form von 26 x 20 cm geben und 40 Minuten backen. Mit einer Messerspitze kontrollieren, der Kuchen soll trocken sein.
6. 75 g Honig in einem Topf karamellisieren, 500 ml Wasser und die Vanilleschote dazugeben. Die Mischung zum Kochen bringen und drei Limettenzesten hinzufügen. Abdecken, abkühlen lassen und dann den Saft einer Limette unterrühren.
7. Die Sahne mit 50 g Honig aufschlagen.
8. Die Erdbeeren waschen, den Strunk entfernen und in Stücke schneiden (ein paar Erdbeeren als Garnitur beiseitelegen). Mit 5 g Honig, dem Buchweizen und 1 TL Limettensaft vermischen.
9. Eine Scheibe des Kuchens in einen tiefen Teller legen und etwas Erdbeermischung, Buchweizen und Honig darüber verteilen. Ein paar Erdbeeren daneben legen und die Schlagsahne drapieren. Mit Honig beträufelt und Limettenabrieb bestreut servieren.

Die Rhabarbersaison ist in vollem Gange, der Frühlingshonig ist schon eingetopft: Ich habe mich entschieden, die Säure und Süße dieser beiden starken Komponenten zu einem sanften und ausgewogenen Kompott zu kombinieren, abgerundet durch den Geschmack von Vanille.

RHABARBER-KOMPOTT mit Honig

FÜR 4 PERSONEN

ZUBEREITUNG: 10 MIN + 1 STD ZIEHEN LASSEN – GARZEIT: 35 MIN

500 G RHABARBER (GESCHÄLT) + 1 VANILLESCHOTE + 50 G PUDERZUCKER + 50 G FRÜHLINGSHONIG + 20 G BUTTER + SAFT VON ½ ZITRONE

1. Den Rhabarber in 2 cm dicke Stücke schneiden. Die Vanilleschote auskratzen, mit dem Puderzucker vermischen und über den Rhabarber streuen. 1 Stunde bei Zimmertemperatur ruhen lassen.

2. Den Honig in einem Topf karamellisieren. Den Rhabarber dazugeben und bei niedriger Temperatur mindestens 30 Minuten kochen lassen.

3. Am Ende der Garzeit die Butter dazugeben, dann den Zitronensaft. Abkühlen lassen und servieren.

Ode an das Gemüse

OLIVIER DURAND
GEMÜSEBAUER
44840 Les Sorinières

Auf den Sattel!

Vom Imker Alain fahre ich nach La Mare aux Oiseaux, um ein Wochenende bei dem Sternekoch Eric Guérin in Saint-Joachim zu verbringen. Das wird meine **38. Etappe**!
Aber glauben Sie nicht, dass das zum Ausruhen war: Ich habe zwei lassen während einer der größten Brückentage im Jahr in der Küche gearbeitet, und wir hatten keinen Arbeitsmangel (zumal der Chef mir seine Arbeitsjacke geliehen hatte, musste ich seinem Namen Ehre machen).

– ETAPPE 39

LES SORINIÈRES (LOIRE-ATLANTIQUE)

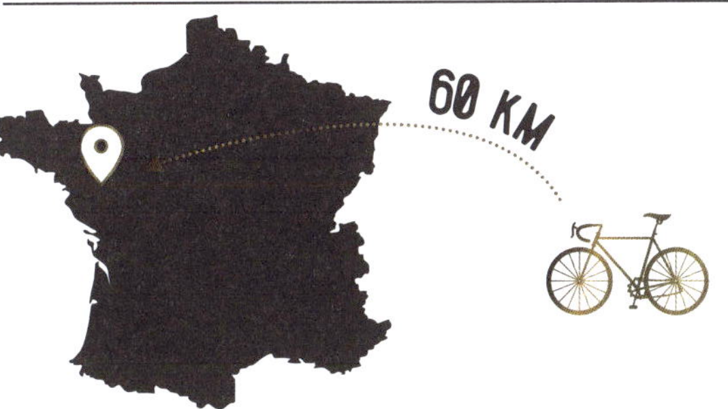

Ein Konzept, das verbindet

Dann geht es in den Gemüsegarten der Cantine du Voyage, für einen Tag bei Olivier Durand, der die Kunst des Gemüseanbaus in der Nähe von Nantes ausübt. La Cantine ist ein verrücktes Nantaiser Projekt, ein Gemisch aus Freizeit- und Ausstellungsgelände mit einem Restaurant für bis zu 300 Personen. Städtischer Raum und Grünflächen verschmelzen an diesem hochmodernen Ort, der übrigens auch über einen städtischen Gemüsegarten verfügt. Ziel: La Cantine so weit wie möglich mit Kohlrabi, Salaten, Kräutern, Tomaten, Radieschen und noch weiteren Früchten und Gemüsesorten der Saison zu versorgen.

Die Hände im Boden

VON LI N. RE: OLIVIER, SEIN VATER GUY, ICH UND CLÉMENT.

Clément, der im Gemüsegarten arbeitet, streckt mir ein *Opinel*-Messer entgegen und schon haben wir die Hände in der Erde und jäten ein bisschen. Wir putzen die Radieschen (die ich wie Bonbons nasche) und ich nutze die Gelegenheit, diesen besonderen Garten zu betrachten. Warum ist er einzigartig? Vor allem, weil er von einem Topgemüsegärtner bestellt, ausgebaut und geerntet wird, und das sieht man!
Aber auch, weil die Gegend von Chantenay, wo sich La Cantine de Voyage befindet, eine lange Marktgeschichte kennt: Es war früher ein großes Gemüseanbaugebiet – von hier kommt der Name der berühmten Karotte von Chantenay. Den Nachmittag verbringen wir mit Tomatenanpflanzen. Am nächsten Tag, Richtung Sorinières, in das Gewächshaus bei Paul und Denise, Besitzer der Anlage und selbst ehemalige Gemüsebauern. Es ist ein Gewächshaus aus Glas von 1973, und es dehnt sich über eine Fläche von einem halben Hektar aus, davon sind 25 000 m² Außenbereich.

Die Seele AUF REISEN

Olivier ist in einer Familie von Gastronomen aufgewachsen: Von jungen Jahren an hat er eine richtige Liebe zu guten Produkten entwickelt. Nach seinem Studium als Diplomlandwirt hat er eine Weltreise unternommen, um Landwirte in Kanada, Thailand, Bolivien und Japan zu besuchen. Im Land der aufgehenden Sonne hatte Olivier eine Offenbarung. Dort sind die Methoden des Gemüseanbaus zu einer Kunst erhoben. Auf diesem Archipel, wo das kleinste Stückchen Erde ein Luxus ist, wird alles auf unerhörte Weise optimiert. Oft gibt es keine Maschinen, keinen Massenanbau, alles wird manuell gearbeitet, mit sich immer wiederholenden, präzisen Handbewegungen, immer geprägt vom Respekt vor dem Boden und dem Produkt, dem der Japaner eine echte Seele einflößt. Die Geschmäcker sind vollkommen davon durchdrungen.
Olivier brachte diese Vision von Dingen mit in seinen Koffern, diese Art und Weise zu handeln, aber auch schöne Dinge zum Pflanzen waren dabei.
Das Abenteuer begann im Jahr 2011 mit acht verschiedenen Gemüsesorten. Heute produziert er 25, die die Küchenchefs begeistern. Er beliefert zum Beispiel den Paul Bocuse d'Or Inhaber Thibaut Ruggeri von der Abbaye royale de Fontevraud, sowie den Küchenchef Jean-Yves Guého für sein Restaurant »L'Atlantide« in Nantes.

DIE FREUNDE MEINER FREUNDE

Eine Freundin hatte mir zuerst von einem Gemüsegärtner erzählt, der die Kunst des Gemüses mit Leidenschaft beherrschte. Ich habe ihn natürlich sofort kontaktiert. Er antwortete sehr freundlich, obwohl er zeitlich stark zwischen Familie, der Cantine du Voyage, seinem Gemüsegarten in Les Sorinières und seinen zukünftigen Projekten eingebunden war. Er empfing mich mit offenen Armen und schenkte mir seine wertvolle Zeit.

WARUM DIESES GERICHT? Der Beruf des Gemüsebauers lässt wenig Zeit zum Kochen. Der Gefrierschrank des Hauses bietet einige Überraschungen – von einer Fahrt an die Loire und sogar aus Japan! Wenn die Familie an Lachs, Yuzu, Erbsen, Zitronenverbene und Himbeeren Gefallen findet, werden die hier verwendeten Makrelen und Zitronen für sie auch ein tolles Paar sein …

MAKRELE, ERBSEN, Himbeeren & ZITRONENVERBENE

FÜR 4 PERSONEN

ZUBEREITUNG: 20 MIN – MARINADE: 30 MIN – GARZEIT: 5 MIN

1 KG ERBSENSCHOTEN + 1 BUND ZITRONENVERBENE + GROBES SALZ, FEINES SALZ + 2 GROSSE MAKRELENFILETS + 2 ZITRONEN + OLIVENÖL + 100 G HIMBEEREN + FLEUR DE SEL

1. Die Erbsen waschen und palen, die Schalen beiseitelegen. Die Blätter der Zitronenverbene zupfen und in feine Streifen schneiden. Ein paar schöne Blätter zum Dekorieren aufbewahren, beschädigte Blätter und die Stängel beiseitelegen.

2. Die Erbsenschalen in einen Topf legen, mit Wasser bedecken (nicht »ertränken«) und zum Kochen bringen. Die Stängel und die beschädigten Blätter der Zitronenverbene dazugeben, zudecken, vom Herd nehmen und bei Zimmertemperatur 30 Minuten ziehen lassen.

3. Wasser mit grobem Salz zum Kochen bringen und die Erbsen darin etwa 1–2 Minuten blanchieren. Abgießen, in sehr kaltem Wasser abschrecken und abtropfen lassen.

4. Die Gräten der Makrele mithilfe einer Pinzette entfernen.

5. Erbsenschalen und Zitronenverbene aus dem Sud filtern. Den Sud zum Kochen bringen, nach Belieben salzen und den Saft von zwei Zitronen unterrühren.

6. Die Erbsen mit 1 EL Olivenöl, Salz und der fein geschnittenen Zitronenverbene vermengen.

7. Die Makrelenfilets in zwei Teile schneiden und die Haut salzen. Etwas Olivenöl in einer Pfanne erhitzen und die Filets auf der Hautseite etwa 2 Minuten anbraten, bis die Haut knusprig ist. Dann die Filets wenden und für 1 Minute braten.

8. Die Himbeeren waschen, abtropfen lassen und den Strunk entfernen. Die Erbsen in einer Schüssel anrichten und die Makrele obenauflegen. Mit Himbeeren und Verbenenblättern dekorieren, mit Sud aufgießen und mit Fleur de sel bestreut servieren.

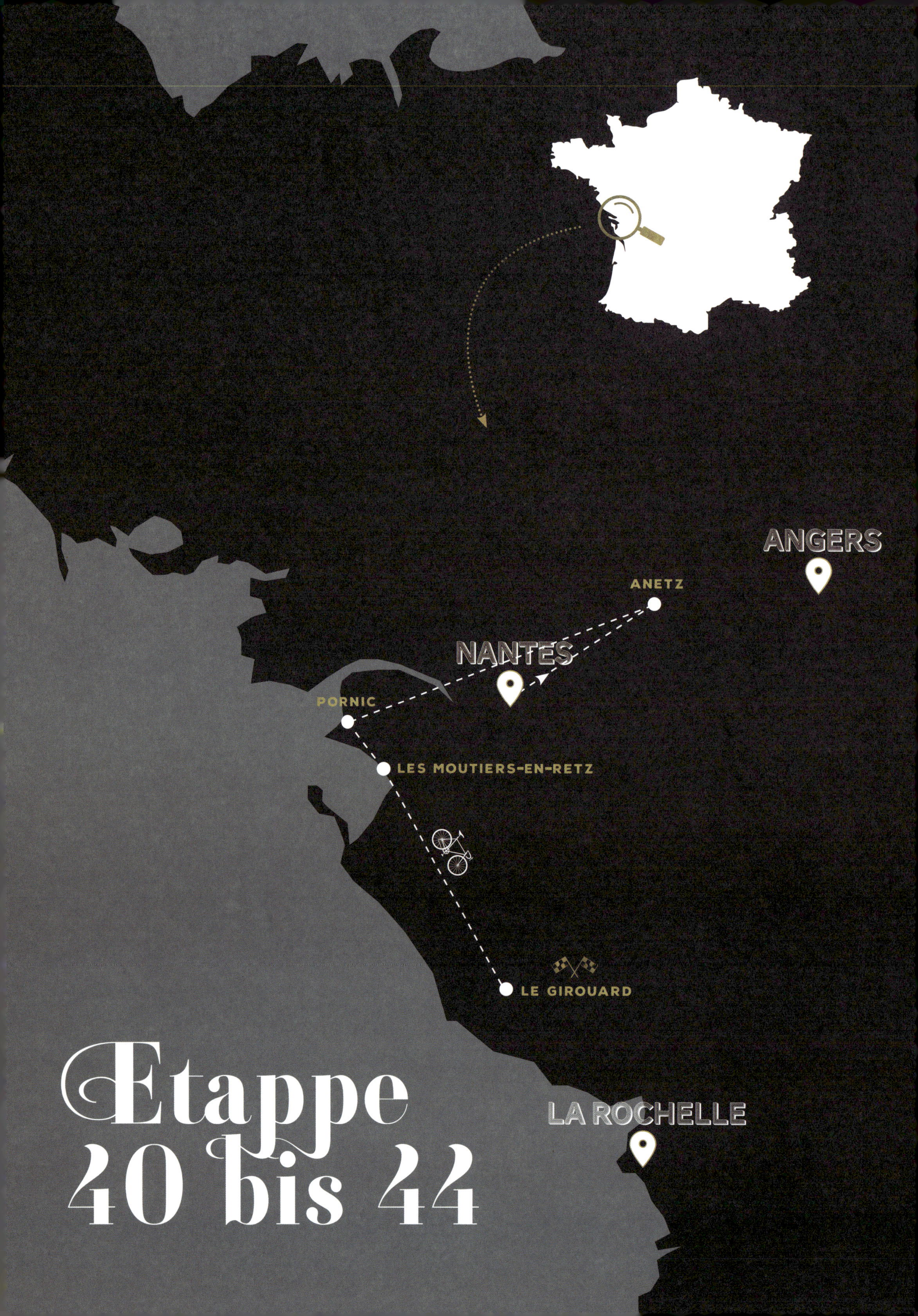

ANGERS

ANETZ

NANTES

PORNIC

LES MOUTIERS-EN-RETZ

LE GIROUARD

Etappe 40 bis 44

LA ROCHELLE

von Nantes nach Girouard

AN DER STRASSE VON MOUTIERS-EN-RETZ.

40. Etappe: Ich habe Olivier Durand, den Gemüseliebhaber, verlassen, um jemanden mit einer anderen Passion zu treffen: Evan Antzenberger, ein Messerschmied in Nantes, für einen ganzen Vormittag … messerscharf!

41. Etappe: Süß, salzig, sauer und bitter, ich irre einen Tag lang um die Produkte und Gerichte in der schönen und scharfen Küche der Pickles von Küchenchef Dominic Quirke herum.

42. Etappe: Ich fahre weiter zu einem Jugendfreund, dann nach **Anetz** zu einem Biowinzer.

43. und 44. Etappe: Ich gönne mir ein Wochenende Ruhepause (wohlverdient), ca. 95 Kilometer weiter in **Pornic**, bevor ich die Fahrt bis zu den Salinen von Millac in **Moutiers-en-Retz** fortsetze. Nach 77 Kilometern Reise durch die schöne Landschaft der *Vendée* erreiche ich La Chancelière. Trotz meiner bisherigen Erfahrungen auf dem Rad verfahre ich mich völlig! Da Dominique mich nicht ankommen sieht, sucht sie mich mit ihrem Auto. Mit einem breiten Grinsen hält sie auf meiner Höhe an und fragt freundlich: »Du bist nicht zufällig Sébastien?« Ich muss ziemlich gut zu erkennen sein!

ETAPPE 45

LE GIROUARD (VENDÉE)

Schöne Chancelière

DOMINIQUE URSAULT
KÄSEPRODUZENTIN
La Chancelière
85150 Le Girouard

DIE GROSSE TOUR

Dominique, Schäferin und Käseproduzentin, lädt mich sofort zu einer Besichtigungstour ein. Wir sehen Wiesen, Wald, einen Gemüsegarten, den Schafstall – insgesamt 35 Hektar. Wir fahren mit dem Auto nach *L'Île-d'Olonne* bei Salorge de la Vertonne, um Benoît und Anne zu besuchen. Beide sind Salzproduzenten. Salz, dieses Körnchen, das alles besser macht. Verrückt – wie ein paar Kristalle, aus dem Meerwasser verdunstet, den Geschmack von Speisen derart steigern kann. Aber Achtung: Die Prozedur ist zwar einfach, erfordert aber ein Wissen, das auf Tausenden von Jahren basiert. Dominique will hier Salz für ihren Käse kaufen, die beste Qualität. Mit etwas mehr als 25 Kilo unterm Arm zurück nach La Chancelière, wo die Schafe grasen. Wir kommen kurz nach der Geburt eines Lamms an und können seine ersten Schritte beobachten.
Manech, klein und zerbrechlich … der Kleine eilt schon zum Saugen zu seiner Mutter, das erinnert uns daran, dass Zeit zum Melken ist.

Unveränderliche Schritte

In »La Chancelière« wird derzeit manuell gemolken, da es nur wenige Schafe gibt; aber wenn die Herde 25 erreicht hat, wird eine Melkmaschine eingesetzt. Frisch gemolken verbreitet die Milch einen süßlichen Geruch, der mich ein wenig an Kokosmilch erinnert. Wir bringen die Milch in die Küche, wo sie auf 32 Grad erhitzt wird, bevor Lab hinzugefügt wird und sie gerinnt. Man zerteilt den Käsebruch und erhitzt ihn jetzt auf 38 Grad, lässt ihn abtropfen und trennt ihn von der Molke.

Dann wird er geformt und ausgedrückt, um den Geschmack zu konzentrieren. In diesem Augenblick kommt unser berühmtes Salz von der *Île d'Oléron* ins Spiel: Die gesamte Rinde des frisch in der Entwicklung stehenden Käses wird damit eingerieben und dringt in die Masse ein und durchzieht sie. Mit der Molke wird dann *Brousse*, ein cremiger Frischkäse, hergestellt. Man muss sie nur leicht erhitzen ohne zu rühren, bis sie kocht. Man erhält ein weiteres Lab, das durch ein Tuch gepresst wird, um die Trockenmasse zu erhalten.

Nach diesem arbeitsreichen Tag ist es jetzt Zeit, die Schafe in den Stall zu bringen. Mit nur wenigen Worten und zwei Pfiffen macht sich Dominique bei Hunden und Schafen verständlich. Die Schafe kommen und gehen nacheinander durch ein Fußbad, um sich ihre dreckigen Hufe nach dem langen Tag auf der Weide zu reinigen.

Ich verbringe fast eine ganze Woche in La Chancelière. Die Melkzeiten morgens und abends sind die festen Noten einer Musik im Rhythmus der Schafe. Eine große Verpflichtung, aber wir nehmen uns immer einen kleinen Augenblick, um an den Herd zu kommen.

VERBINDUNGEN HINTER DEM HERD

Die Küche hier ist gesund und auf die Natur ausgerichtet. Ich durfte viele – und köstliche! – Omeletts essen, Omeletts mit Eiern von Marans, und auch das berühmte Rührei aus der *Vendée* (s. Seite 120), ein Gebäck aus Butter, Zucker und Mehl, belebt mit etwas Schnaps und mit Crème fraîche verfeinert. Man isst es zu jeder Tageszeit!

Und der Käse, fragen Sie? Ganz vorne! Es gibt natürlich Schafskäse in verschiedenen Reifegraden. Der von Dominique ist jetzt gerade auf den Punkt reif, der Geschmack ist hervorragend. Ich genieße!

Das tägliche Leben der Menschen mitzubekommen, erlaubt eine andere Betrachtungsweise der Produkte. Das Beherrschen der Technik ist unerlässlich. Die Kreativität kommt mit der Zeit. Am Ende hat der Käse eine echte Geschichte, die ihn für Kenner noch besser macht.

Die Zeit vergeht und Bindungen entstehen. Es ist komisch von den Leuten zu hören: »Ist das nicht zu schwer auf dem Fahrrad?« Ich antworte immer: »Oh nein, das Schwerste ist, mit Ihnen in Verbindung zu treten und Sie dann genauso schnell zu verlassen, wie ich angekommen bin.«

DIE FREUNDE MEINER FREUNDE

Joshua, mit dem ich den Honig in Brière gesammelt habe, hat von Dominique gesprochen, seiner Mutter. Er hat mir erzählt, dass sie mit ihrem Mann Schafskäse von Bearner Schafen herstellt. Natürlich interessiert mich das! Er hat es seiner Mutter netterweise mitgeteilt, und sie hat mich in La Chancelière empfangen.

Wenn es Ende Mai heiß wird, muss die Küche erfrischend sein …
Hier eine knackige Salatgurke, ein entwässerter *Brousse*, Minze – noch mit Morgentau bedeckt –, gewürzt mit einem zitronigem Dressing.

FÜR 4 PERSONEN
ZUBEREITUNG: 10 MINUTEN

FÜR DIE CITRONETTE: **1 ½ EL HONIG + 2 EL ZITRONENSAFT + 25 ML OLIVENÖL + PIMENT D'ESPELETTE.**
FÜR DEN SALAT: **1 GURKE + ½ BUND MINZE + 200 G BROUSSE (CREMIGER FRISCHKÄSE) + ABRIEB VON 1 UNBEHANDELTEN LIMETTE**

1. Für die Citronette den Honig und den Zitronensaft zu einer homogenen Mischung verrühren. Mit dem Olivenöl aufmontieren und 2 Msp. Piment d'Espelette dazugeben.

2. Für den Salat die Gurke schälen und grob würfeln, die Blätter der Minze zupfen, waschen, trockenschütteln und fein hacken und beides mischen.

3. Die Brousse zerbröckeln und in einem tiefen Teller anrichten. Die Gurken-Minze-Mischung darübergeben und mit der Citronette beträufeln. Mit dem Limettenabrieb bestreut und Piment d'Espelette bestaubt servieren.

ETAPPE 46

CHAILLÉ-LES-MARAIS (VENDÉE)

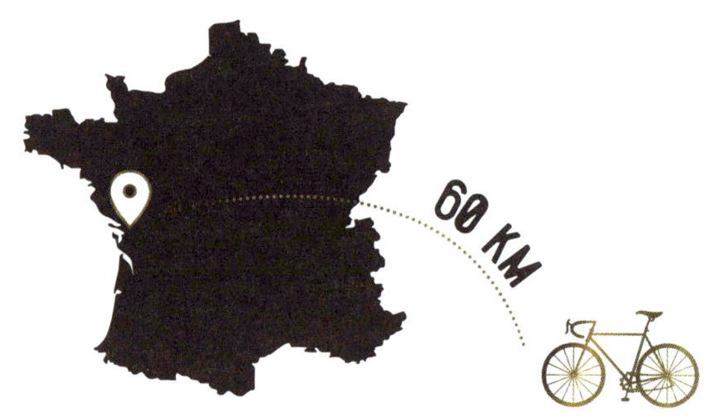

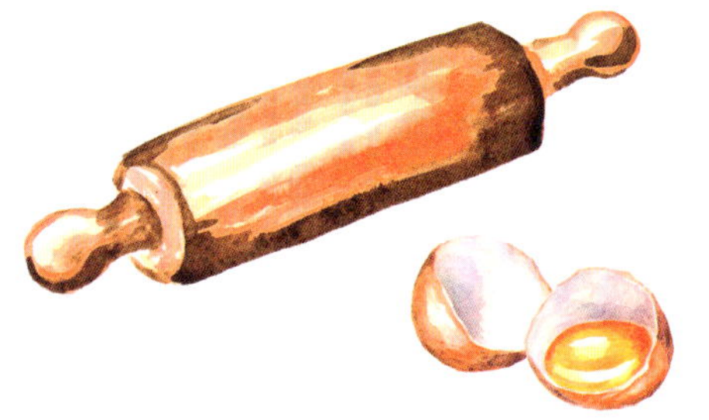

Unbezwingbare Keksfabrikanten

RÉGINE UND JEAN-MICHEL FAIVRE
KEKSFABRIKANTEN
85450 Chaillé-les-Marais

Ich verlasse die Chancelière am späten Vormittag, der leichte, erfrischende Regen tut mir gut. 60 Kilometer durch die Ebene von Luçon. Das Wetter ist wechselhaft, ich muss meine Windjacke aus- und wieder anziehen, trotzdem ist die Fahrt angenehm, ich sehe Blumen und Vögel. Der Himmel scheint heute Morgen seine Volière geöffnet zu haben: Elstern, Bussarde, Eichelhäher, Störche, Spatzen und Raubvögel durchstreifen ihn. Ich komme auch an einigen Rindern vorbei, die mich gleich erstaunt ansehen: »Was ist das für ein seltsames Wesen?«

Ich bin am Ziel: Chaillé-les-Marais bei Familie Faivre. Sie sind aus dem Osten vor ca. 10 Jahren von ihren Hügeln des Juras hierhin gekommen. Régine erklärt mir den Grund, warum sie das Sumpfland des Poitou gewählt haben: Sie wollten Getreidebauern werden – Jean-Michel hat es im Blut. Der Doubs ist keine Gegend für diese Landwirtschaft. Die Hügel des Jura bieten den Kühen tolles Weideland, aber von Getreideanbau kann man dort nicht träumen! So hat die ganze Familie die Koffer gepackt, um sich endgültig auf der kleinen Insel Chaillezais niederzulassen.

Alle Wege FÜHREN NACH Chaillé

Wenn der Weizen das Land bis zur Ernte mit seinem goldenen Gewand erleuchtet, weist er nichtdestotrotz auf die langwierige Arbeit der Bauern, die ihn anbauen, hin. In der Tat, das ist ein ganzjähriger Job, und der Mensch muss sich an die Launen der Natur anpassen, um auf eine gute Ernte hoffen zu können.

Die kleinen Samen werden Anfang Oktober ausgesät und beginnen dank der Feuchtigkeit des Bodens zu keimen, später dann zu sprießen. Erst am Ende des Winters bildet sich ein kleiner Büschel an der Oberfläche. Unser Weizen wächst weiter, und erst im April wird die berühmte Ähre erscheinen, deren Samenkörner noch bis zur Ernte im selben Monat wachsen.

DER TAG DER BRIOCHE: ALLE IN DIE Backstube!

Dienstagmorgen, ich werde Cracker mit getrockneten Tomaten zusammen mit Régine und Lise herstellen. Die Zutaten: Mehl vom Bauernhof, Hartweizengrieß, Tomaten, Haferflocken, Olivenöl. Das Ganze wird gut geschlagen und dann auf ein Blech gegossen und bei Umluft gebacken.

Ein süßer Tomatenduft durchströmt bald den Raum. Régine zeigt mir die Mühle. Der Weizen wird in einem Silo gelagert, in der Mühle gemahlen und dann durchgesiebt.

Dieses Mehl wird für die Kekse – süß oder salzig –, die Brioche und das Brot verwendet. Der Rest wird vor Ort oder in benachbarten Läden verkauft.

Mittwoch fangen wir früh an, es ist der Tag der Brioche. Ab 7 Uhr arbeiten wir an dem traditionellen Rezept: der berühmten *gâche vendéenne,* einer Brioche mit Crème fraîche.

Der Teig dreht sich langsam in der Maschine, während er geht, zeigt mir Régine den Hof. Ein Gang zum Hühnerstall, wo die Rasse »Cou Nu« (Nackthalshühner) herumspaziert; heute Abend werden sie geschlachtet, zur Freude der Feinschmecker und Freunde von gutem Bauerngeflügel.

Wenige Schritte vom Hühnerstall entfernt wellen sich die Weizenfelder unter der Brise, die aus der Bucht von Aiguillon herüberweht. Vor Jahrtausenden kam das Meer bis Niort; als es sich im Laufe der Jahrhunderte zurückzog, ließ es dieses schöne Sumpfgebiet zurück, durchzogen von Kanälen.

Wir treffen Jean-Michel unten auf der Insel. Ich setze mich auf den Beifahrersitz des Traktors, wir fahren zum Aussäen von Mais aufs Feld. Bei den Favres gibt es auch Hartweizen – für Grieß und Nudeln –, normalen weichen Weizen für Mehl, Linsen und Buchweizen.

Zurück in der Backstube steht Régine an der schon bemehlten Arbeitsplatte: Sie teilt den Briocheteig und flicht schöne Teigzöpfe, während ich linkisch versuche, diese geschmeidigen Bewegungen nachzumachen.

Die Brioches kommen auf das Blech und in den Backofen, verströmen bald einen köstlichen Duft nach Butter, in den sich Zucker, Rum und geröstetes Mehl mischen – ein verdammt guter Duft!

DIE BRIOCHE
in all ihren Variationen

Am Nachmittag fahren wir mit Régine zu den Produzenten auf die Île de Ré. Ich fahre zum ersten Mal über die berühmte Brücke und finde sie wirklich schön. Dort tauschen wir die Brioches von der letzten Lieferung mit den frischen aus. Der Ort läuft wie ein Depot der Produzenten, die unverkaufte Ware geht auf ihre Kosten. Aber glauben Sie mir, die Brioche geht nicht für alle verloren.

Unterwegs pflücke ich wilden Fenchel, um unser Abendessen zu dekorieren: ein schöner Seehecht in Fencheldampf gegart, Kartoffeln von der Île de Ré und eine schöne Mayonnaise, ein heiß-kaltes Essen so einfach wie süchtig machend!

Heute Abend gibt es auch ein Dessert: Um unseren (leicht) trockenen Brioches einen Kick zu verpassen, geben wir ihnen eine köstliche Zutat, hergestellt aus Hühnereiern vom Hof, Sahne, Zucker, Milch, etwas Vanille und einem Spritzer Rum. Die Brioche nimmt das alles für einige Stunden im Kühlschrank auf, bevor sie in die Pfanne kommt, goldene Scheiben in Nußbutter. Eine Delikatesse, schmelzend und cremig: Wer hätte gedacht, dass eine trockene Brioche so glücklich machen kann?

Natürlich hat auch der Wein seinen Platz, und er kommt aus dem Jura – vergessen wir nicht, dass die Faivres Keksfabrikanten im Land der Chouans und stolz auf ihre Traditionen sind. Sie lassen mich den Pontarelier, den Savagnin (eine für die Jura-Weinberge so typische Rebsorte), den Comté, all diese Spezialitäten des fernen Ostens des Landes (wieder)entdecken, wir sind schließlich im Herzen vom Marais Poitevin! Auf jeden Fall sind Lächeln und Teilen auf der Insel Chaillezais keine leeren Worte.

Wenn die *Brioche* aus dem Ofen kommt, riechen die Nackthalshühner von Régine und Jean-Michels oft den Duft, der sie erreicht. Manchmal bekommen sie auch die Reste, wenn nicht alles verkauft wurde. Hier bekommt das Huhn eine Kruste aus gerösteten Briochebröseln und wird mit weißen Bohnen aus der Region serviert, die einen sehr guten Ruf genießen!

HÄHNCHEN mit BRIOCHE-KRUSTE & Mogettes

FÜR 4 PERSONEN

ZUBEREITUNG: 45 MIN – EINWEICHEN: 12 STDN – GARZEIT: 5 STDN 10

200 GETROCKNETE MOGETTES (WEISSE BOHNEN) + 500 G BRIOCHE
+ 1 ZWIEBEL + 3 KNOBLAUCHZEHEN + 1 ½ KG TOMATEN + 2 EL OLIVENÖL
+ SALZ, SCHWARZER PFEFFER AUS DER MÜHLE + 120 ML WEISSWEIN
+ 4 ENTBEINTE HÄHNCHENKEULEN + 1 L TRAUBENKERNÖL + 4 EL MEHL (TYPE 405)
+ 2 EIER (VERQUIRLT) + FLEUR DE SEL

1. Die Mogettes in reichlich Wasser 12 Stunden einweichen, dann abtropfen lassen.
2. Die Brioche in Scheiben schneiden, goldbraun toasten und danach bei 100 °C (Ober-/Unterhitze) 2 Stunden im Ofen trocknen. Wenn sie abgekühlt sind, zu einem feinen Pulver mixen.
3. Die Zwiebel und den Knoblauch abziehen und fein würfeln. Die Tomaten waschen und vierteln. Das Olivenöl in einem Topf erhitzen, Zwiebel und Knoblauch hineingeben und anschwitzen, ohne dass sie Farbe annehmen. Die Tomaten dazugeben und bei gelegentlichem Umrühren 1 Stunde kochen lassen, um eine Coulis zu erhalten.
4. 1 Drittel der Coulis in einem Topf bei niedrigster Temperatur so lange reduzieren, bis sie zu einer Tomatenpaste geworden ist. Salzen und pfeffern.
5. Die restlichen 2 Drittel der Coulis mit den Bohnen, dem Weißwein und 100 ml Wasser vermischen. 2 Stunden köcheln lassen – wenn nötig, während des Kochvorgangs Wasser nachfüllen. Salzen und pfeffern.
6. Die Hähnchenkeulen 30 Minuten vor der Zubereitung aus dem Kühlschrank nehmen. Das Traubenkernöl in einem großen Topf oder einer Fritteuse erhitzen.
7. Das Fleisch in Mehl wenden, überschüssiges Mehl abklopfen, durch das verquirlte Ei ziehen und schließlich im Briochepulver wenden.
8. Die panierten Hähnchenkeulen pro Seite 4 Minuten im Traubenkernöl braten. Mit Fleur de sel bestreuen und mit der Tomatenpaste und den Bohnen servieren.

Warum es kompliziert machen, wenn man es einfach haben kann?
Der *Broyé vendéen* ist sehr einfach herzustellen und die meisten Zutaten hat man vorrätig.
Dieser Kuchen, der getrocknet noch besser schmeckt, eignet sich perfekt für eine Kaffeepause.

BROYÉ der Vendée

FÜR 4 PERSONEN

ZUBEREITUNG: 10 MIN – GARZEIT: 50 MIN

190 G WEICHE BUTTER (+ ETWAS FÜR DIE FORM) + 150 G BRAUNER ZUCKER + 1 EL CRÈME FRAÎCHE + 1 EL STARKER ALKOHOL + 375 G MEHL (TYPE 405)

1. Den Ofen auf 220 °C (Unterhitze) vorheizen.
2. Die Butter und den braunen Zucker in einer großen Schüssel mit den Händen verkneten. Dann die Crème fraîche und den Alkohol dazugeben, dann das Mehl. Alles zu einer homogenen Masse verarbeiten.
3. Den Teig auf einem gebutterten Backblech verteilen und mithilfe einer Gabel ein regelmäßiges Muster zeichnen.
4. Das Backblech in den Ofen schieben, die Temperatur auf 180 °C reduzieren und 45 Minuten backen.
5. Kurz vor Ende der Backzeit den Ofen auf Grillfunktion umstellen und den Broyé etwa 5 Minuten backen, bis er goldbraun ist.
6. Den fertigen großen Keks mit der Faust oder einem Hammer zerschlagen (französisch *broyer*) und zu Kaffee oder Tee servieren.

Eine gezähmte Wilde

FRED DARLES
AUSTERNZÜCHTER
17590 Ars-en-Ré

4 JAHRE REIFEZEIT FÜR 1 AUSTER

0 GEN-MANIPULATION

AUSTERN IN WENIGEN ZAHLEN

365 ARBEITSTAGE IM JAHR

65 ARBEITSSCHRITTE PRO AUSTER

ETAPPE 47

ARS-EN-RÉ (CHARENTE-MARITIME)

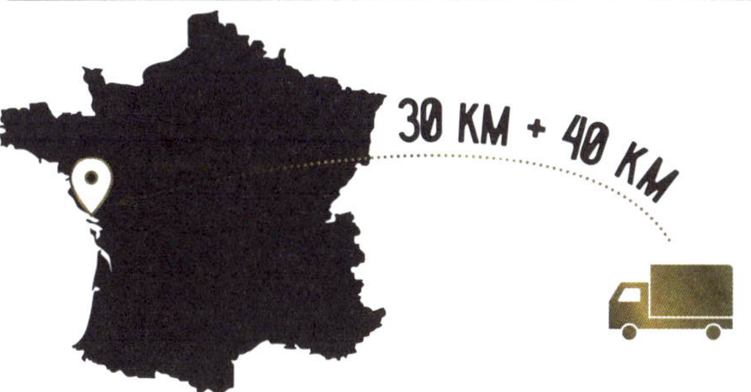

Auf den Sattel!

Es ist 5:30 Uhr, der Sumpf erwacht und ich auch, ich sehe zwei Leuchttürme in der Ferne, der Tag ist noch nicht angebrochen. Fred ist Austernzüchter wie sein Vater. Nur ein Anruf hat genügt, dass sie mich bei Ebbe zu ihrem Austernpark in Ars-en-Ré einluden. Wir laden das Fahrrad auf den Lastwagen und fahren 30 Kilometer Richtung unserer ersten Etappe: Marsilly. Dort werde ich ihr Arbeitsumfeld kennenlernen.

Mit dem Rad auf dem Wagen überqueren wir die Brücke zur Île de Ré Richtung Ars-en-Ré ganz am Ende der Insel zu den Austernbänken. Für eine gute Stunde und 40 Kilometer auf der Straße reden wir über meine *Tour de France* und den Bezug der Küche zur Welt des Meeres. Für mich bereits der zweite Tagesausflug ans Meer, oder die Tatsache, dass ich so harte Jobs lerne, die den Grundstein für eine unkomplizierte Küche legen.

ENTDECKEN der AUSTERNZUCHT

Yvon, Freds Vater, ist schon bei der Arbeit und sortiert die Austern vom Vorabend aus. Fred zeigt mir den Austernbetrieb und auch den Schaden, den das Unwetter »Xynthia« in der Bucht von Auguillon angerichtet hat. An jenem Tag hat das Wasser sich erlaubt, bis zu 15 Kilometer ins Landesinnere einzudringen. Wir überlassen Yvon die schwere Arbeit der Kalibrierung und fahren aufs Meer.

EINE ARBEIT … mit Muskeln!

Diese Arbeit erfordert eine bestimmte körperliche Kraft. Eine Auster ist am Ende ihrer Zucht 65-mal von den Darles bearbeitet worden!
Diese Arbeit erstreckt sich vom 1. Januar bis zum 31. Dezember, das ganze Jahr lang, ohne Pause: Austern sind fordernd. Wie Sie vielleicht wissen, sind sie von Mai bis August (den Monaten ohne »r«) milchig – das ist der Moment der Reproduktion. Man kann sie sehr gut zu dieser Zeit essen, alles eine Frage des Geschmacks. Die Familie Darles weigert sich, auf triploide Austern umzusteigen, die genetisch manipuliert sind, um die Periode der Milchbildung zu verhindern.
Wir gehen direkt auf den noch nassen Sand hinunter und warten mit unseren Austernzüchtern, dass die Ebbe das gewünschte Niveau erreicht. Wir ziehen lange Gummistiefel und Ölzeug an, dann überqueren wir die Bänke. Noch festgemacht warten wir, dass das Wasser sinkt, dann kommt der richtige Moment. Fred ist als Erster im Wasser. Wir drehen die großen Säcke mit Austern einen nach dem anderen um, wobei wir darauf achten, dass wir alle ablösen. Das Wenden der Austern erlaubt ein harmonisches Wachstum und die Reinigung.
Einige Austernsäcke hat Fred bereits beiseitegelegt, weil die Austern reif geworden sind! Wir laden sie am Abend an Bord, dann fahren wir vollbeladen zurück, wo sie gewaschen und sortiert werden.
Auf dem Rückweg im Lastwagen werde ich nicht müde, die Salzwiesen zu betrachten, die zu leuchten anfangen, weiße Reflexionen von Salz, die manchmal an der Oberfläche auftauchen. Ich war wirklich verliebt in diese wunderschöne Île de Ré!

DIE FREUNDE MEINER FREUNDE

Wo auch immer ich ankomme, sondiere ich meine Gastfamilie: Haben sie Verbindungen, die für mein Abenteuer interessant sein könnten? Es gibt nichts Besseres als diese Art von Kontakt. Auf diese Weise habe ich Fred kennengelernt, ein einfacher und schneller Kontakt. Das ist der wahre Schatz dieser Reise: zu entdecken, dass so viele Menschen die Wette annehmen konnten, mich vorurteilslos in ihr Leben zu lassen. Für sie war das Eingliedern des »kleinen Jungen auf Reisen« in ihren Tagesablauf nicht immer leicht, aber alle haben das Spiel mitgemacht, das hat mich sehr berührt.

Hier behandle ich Austern mit einheimischem Pineau, der ihre Jodnote ein wenig aufbricht, und mit Fenchel, der sie mit seiner Anisnote wiederbelebt ... Die Säure bringt der Queller mit, der gerade aus den Salzwiesen gesammelt wurde.

AUSTERN, FENCHEL & Zitrone

FÜR 4 PERSONEN

ZUBEREITUNG: 30 MIN + 15 MIN MARINIEREN – GARZEIT: 20 MIN

3 FENCHELKNOLLEN + 3 EL OLIVENÖL + 4 AUSTERN (GRÖSSE NR. 1) + 120 ML PINEAU DES CHARENTES (LIKÖRWEIN) + 1 UNBEHANDELTE ZITRONE + 1 SCHUSS PASTIS + FEINES SALZ + 100 ML PINEAU-ESSIG + EINIGE EINGELEGTE QUELLER (ALGEN)

1. Die Fenchelknollen waschen und putzen.
2. Zwei Fenchel mit 2 EL Olivenöl in einem Topf erhitzen und 10 Minuten garen. 150 ml Wasser dazugießen und aufkochen lassen. Bei geschlossenem Deckel bei niedriger Temperatur 10 Minuten kochen lassen. Anschließend mit einer Schaumkelle in ein Sieb geben und abtropfen lassen. Das Kochwasser aufbewahren.
3. Die Austern öffnen und ihr Wasser in einen Topf geben. Das Austernfleisch aus den Schalen lösen, auf einen Teller geben und mit dem Pineau beträufeln. Bei Zimmertemperatur etwa 15 Minuten marinieren.
4. Die Schale der Zitrone mithilfe eines Sparschälers vorsichtig abziehen, in feine Streifen schneiden und zum Austernwasser geben. Bei niedriger Temperatur 10 Minuten sanft köcheln lassen.
5. Eine halbe Zitrone auspressen. Den gekochten Fenchel fein pürieren. 1 EL Olivenöl, Zitronensaft und den Pastis unterrühren. Wenn das Püree zu fest erscheint, mit etwas Kochwasser verdünnen. Salzen und bei Zimmertemperatur beiseitestellen.
6. Den restlichen Fenchel in feine Streifen schneiden und mit dem Pineau-Essig beträufeln.
7. Die Austern mit einem Flambierbrenner flambieren oder unter den Grill des Backofens geben, bis der Pineau karamellisiert.
8. Die Austern in tiefe Teller geben, das Fenchelpüree und die Fenchelstreifen darauf anrichten, etwas Austernwasser dazugeben und mit dem Queller garniert servieren.

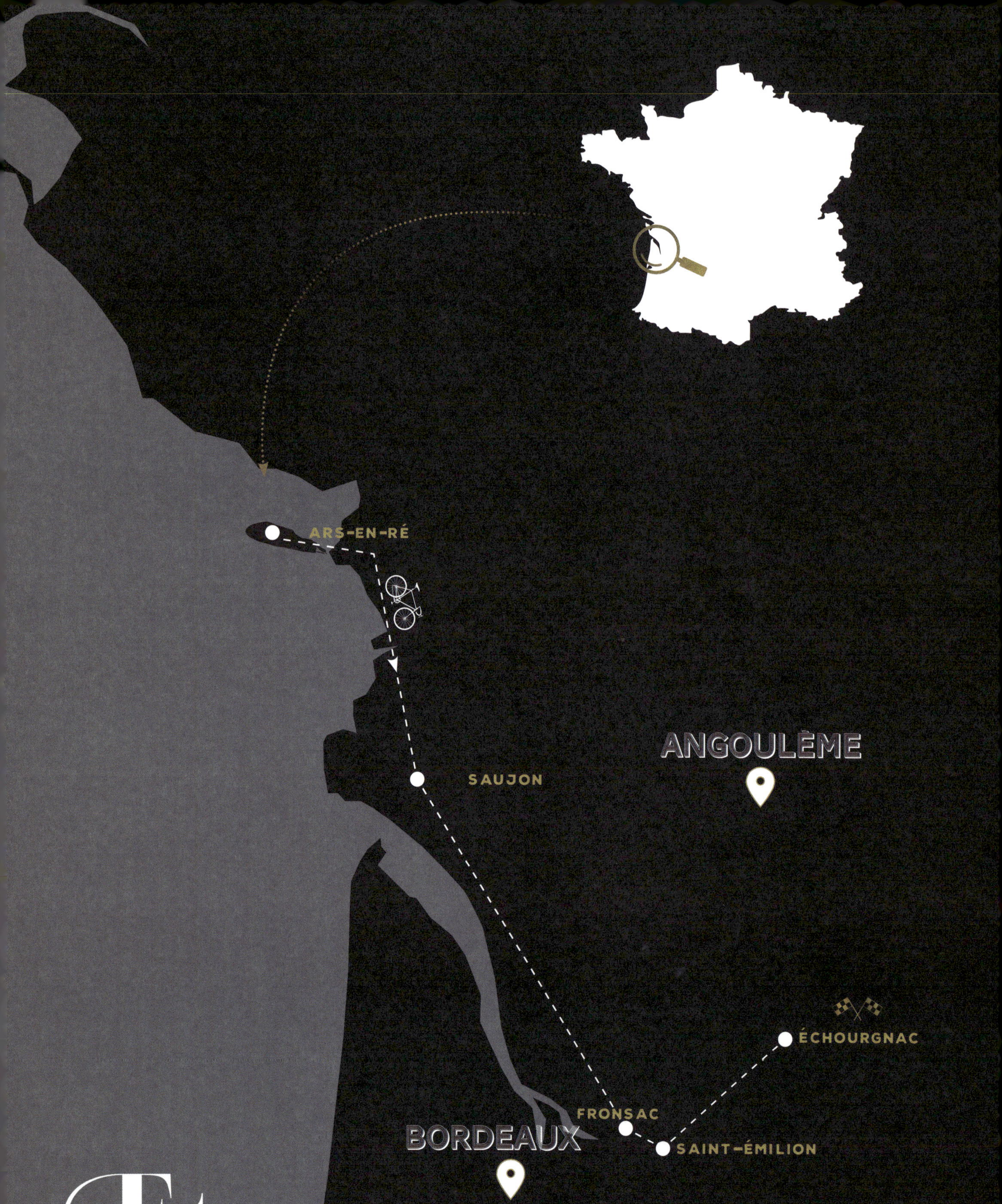

ARS-EN-RÉ

SAUJON

ANGOULÊME

ÉCHOURGNAC

FRONSAC

BORDEAUX

SAINT-ÉMILION

Etappe 48 bis 50

Von Ars-en-Ré nach Échourgnac

DER UNUMGÄNGLICHE *ÉCLADE CHARENTAISE*.

48. Etappe: Ich fahre frühmorgens Richtung **Saujon**, eine Strecke von 90 Kilometern. Ich bleibe eine Nacht, Zeit genug um Melone mit Pineau und den unumgänglichen *Éclade* zu genießen, ein typisches, ziemlich ausgefallenes Gericht aus der Region: Muscheln bedeckt mit Piniennadeln, die flambiert werden. Das sollten Sie einmal im Leben gegessen haben.

49. bis 50. Etappe: Ich fahre nach **Fronsac** in der Nähe von Bordeaux. Entlang an der Girondemündung, eine relativ lange flache Strecke von 115 Kilometern. Einige sehr angenehme Tage bei **Bordeaux** zwischen Weinbergen und dem Meer. Ich verbringe einen bemerkenswerten Abend in der Hostellerie de **Plaisance** in **Saint-Emilion**, wo ich den bretonischen Chefkoch Ronan Kervarrec treffe. Er lädt mich für einige Tage in seine Küche ein, aber die Schwestern der Abtei von **Échourgnac** erwarten meine Ankunft: Ich muss seinen Vorschlag mit Bedauern ablehnen.

KURS AUF ÉCHOURGNAC

Rückzug ins Kloster

ABTEI NOTRE-DAME-DE-BONNE-ESPÉRANCE
ZISTERZIENSERINNEN
La Trappe
24410 Échourgnac

7040 »LA TRAPPE« KÄSE PRO WOCHE

256 *TOMMES* PRO WOCHE

KENN-ZAHLEN

ICH HABE **100** KG KONFITÜRE WÄHREND MEINES AUFENTHALTS HERGESTELLT

200 SCHAFSKÄSE PRO WOCHE

ETAPPE 51

ÉCHOURGNAC (DORDOGNE)

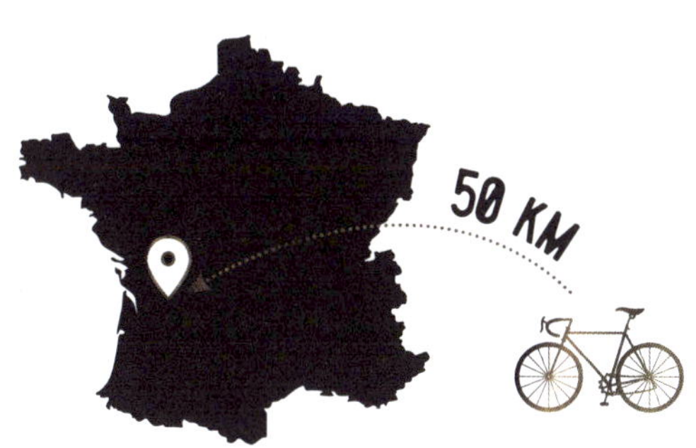

Das KLOSTERLEBEN heute

Ich begebe mich zur 50 Kilometer entfernten Abtei. Bei meiner Ankunft gibt mir Schwester Marie-Noëlle, die den Hotelempfang leitet, Zeichen, mich so lange zu gedulden, bis die Vesper vorbei ist. Hier hat die Zeit andere Dimensionen, im Rhythmus der Gebete. In unseren Tagen kann eine Abtei sich nicht damit zufriedengeben, zu leben wie früher: einfach in Autarkie, finanziert von den Spenden. Heute wird sie geführt wie ein Unternehmen und bietet der Außenwelt die Früchte ihrer Arbeit an.

Nonne sein ist eine Berufung, und das Verlassen der Gesellschaft, sein Leben ganz den anderen zu widmen und sich Gott zuzuwenden, ist eine starke Entscheidung.

Heutzutage widmen sich viele Abteien der Herstellung von hochwertigen, klösterlichen Produkten. Hier in Échourgnac ist der Star »La Trappe«: ein köstlicher Käse aus Kuhmilch, geformt und dann in Nusslikör getränkt, bevor er zum Reifen in den Keller kommt. Die Abtei produziert auch Schafskäse, Fruchtpasten und Konfitüren. Der Klosterladen wird das ganze Jahr lang nicht leer, zumal man auch Produkte aus anderen Abteien verkauft, um das qualitative Angebot zu steigern, das nicht ausreichend wäre, wenn sie sich nur auf die eigenen Produkte vor Ort beschränken würden. Pro Woche werden nicht weniger als 7040 Stück von »La Trappe« Käse hergestellt, sowie 256 *tommes* und 200 Schafskäse. Trotzdem ist die Nachfrage immer noch größer als das Angebot! Schwester Marie-Gaëlle gesteht mir, dass sie auch bald Ziegenkäse herstellen wollen, zusätzlich zu Kuh- und Schafskäse.

Auch wenn es nicht wirklich um Rentabilität geht, »man muss die Abtei unterhalten«, sagt man mir. Die Gemeinschaft empfängt zum Beispiel Menschen zur Einkehr, die Ruhe und das Gebet suchen. Ich nehme übrigens mit diesen das Mittag- und Abendessen ein. Danach kehren sie in den Alltag zurück, bereichert von den wenigen Stunden der Spiritualität (und den Kofferraum voll von guten Lebensmitteln aus dem Kloster). Hier ist die Arbeit ein integraler Bestandteil der Gemeinschaft: Die Schwestern sind einer bestimmten Aufgabe zugeordnet und nehmen so an der Dynamik der Abtei teil.

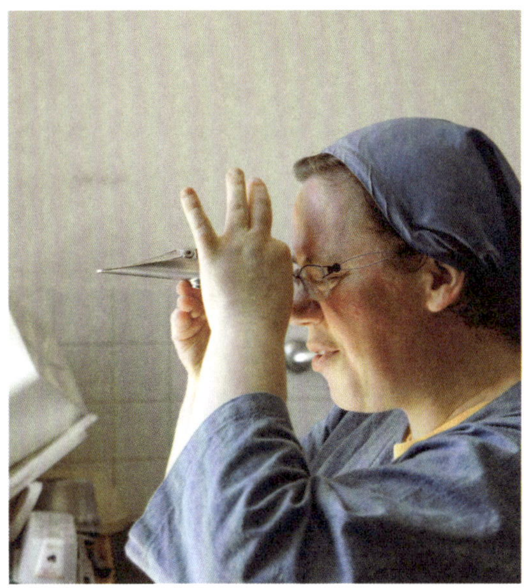

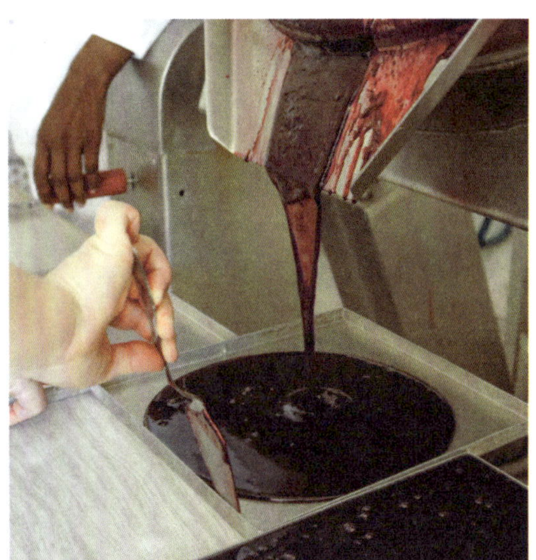

DIE FRUCHTPASTE: eine Kunst

Montag, 9 Uhr, ich gehe mit Schwester Annabelle zu einem der Herzstücke der Abtei: der Fertigungshalle. Heute Morgen machen wir den Versuch, aus 500 Gramm Früchten ein Kilo Kirschpaste herzustellen. Bei jeder Anlieferung der Früchte muss Schwester Annabelle das Rezept überprüfen in Bezug auf Textur, Bitterkeit und Säure … Diese Korrekturen werden nur mit kurzem Schnuppern gemacht – man braucht schon Präzision bei den Fruchtpasten, aber die Erfahrung ist das feinste Messgerät! Nach jahrelanger Arbeit, unzähligen, täglichen Versuchen und Verkostungen, erkennt sie mit Auge und Nase, was sich im Herzen der Paste abspielt.

Dennoch benutzt man ein Refraktometer: ein sehr gängiges Gerät in der Süßwarenherstellung, das die Zuckerdichte bei den Fruchtpasten misst. Auf dieses Gerät kann Schwester Annabelle nicht verzichten. Sie besitzt auch ein pH-Meter, das ihr den Säuregrad misst; die Säure spielt eine sehr wichtige Rolle in der Endverkostung. Nach einem kurzen Mittagessen im Hotel können wir uns wieder den zehn Kilo Kirschen zuwenden. Zuerst wiegen wir sie: Zucker und Pektin, Kristallzucker, Glukose und Trimolin – alles Zuckersorten, die den gewünschten Schmelz für die Fruchtpasten erzeugen. Dann kippen wir das Fruchtfleisch in den Kupferkessel und der Kochvorgang beginnt.

Während Schwester Marie-Gaëlle wartet, bis die gewünschte Temperatur erreicht ist, lädt sie mich zu einer Besichtigung des Käsekellers für den berühmten *Trappe d'Échourgnac* ein, ihrem typischen Käse.

Nach kurzer Zeit werden wir von Schwester Annabelle zurückgerufen: Es ist an der Zeit, Zucker und Pektin hinzuzufügen!

Wenn alle Zutaten eingekocht sind, verstärkt Schwester Hildegarde das Team und die fertige Fruchtpaste wird auf Platten gegossen.

GARTEN … UND WIEDER FRUCHTPASTEN!

Dienstag, 9 Uhr morgens. Heute bin ich in der Küche mit Isabelle, der weltlichen Küchenchefin der Abtei. Wir pflücken zunächst Kräuter im Herbarium, wo wir alle Sorten frischer Kräuter finden (Basilikum, Minze, Zitronenverbene, Koriander …), ein schöner Spielplatz für Freunde des guten Geschmacks. Isabelle hat das im Blut! Ihre Eltern, Bauern, hatten eine Scheune in ein Gasthaus umgebaut, das mit Gemüse aus ihrem Garten, ihrem Geflügel und anderen Produkten des Hofes versorgt wurde. Eine Küche mit Liebe, mit viel Geschmack, die Isabelle geprägt hat.

Zurück bei den Fruchtpasten fangen wir damit an, sie in Rechtecke zu schneiden und mit Zucker zu bestreuen. Die kleinen Bonbons werden dann auf perforierte Kisten gelegt, um ihr Trocknen zu erleichtern. Ich kann nicht an ihnen vorbeigehen, ohne eins davon zu knabbern: Dieser kleine Kirschgeschmack macht furchtbar süchtig!

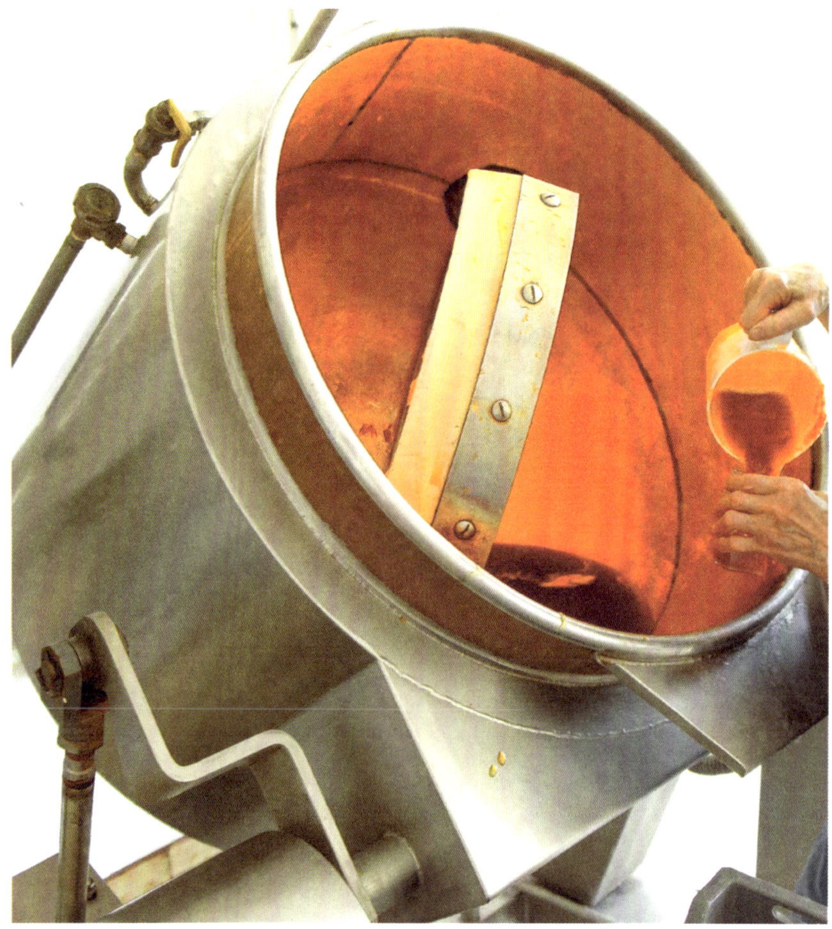

KONFITÜREN aller Art

Mittwoch, 9 Uhr, der letzte Tag in der Abtei und die Herstellung von Aprikosenkonfitüre mit Schwester Marguerite-Marie. Wir werden insgesamt fast 100 Kilo herstellen! Nach dem Entkernen – das eine andere Mannschaft schon am Vorabend begonnen hatte – nehmen wir uns denselben Kupferkessel vor, den wir schon für die Fruchtpaste genommen hatten. 50 Kilo Aprikosen und 50 Kilo Zucker werden zum Kochen gebracht. Plötzlich sagt Schwester Marguerite-Marie: »Etwas Minze!« Ich renne in den Gemüsegarten und pflücke ein paar Zweige, die in die Masse kommen. Diese köstliche Aprikosen-Minzekonfitüre wird dann von Schwestern und Gästen der Einkehr gegessen. Während Schwester Marie-Hélène für das Verschließen der Gläser zuständig ist, zeigt mir Schwester Marguerite-Marie das Lager der Konfitüren: Rhabarber, Aprikose, Mirabelle, Birne-Ingwer oder Kirsch-Kakao … Ich werde für meine Mühe mit zwei Gläsern spanischer Melonenkonfitüre mit Zitrone und Orange belohnt.

DIE FREUNDE MEINER FREUNDE

Bei einem Zwischenstopp in der Abtei »Notre Dame de Timadeuc«, auf meinem Weg mitten in der Bretagne, vertraute mir Bruder Emmanuel-Marie Folgendes an: Der bei ihnen hergestellte Timanoix-Käse ist nach einem Rezept der Abtei »Notre-Dame-de-Bonne-Espérance d'Échourgnac« in der *Dordogne* hergestellt. Also kontaktierte ich Schwester Marie-Gaëlle, die mich nach Rücksprache mit der Gemeinschaft herzlich zu diesem Aufenthalt im Kloster empfangen hat.

Eine Aprikosenkonfitüre Mitte Juni in der *Dordogne*, das ist eine sichere Sache. Und wenn man am Ende des Kochvorgangs frische Minze aus dem Garten hinzufügt, ist sie mit einem Hauch von Originalität verziert.

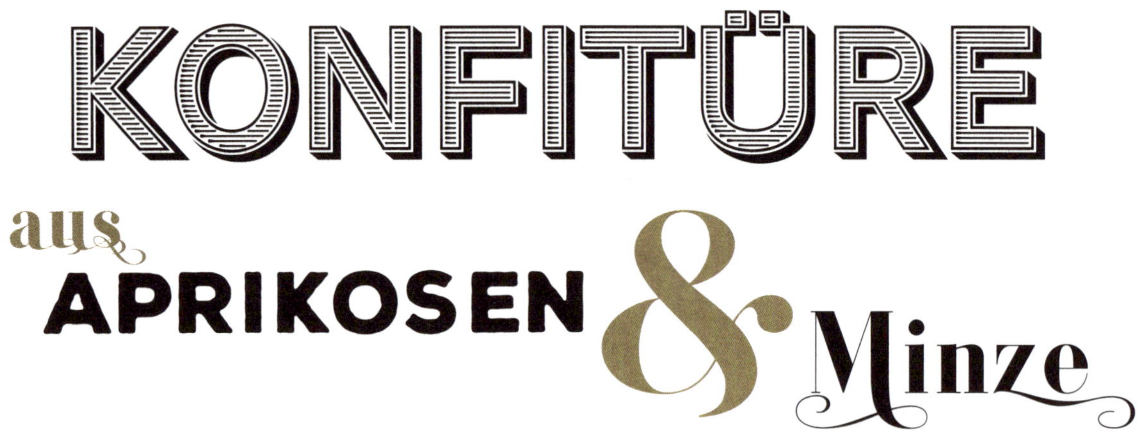

KONFITÜRE aus APRIKOSEN & Minze

FÜR 500 G KONFITÜRE

ZUBEREITUNG: 35 MIN + 12 STDN ZIEHEN LASSEN – GARZEIT: 1 STD

1 KG APRIKOSEN + 1 VANILLESCHOTE + 500 G ZUCKER
+ SAFT VON 1 ZITRONE (OPTIONAL) + 3 STÄNGEL MINZE

1. Die Aprikosen waschen, halbieren und entkernen.
2. Wasser aufkochen und zwei Einmachgläser à 250 ml mit deren Deckeln zum Sterilisieren 30 Minuten untertauchen. Herausnehmen und trocknen lassen.
3. Das Mark der Vanilleschote herauskratzen und mit dem Zucker und den Aprikosenhälften in einer großen Schüssel vermengen. Etwa 6 Stunden bei Zimmertemperatur ziehen lassen.
4. Dann in einen großen Topf geben, aufkochen lassen, mit einer Schaumkelle den entstehenden Schaum abnehmen, und anschließend 1 Stunde weiterkochen.
5. Am Ende des Kochvorgangs 1 ½ TL der Aprikosenkonfitüre auf einen Teller geben und für 5 Minuten in den Kühlschrank stellen. Wenn sie fest wird, ist sie perfekt. Wenn die Früchte sehr süß sind, nach Belieben mit etwas Zitronensaft abschmecken, um etwas Säure zu erzeugen.
6. Die Blätter der Minze zupfen, waschen, trockenschütteln und in feine Streifen schneiden.
7. Die Minze unter die noch heiße Konfitüre heben und die Gläser befüllen, gut verschließen, umdrehen und abkühlen lassen.

WARUM DIESES GERICHT?

Als ich zur gleichen Zeit wie der Sommer in der Abtei ankam, hatte Isabelle, die phänomenale Köchin, bereits Erdbeeren aus dem Garten gepflückt. Ich habe sie hier mit Rosenwasser abgeschmeckt, das dieses kleine »gewisse Etwas« mitbringt, und mit Zitronenschlagsahne serviert.

ERDBEEREN & Rosenwasser

FÜR 4 PERSONEN

ZUBEREITUNG: 20 MIN – GARZEIT: 2 STDN 30

1 KG ERDBEEREN + 45 G ZUCKER + 20 ML ZITRONENSAFT + 4 TL ROSENWASSER + 200 G SÜSSE SAHNE + 1 UNBEHANDELTE LIMETTE

1. Den Ofen auf 90 °C (Umluft) vorheizen.
2. Die Erdbeeren waschen und den Strunk entfernen.
3. 200 g der Erdbeeren in etwa 1 ½ mm dicke Scheiben schneiden, auf ein mit Backpapier belegtes Ofengitter nebeneinander legen und 2 Stunden im Ofen trocknen. Abkühlen lassen und in einer trockenen Dose aufbewahren.
4. 300 g der Erdbeeren vierteln und mit 15 g Zucker in einen Topf geben. Etwa 30 Minuten kochen, bis sie die Konsistenz einer Konfitüre haben. 10 ml Zitronensaft hinzufügen, mit dem Stabmixer fein pürieren und 1 TL Rosenwasser unterrühren. Kalt stellen.
5. 200 g der Erdbeeren mit 2 TL Rosenwasser pürieren, 15 g Zucker und die restlichen 10 ml Zitronensaft unterrühren und die Sauce kalt stellen.
6. Die Sahne mit 15 g Zucker steif schlagen. Kurz vor Ende 1 TL Rosenwasser hinzufügen.
7. Die restlichen 300 g Erdbeeren vierteln, auf einen Teller geben und mit der Erdbeersauce übergießen. Die Schlagsahne, die eingekochten Erdbeeren, die getrockneten Erdbeerscheiben dazu anrichten und etwas Limettenschale darüber reiben.

Etappe 52

BRIVE-LA-GAILLARDE

ÉCHOURGNAC

BORRÈZE

LES EYZIES-DE-TAYAC-SIREUIL

BORDEAUX

CAHORS

Von Échourgnac nach Borrèze

52. Etappe: Ich verlasse **Échourgnac** um 6:20 Uhr für 90 Kilometer. Ich fahre durch die *Dordogne* in Richtung **Eyzies-de-Tayac-Sireuil**. Mittags komme ich bei Frédéric Vidal an, dem Hersteller des Kaviars *Perle Noire*, zu einem Gang in die Welt der Luxusgastronomie – ein Schock nach meinen klösterlichen Fruchtpasteten! Ich bleibe dort zwei Tage und entdecke das Universum des Störs: die Arten, die Aufzucht, die Techniken … Einer der zwei Tage ist dem Fischen der Störe mit großen Netzen gewidmet, dann um ihr Geschlecht zu erkennen, die unausweichliche Etappe der Operation. Da natürlich nur die Weibchen Eier legen, dient die Bestimmung des Geschlechts (unmöglich bevor sie drei Jahre alt sind) der Trennung von männlichen und weiblichen Tieren. Die Männchen werden zu Produkten wie Rillettes und marinierten Filets verarbeitet … Es gibt 27 Störarten auf der Welt, 15 sind gezüchtet, aber nur zwei in Frankreich zugelassen. Hier kommt die Brut aus Aquitanien, wird friedlich in den Becken großgezogen, wird mit Getreide ohne Gentechnik und Mehl gefüttert (nachhaltige Fischerei). Die Aufzucht verlangt Geduld und Know-how, denn man muss acht Jahre auf die Eier der Sorte Baeri und zehn Jahre auf die Sorte Gueldenstaedtii warten. Ich war beim Schlachten nicht dabei, aber Margaux erklärt mir detailliert den Ablauf eines Tages auf der »Straße zum schwarzen Gold«: Ultraschall jedes einzelnen Fisches, um die Eiergröße zu bestimmen (Minimum 2,5 mm Durchmesser), dann wird der Fisch eingeschläfert. Dann muss man auf seinen Bauch drücken, damit die Eier herauskommen und sie in einem Sieb auffangen. Dann werden sie gesiebt, gespült, abgetropft und gesalzen. Nach einer weiteren Reinigung werden sie in eine Weißblechdose namens »malossol« gelegt, die 1,8 Kilo fasst. Dann folgen noch die Reifungs- und die Pressphase. Nach dieser Erfahrung fahre ich nach **Borrèze**.

DER STÖR *ACIPENSER GUELDENSTAEDTII*, AUCH »OSSIETRA-STÖR« GENANNT.

ETAPPE 53

24. BIS 29. JUNI

BORRÈZE (DORDOGNE)

Der Tanz im Inval

ÉDOUARD ROULLET
FISCHZÜCHTER
Moulin Carloux
24590 Borrèze

Auf den Sattel!

Ich fahre 32 Kilometer Richtung Borrèze, wo Édouard Roullet mich erwartet. Er ist Fischzüchter. Ich werde mit einem Aperitif aus »100 Prozent Forelle« empfangen: Rillettes, Terrine von delikater Räucherforelle auf einem schönen gerösteten Brot. Eine Köstlichkeit!

Forellen
MIT KLEINEN ZWIEBELN

Während es seltener wilde Forellen gibt, werden in der »Moulin Carloux«, diese schönen Fische unter idealen Bedingungen gezüchtet: An der Grenze zum *Lot*, im Périgord Noir, werden die Forellen von der Strömung des Flusses – dem Inval – verwöhnt, die Quelle ist unweit der Mühle. Dieses Wasser ist von großer Reinheit, weit weg von Kulturen und Siedlungen – der absolute Luxus für die Forelle.
Edouard züchtet drei Sorten Forellen: Fario, Regenbogen und Bachlachs.

Man benötigt zwölf Monate für die Aufzucht von Regenbogenforellen und für Fario und Bachlachse 18 Monate. Für die gesamte Zeit ist es unerlässlich, dass das Wasser eine Temperatur zwischen 13 und 15 Grad hält. Edouard hat sein Telefon ständig mit der Wassertemperatur verbunden, die geringste Abweichung kann Dutzenden Forellen das Leben kosten …

ETAPPE 53

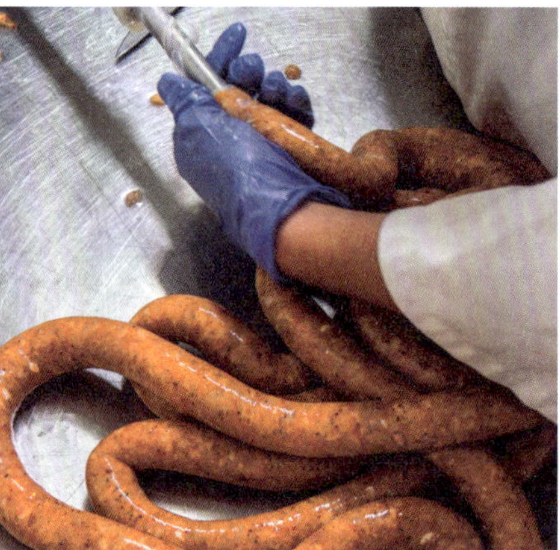

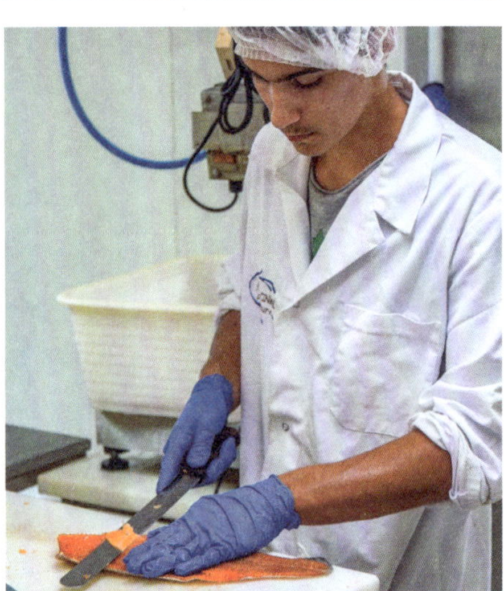

Eine normale WOCHE

Montag, 6 Uhr, Borrèze erwacht. Edouard, seine Tochter und ich sind bereits auf der Brücke. Wir fahren zur »Moulin Carloux« zur großen wöchentlichen Schlachtung. Heute auf dem Programm: große Forellen, zerlegt in Filets, die im Ganzen verkauft werden, und in kleine Teile.
Romain bedient den Kescher, Gilles und Léo übernehmen die restliche Arbeit. Jede Forelle wird sofort ausgenommen und sorgfältig gereinigt.
Dann betritt Serge die Szene: Er ist ein Meister im Filetieren. Eine Messerklinge, eine Hand und, wenige Sekunden später, sind die Fische tadellos zerlegt.
Dienstagmorgen, ich füttere die hungrigen Forellen. In der Wildnis nehmen die Forellen Insekten von der Oberfläche und kleine Fische zu sich. Aber hier bekommen sie hochwertiges Fischmehl. Am Morgen nutzen wir dann die Gelegenheit, uns das aufwendige Filtersystem der Becken, die vom Inval gespeist werden, erklären zu lassen.

WENN DAS WORT »handwerklich« WORTWÖRTLICH WIRD

Wir setzen das Schlachten am Nachmittag fort. Heute sind die großen Forellen dran, sie sollen geräuchert werden. Serge fischt sie Stück für Stück und bereitet sie vor.

Dann geht er ans Filetieren. Diese Arbeit erzeugt auch eine große Menge Köpfe und Karkassen. Heute landen sie in der Mülltonne, doch Edouard träumt davon, sie besser zu verwerten, zu einer Fischsuppe vielleicht, eines Tages …

Am nächsten Morgen sehe ich mir das Zerkleinern der geräucherten Forellen an, während Eméline die Forellenwürste mit Piment d'Espelette vorbereitet.

Die Forellen laichen in aller Ruhe, geschützt von jeglichen Raubtieren, in den Süßwasserbecken. Edouard hat nicht genügend Becken für alle neuen Generationen, er entnimmt also einen Teil der Eier und legt sie in Gläser ein. Was für eine Delikatesse, diese Forelleneier, ich liebe sie!

Hier wird das Wort »handwerklich« nicht missbraucht! Alles wird von Hand gemacht: Füttern, Sortieren, Ausblutung, Schlachten, Filetieren, Salzen, Räuchern, Entgräten, Zerkleinern, Aussortieren und Verpacken, nichts ist mechanisiert. Die Forelle, ein zarter Fisch mit einem so feinen Geschmack, braucht viel Aufmerksamkeit.

Mit Kost, Logis und Wäsche wurde ich bei Edouard wie ein Teil der Familie empfangen, das Mindeste, was ich tun konnte, war für alle kochen! So habe ich einige gute Gerichte köcheln lassen, die gerne von allen gegessen wurden. Ich muss sagen, ich habe mich dort wie ein Fisch im Wasser gefühlt!

WARUM DIESES GERICHT? Die Forelle, die vor 48 Stunden noch lebend aus dem Wasser kam, ist hier von Kirschen und Bohnen umgeben, für eine sanfte und frische Verbindung zwischen dem Fluss, dem Gemüsegarten und dem Obstbaum. Minze und Zitrone helfen, um einen Schubs zu geben!

GEBEIZTE FORELLE, Saubohnen & Kirschen

FÜR 4 PERSONEN

ZUBEREITUNG: 30 MIN + 48 STDN BEIZEN – GARZEIT: 35 MIN

1 ½ KG FORELLENFILET + 250 G ZUCKER + 250 G GROBES SALZ (+ ½ EL FÜR DIE BOHNEN) + 500 G KIRSCHEN + SAFT UND ABRIEB VON 1 UNBEHANDELTEN ZITRONE + SALZ + 500 G SAUBOHNEN + 1 SCHALOTTE + ½ BUND MINZE + 1 EL OLIVENÖL + SCHWARZER PFEFFER AUS DER MÜHLE

1. Die Forellenfilets unter kaltem Wasser abbrausen und mit Küchenpapier trockentupfen und anschließend entgräten. Den Zucker und das grobe Salz vermischen. Die Filets mit der Haut nach oben auf eine Platte legen und mit der Zucker-Salz-Mischung bedecken. 48 Stunden im Kühlschrank beizen.

2. Die Kirschen waschen, abtropfen lassen und anschließend entkernen. Eine Hälfte der entkernten Kirschen mit 100 ml Wasser in einem Topf 30 Minuten kochen lassen. Die Mischung fein pürieren, die Hälfte des Zitronensafts hinzufügen und leicht salzen.

3. Die Saubohnen palen. Wasser und ½ EL grobes Salz in einem großen Topf zum Kochen bringen, dann die Bohnen zum Blanchieren hinzugeben. Aufkochen lassen, die Bohnen herausnehmen, unter kaltem Wasser abkühlen lassen und dann die Haut entfernen.

4. Die Schalotte abziehen und fein würfeln. Die Blätter der Minze zupfen, waschen, trockenschütteln, ein paar schöne Minzeblätter zur Dekoration beiseitelegen und die restliche Minze in feine Streifen schneiden.

5. Die Forelle unter kaltem Wasser abbrausen, bis die Zucker-Salz-Mischung entfernt ist, gut mit Küchenpapier trockentupfen. Die Haut mithilfe eines langen feinen Messers entfernen. Anschließend in gewünschte Portionsstücke teilen.

6. Die restlichen Kirschen mit der Schalotte, der Minze, den Saubohnen, dem restlichen Zitronensaft und dem Olivenöl vermengen. Salzen und pfeffern.

7. Alles auf Tellern anrichten und mit Zitronenabrieb und Minzeblättern garniert servieren.

ETAPPE 54

30. JUNI BIS 4. JULI

SOUILLAC (LOT)

Die Käse-schmiede

FLORENCE GIL LACOSTE
KÄSEPRODUZENTIN
La Forge
46200 Souillac

Auf den Sattel!

Freitag, 30. Juni. Es regnet in der *Dordogne*, als ich in Souillac um 6:15 Uhr losfahre. Das ist die kürzeste Strecke seit Beginn meines Abenteuers: kaum zehn Kilometer bergab, gerade Zeit, ins nächste Departement zu kommen.

Ich erreiche den Bauernhof La Forge leicht, stelle mein Fahrrad ab und suche meine Gastgeberin Florence Fil, die ich dann beim Käseherstellen finde.

EIN AOP muss verdient sein!

Florence stellt Rocamadour her, den berühmten Ziegenkäse, der seit 1995 das Zertifikat AOC hat. Um ein AOC zu erhalten – es wird heute durch das europäische AOP ersetzt –, muss man eine Reihe von sehr genauen Bedingungen einhalten: das geografische Gebiet, Futtermittel, Reifung, perfektes Aussehen und Geschmack.
Alle Hersteller von Rocamadour müssen sich diesen Bedingungen unterwerfen und sich einer Kommission stellen, die die Einhaltung aller Kriterien prüft und bestätigt. Alpen- und Saanenziegen sind die Hauptlieferanten dieser Käsesorte, die auch Cabecou genannt wird. Ihr Futter besteht hauptsächlich aus Gras und Heu, von Weidewiesen oder von Jean Gil angebaut, im wesentlichen Luzerne, Gerste und Mais. Florence widmet sich mit Leib und Seele ihrer Arbeit und ihren Tieren, tagtäglich: Zwischen Fütterung, Melken, Käseherstellung, Reifung und Verkauf gibt es keine Pause.

Der Marathon beginnt

Ab 8 Uhr kommt Magali zum Melken. Ich folge ihm Richtung Ziegenstall. Sobald wir das Tor öffnen, herrscht allgemeine Aufregung: Alle haben Hunger und meckern. Wir füttern den Zicklein eine knackige Mischung aus Gerstengranulat, Mais und Soja. Sie genießen wie ein Bär, der einen Bienenstock am Baum gefunden hat. Luzerne und Heu werden mit einer Gabel verteilt.
Dann kommt das Melken: ein richtiger Ball mit Musik. Die 134 Ziegen werden zweimal täglich gemolken, um 8 Uhr und um 17 Uhr, mit Musik. Sie beherrschen diesen Tanz, den sie gerne mitmachen, denn er befreit sie von der Milch, die sie in ihren Eutern tragen, außerdem finden sie immer eine kleine Leckerei in ihrem Trog versteckt. Wir öffnen die Tore. Die Damen gehen zum Melkstand, während wir die Böcke zurückhalten, die sich einen Weg bahnen wollen. Euter um Euter werden die Ziegen gemolken, die Milch fließt direkt in den Tank dahinter und wird sofort in die Käserei gebracht. Das Ganze wird dann gleich durch ein feines Leinentuch gefiltert und so die Unreinheiten und Fliegen zurückgehalten.

EIN GANZER Käse

Nach dem Melken wird der Milch Lab und Molke zugegeben, dann gerinnt sie. Dann muss sie abtropfen, in großen Säcken aus reiner Baumwolle, über 24 Stunden. Dann folgen Salzen und Formen, Handgriffe, die man beherrschen muss – ich bleibe also einfach Zuschauer. Dann kommt der Käse aus der Form auf Gitter zur Reifung. Sie ruhen dann sieben Tage im Keller und werden täglich gewendet. Magali lässt den Käse abtropfen, sammelt die Molke ein und gibt sie zur frischen Milch vom Morgen. Ich gehe in den Reifungskeller, um die vielen Rocamadours zu wenden, Gitter um Gitter, um eine regelmäßige Trocknung zu erreichen. Zwischen Melken und Ende des Reifungsprozesses muss man gut zehn Tage zählen, um einen guten Rocamadour herzustellen.

ZU TISCH

Am Ende des Nachmittags, wie heute Morgen, wird wieder alles gefüttert. Nach dem Melken gehen wir mit Magali den Käse verpacken, während Florence sich um die Fütterung der Ziegen ergänzend mit Heu und Luzerne kümmert – nach Letzterem sind die Ziegen süchtig: kaum verteilt, haben sie es mit wenigen Kaubewegungen verschlungen. Als Dessert bekommen die Zicklein einen Leckstein, der sie mit Mineralien und Spurenelementen versorgt.

Am nächsten Tag geht alles wieder von vorne los: Melken, Füttern der Ziegen. Nach dem Mittagessen fahren wir nach Gramat, wo der Käse von Fachleuten verkostet wird. Ich stelle fest, wie groß die geschmacklichen Unterschiede der Käse sind, obwohl alle Produzenten dieselben Vorschriften befolgen.

DIE SCHMIEDE, EIN historischer ORT

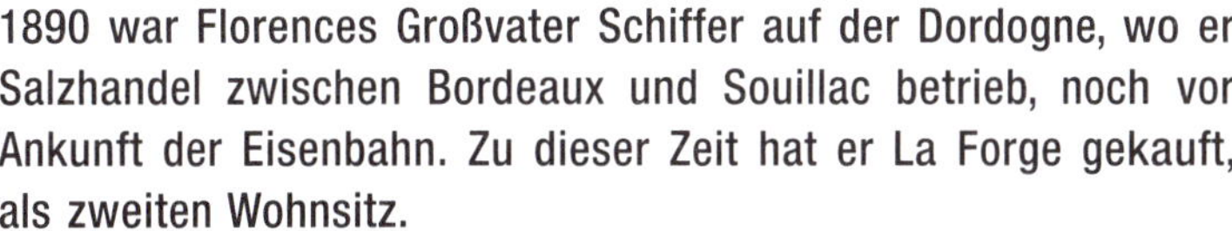

1890 war Florences Großvater Schiffer auf der Dordogne, wo er Salzhandel zwischen Bordeaux und Souillac betrieb, noch vor Ankunft der Eisenbahn. Zu dieser Zeit hat er La Forge gekauft, als zweiten Wohnsitz.

Der Besitz mit natürlichem Wasserfall wurde zu einem Kraftwerk – 1900 hat es ganz allein die Stadt Souillac beleuchtet, bis 1950. Was die Landwirtschaft betrifft, so kamen 1977 die Milchziegen dazu. Florence und Jean Gil haben 1990 mit 60 Ziegen angefangen, dann wurde 1995 die AOC Rocamadour gegründet. Heute besitzt Florence 190 Tiere und produziert 360 Liter pro Tag.

Den Aufträgen entsprechend muss Florence die Produktion ihrer Rocamadours regeln (wenn sie zu alt sind, werden sie trocken). Hier schätzt die Kundschaft am meisten frischen Rocamadour. Aus der überschüssigen Molke kreiert Florence Käsesorten nach ihren Wünschen: große Cabecous, Käse mit Asche, in Herzform oder Pyramide.

Märkte und Ladenverkäufe bestimmen das Leben auf La Forge (Herstellen ist gut, aber man muss auch verkaufen). Kurz gesagt: Florence macht immer weiter!

UND DIE KÜCHE?

Als ich bei meiner Ankunft in Schränken, Kühlschrank und Gefriertruhe stöberte, fand ich – oh Freude! – eine Forelle aus dem Inval und ein schönes Entrecôte. Klar: Das kommt alles heute Abend auf unsere Teller. Die Schürze umgebunden, fange ich mit den Erbsen an: Ein Teil endet als Sauce, der andere bleibt leicht knackig. Die dicke Seite der Forelle wird auf einer Seite gebraten, während der Bauch gewürfelt in Apfelweinessig und Salz mariniert und von einer grünen Sauce begleitet wird: Zucchiniwürfel, Basilikum, Olivenöl, Apfelweinessig, Salz, Piment d'Espelette. Es wird zusammen warm und kalt serviert, alles mit dem Löffel gegessen, köstlich! Dann kommt das Entrecôte, ganz einfach, Englisch gebraten, mit noch knackigen Zucchini aus dem Garten und etwas frischem Knoblauch gewürzt.

DIE FREUNDE MEINER FREUNDE

Edouard, der Forellenzüchter, hatte Florence von mir erzählt, und die Antwort war sofort positiv. Sie ist es gewohnt, Leute um sich zu haben, sie liebt Begegnungen und Bekanntschaften! »Und dann noch ein Koch? Wir werden es genießen!« war ihre begeisterte Antwort auf Edouards Anfrage.

WARUM DIESES GERICHT?

Was für ein Leben, das des Käseproduzenten! Melken, Käseherstellung, Marktverkauf, weitere Arbeiten auf dem Hof: Es ist oft ein Wettlauf mit der Zeit! Wärend der arbeitsreichen Woche kann es schon mal vorkommen, Käse im Kühlschrank zu vergessen … Kein Problem, ein wenig trockener *Rocamadour* wird die Grundlage für ein leckeres Risotto »made in *Lot*« sein.

RISOTTO MIT ALTEM Rocamadour

FÜR 4 PERSONEN

ZUBEREITUNG: 15 MIN – GARZEIT: 1 STD 15

2 Zwiebeln + 2 Knoblauchzehen + 1 Karotte + 1 Stange Sellerie + 1 EL Olivenöl + 1 Lorbeerblatt + 1 kleiner Zweig Thymian + 5 alte Rocamadours (Käse, offen 1 Monat im Kühlschrank gealtert) + 75 g Butter + 250 g Rundkornreis + 120 ml Weisswein + Salz, schwarzer Pfeffer aus der Mühle

1. Die Zwiebeln und den Knoblauch abziehen, die Karotte putzen und schälen. Den Sellerie waschen und putzen. Alles fein würfeln.

2. Das Olivenöl in einem Topf erhitzen und die Hälfte der Zwiebeln, den Knoblauch und das Gemüse darin anschwitzen. Mit 1 l Wasser aufgießen, den Lorbeer und den Thymian hinzugeben und alles bei niedriger Temperatur 30 Minuten köcheln lassen. Anschließend die Brühe durch ein sauberes Küchentuch filtern.

3. Die trockenen Rocamadours reiben.

4. Die restlichen Zwiebelwürfel mit 50 g Butter in einem Topf farblos anschwitzen. Den Reis hinzugeben und 5 Minuten bei niedriger Temperatur glasig werden lassen. Mit Weißwein ablöschen und etwa 5 Minuten einköcheln lassen. Ab jetzt die Brühe kellenweise zum Reis hinzufügen, sobald die Flüssigkeit aufgesogen ist, und bei niedrigster Temperatur etwa 30 Minuten köcheln lassen, regelmäßig umrühren.

5. Die restliche Butter und den geriebenen Rocamadour hinzufügen und gut verrühren. Salzen, pfeffern und in kleinen Schüsseln servieren.

LA MENAGERE

5. BIS 13. JULI

ETAPPE 55

PAULIN
(DORDOGNE)

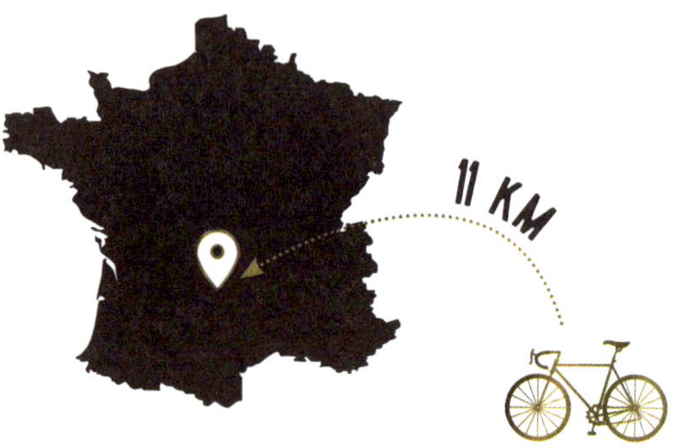

Der Tanz der TRIBIERS

Auf den Sattel!

Bei meinem Freund Edouard habe ich die Tribiers kennengelernt, als sie sich ein Sous-vide-Gerät ausleihen wollten. Auf ihre Einladung hin besuche ich sie auf ihrem Bauernhof. Ich komme um 11 Uhr an. Gerade noch Zeit, mein Fahrrad abzustellen: Ohne weiteres werde ich aufgefordert, Entenherzen zu parieren.

FAMILIE TRIBIER
ZÜCHTUNG UND VERARBEITUNG VON ENTEN
Ferme de Pleinefage
24590 Paulin

Die Schätze des Périgord

Die Stopfente ist eine Religion bei den Tribiers. Als Züchter von Enten und Schweinen, Nussproduzenten und Trüffelbauern sind die Tribiers begeistert von der Gastronomie.

Die *Dordogne* ist wohlbekannt für ihre Entenstopfleber, aber der Boden ist auch für die Walnuss aus dem Périgord (AOP) sowie für die Trüffel geeignet. Seit fünf Generationen bewohnt die Familie Tribier den Bauernhof von Pleinefage, wo sie den Geist des perigordinischen Wohlbefindens verströmt.

Die Schweine werden in Corrèze gezüchtet und kommen nach der Schlachtung zurück zum Hof, wo sie zu einer exzellenten Qualität weiterverarbeitet werden. Den Walnussbäumen geht es derzeit gut, auch wenn der Frost in diesem Jahr eine große Anzahl zerstört hat.

Die Trüffel wachsen an den Eichenwurzeln des Trüffelfeldes, ohne dass man sie großartig beachten muss. Man muss nur abwarten und die Daumen drücken bis zu dem Tag, wenn die Hunde sie finden und die schwarzen Diamanten aus der Erde holen.

Die Enten werden 14 Wochen im Freien aufgezogen und dann zwei Wochen lang mit Mais gemästet. Was ist das genau? Eine Technik des Verfettens, die sich auf die physiologische Besonderheit der Mulardenten stützt, die dieses überschüssige Fett in ihrer Leber speichert. Instinktiv, als ob sie sich auf eine lange Migration vorbereiten, neigen sie dazu, sich zu überfüttern, um so Reserven aufzubauen. Am Ende des Tages bat mich Fred, ihn zur Mästung zu begleiten. Die Enten werden mit Mais gestopft, eine nach der anderen.

SCHLACHTUNG UND VORBEREITUNG DER ENTEN

Heute Vormittag, das Schlachten und Zubereiten von etwas mehr als 100 Enten. Nach dem Schlachten und dem Einweichen in heißem Wasser übernimmt Michal die Leitung. Sein Spitzname? »Feder Michal«, aufgrund seiner Fingerfertigkeit beim Rupfen der Federn. Ente für Ente sichtet er die kleinsten Federreste und andere Teilchen. Mit einem Messerchen macht er die Ente so glatt und sauber wie möglich, bevor Oma Lucette mit dem Bunsenbrenner kommt. Wenn sie ganz sauber sind, wird den Enten der Hals abgeschnitten.

Im Raum nebenan konzentriert man sich auf die Leber. Man muss sie behutsam heraustrennen: die Ente am Hinterteil aufschneiden, die Leber entnehmen, ohne die Gallenblase zu verletzen, sonst würde man das Tier mit bitterer Galle verderben, was das Ganze ungenießbar machen würde. Während die aufgereihten Enten ins Kühlhaus kommen und auf ihre Zerlegung am nächsten Morgen warten, bekommen die Lebern ein Wasserbad.

Es folgt eine besonders heikle Phase: das Entfernen der Adern. Höchste Konzentration, Handschuhe, Messer in der Hand, mit den Augen eines Scharfschützen suchen wir die versteckten Adern der Leber. Danach wird ausgelesen: Die schönsten Lebern werden in Salz eingelegt, die anderen kommen vor dem Garen in die Terrine.

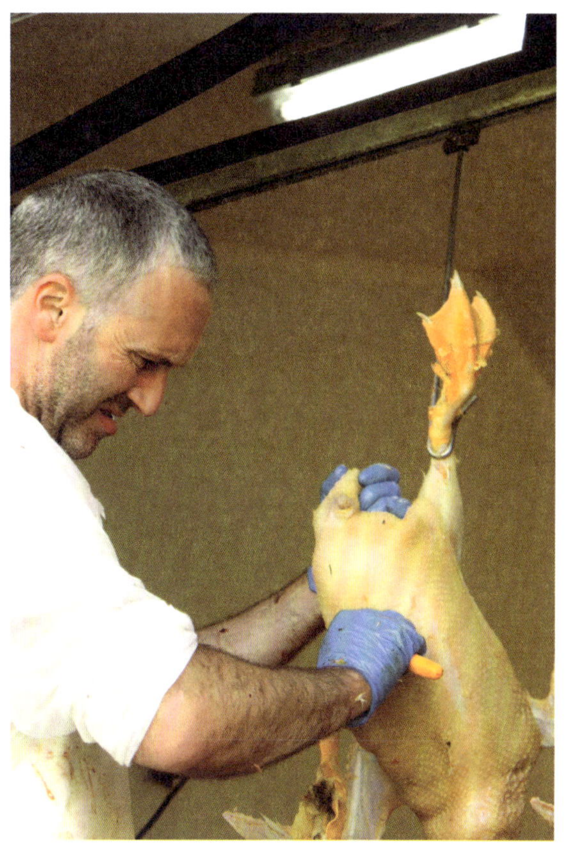

DIE ENTE IN ALLEN Formen

Der Tag ist noch nicht zu Ende: Wir müssen noch die Hälse füllen. Sie werden mit Wurstbrät und Foie gras gefüllt, dann in Entenfett gekocht … Ein Rezept mit wenig Kalorien!

Am nächsten Morgen sind die Enten gut gekühlt. Jetzt werden Fred, Thierry und Michal die Schenkel und die Brüste herausschneiden. Danach müssen nur noch die kleinen Filets ausgelöst und die restliche Haut ausgekratzt werden, dann wird sie geschmolzen, die Schenkel darin gegart und eingekocht und am Ende die Karkassen im Fett gekocht.

Auf der anderen Seite holt Opa Yves, mit dem Messer in der Hand, die Terrine von gestern aus den Formen. Vorgänge, die er seit vielen Jahren beherrscht: Mit 70 erhält sich Opa Yves seine Passion für Enten. Ich gehe von der »warmen« Abteilung rüber zu Oma Lucette, die das Bonbon Tribier zubereitet – Feigen gefüllt mit Foie gras, ein Klassiker von »süß-salzig«.

Wenn ich über die *Dordogne* spreche, sind die ersten Assoziationen, die mir in den Sinn kommen, das Périgord und die Foie gras! Ich denke, dass die Familie Tribier, die die Kunst der Zubereitung dieses ausgesuchten Gerichts seit fünf Generationen beherrscht, dieser Aussage zustimmen wird.

TERRINE von der FOIE GRAS

FÜR 4 PERSONEN

ZUBEREITUNG: 10 MIN + 48 STDN KÜHLEN – GARZEIT: 40 MIN

500 G ROHE ENTENSTOPFLEBER + FLEUR DE SEL, SCHWARZER PFEFFER AUS DER MÜHLE + 120 ML WALNUSSLIKÖR AUS DEM PÉRIGORD (ODER ANDERER ALKOHOL)

1. Die Leber unter kaltem Wasser abbrausen und mit Küchenpapier trockentupfen. Den großen Leberlappen vom kleinen mit einem scharfen Messer trennen und beides in eine Schüssel legen. Großzügig mit Fleur de sel und Pfeffer von beiden Seiten würzen und mit dem Walnusslikör beträufeln. Die Schüssel mit Frischhaltefolie abdecken und 24 Stunden im Kühlschrank ziehen lassen.

2. Den Ofen auf 100 °C (Umluft) vorheizen.

3. Den großen Lappen mit der runden Seite nach unten in die Terrine legen, dann den kleinen darüber mit der runden Seite nach oben.

4. Die Terrine in eine passende Schüssel setzen und diese bis zur halben Höhe der Terrine mit kaltem Wasser füllen. Alles für etwa 40 Minuten in den Ofen stellen (wenn Sie ein Fleischthermometer nutzen, bringen Sie die Kerntemperatur auf 37 °C).

5. Die Terrine aus dem Ofen nehmen und vom Fett, das an der Oberfläche entstanden ist, so viel wie möglich mit einem Löffel abnehmen und bei Zimmertemperatur aufbewahren.

6. Einen Karton auf die Größe der Terrine schneiden. Mehrfach mit Frischhaltefolie umwickeln, dann auf die Foie gras legen und eine Milchtüte als Gewicht darauflegen. 12 Stunden im Kühlschrank ruhen lassen.

7. Die Terrine aus dem Kühlschrank nehmen und Gewicht und Karton entfernen. Das Fett in einem Topf schmelzen lassen, ohne es zu erhitzen, und dann auf die Terrine gießen. Die Foie gras nochmals 12 Stunden in den Kühlschrank stellen.

8. Zum Servieren die Terrine in Scheiben schneiden und mit Fleur de sel und frisch gemahlenem schwarzem Pfeffer verkosten.

STAUB
STAUB

WARUM DIESES GERICHT? Während sich unser Team um die frisch gelandeten Enten kümmerte, arbeitete Thierry an den Walnussbäumen. Auch wenn die Ente im Périgord bekannt ist, sollte man nicht die lokalen Walnüsse vergessen. Hier, in Verbindung mit der Feige, ermöglichen sie es, ein »Bonbon« aus süß-saurer Ente zu kreieren …

ENTENBRUST mit HONIG, Feigen & WALNÜSSEN

FÜR 4 PERSONEN

ZUBEREITUNG: 30 MIN – GARZEIT: 30 MIN

200 G WALNUSSKERNE + 40 G ZUCKER + 10 G BUTTER + FLEUR DE SEL + 20 ML WALNUSSÖL + 60 G GETROCKNETE FEIGEN + 40 ML ZITRONENSAFT + SALZ + 100 ML MILCH + 1 ENTENBRUST + 1 EL HONIG

1. Den Ofen auf 180 °C (Ober-/Unterhitze) vorheizen. Die Walnusskerne auf ein Blech geben und 10 Minuten im Ofen rösten. Herausnehmen und abkühlen lassen.

2. Den Zucker mit 2 EL Wasser in einem Topf erhitzen. 1 Minute kochen lassen, 60 g der gerösteten Nüsse hinzufügen und die Temperatur reduzieren. Gut umrühren, sodass alle Walnusskerne mit dem Zuckersirup überzogen sind. Unter ständigem Rühren eine schöne Karamellfarbe annehmen lassen, dann die Butter und 1 Msp. Fleur de sel hinzufügen. Weitere 5 Minuten köcheln lassen.

3. 40 g der gerösteten Nüsse, 20 ml Walnussöl, die getrockneten Feigen, 30 ml Zitronensaft und 2 Msp. Salz in eine Schüssel geben und alles fein mixen.

4. Die Milch in einem Topf erwärmen, 100 g der gerösteten Nüsse und 2 Msp. Salz dazugeben. Zu einer glatten Masse mixen. 1 TL Walnussöl und die restlichen 10 ml Zitronensaft dazugeben und alles 5 Minuten kochen lassen. Beiseitestellen.

5. Den Ofen auf 180 °C (Ober-/Unterhitze) vorheizen. Die Entenbrust unter kaltem Wasser abbrausen und mit Küchenpapier trockentupfen. Die Haut rautenförmig einschneiden und salzen. Die Entenbrust ohne Fettzugabe in einer Pfanne von beiden Seiten 2 Minuten braten. Mithilfe eines Pinsels die Entenbrust mit dem Honig bestreichen, dann für 5 Minuten in den Ofen stellen.

6. Die Entenbrust aus dem Ofen nehmen, auf ein Brett legen und 3 Minuten ruhen lassen, bevor sie zunächst in der Länge und anschließend in der Breite durchgeschnitten wird.

7. Die Walnussmilch auf Tellern verteilen, die Entenbrust, die karamellisierten Walnüsse und die Walnusspaste darauf anrichten. Mit etwas Fleur de sel bestreut servieren.

Überein-stimmung

Auf den Sattel!

Ich verlasse die Familie Tribier frühmorgens und fahre 110 Kilometer Richtung *Lot-et-Garonne*. Ich muss vor 6 Uhr losfahren, wenn ich die heißesten Stunden vermeiden will.

Auf der Straße. Die Walnussbäume lassen dem Thymian Platz, dann nähere ich mich meinem Ziel mit Sonnenblumenfeldern und Pflaumengärten.

Ich komme pünktlich zum Mittagessen an und überrasche so Hélène und Benoît, die mich erst später erwartet hatten. Sie laden mich zu einem schönen Linsengericht mit Würstchen ein, alles was man braucht, um sich nach großer Anstrengung zu stärken!

ETAPPE 56

VILLENEUVE-SUR-LOT (LOT-ET-GARONNE)

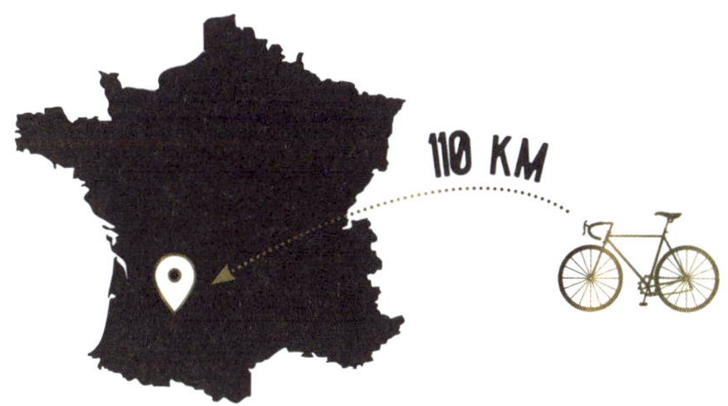

Geschichte DER ÜBERLÄUFER

Benoît, ursprünglich aus der Normandie, hat die Apfelbäume durch Pflaumenbäume ersetzt. Er widmet sich der Pflaume mit Sorgfalt und Leidenschaft, unterhält und bearbeitet täglich nicht weniger als sieben Hektar dieser Obstbäume. Benoît produziert »halbgare« Pflaumen, eine Herstellung, die nur drei Prozent der Produktion des Landes ausmacht. Dieses Produkt ist fast als vertraulich einzustufen, und das ist gut so, denn so bleibt mehr für diejenigen übrig, die es kennen! Die Besonderheit der halbgaren Pflaume gegenüber der Standardpflaume – zuerst getrocknet und dann rehydriert – besteht darin, dass sie nicht vollständig getrocknet ist. Sie bewahrt ihren ganzen Geschmacksreichtum, da das konzentrierte Fruchtwasser in der Frucht bleibt.

DIE SCHÖNE GESCHICHTE der Trockenpflaume

Die »Pruneau d'Agen« ist eine Frucht mit langer Geschichte, denn schon die Römer pflanzten als Erste mehrere Pflaumensorten in der Gegend um Agen, überzeugt, dass das Klima ihnen gut bekam.

Etwas später, bei der Rückkehr von ihrem dritten Kreuzzug um 1190, hatten die Benediktinermönche von der Abtei von Clairac, im *Lot-et-Garonne*, die gute Idee, ihre heimischen Pflaumensorten zu veredeln, indem sie neue Pflanzen aus Syrien aufpfropften.

Damals noch »gepfropfte Pflaume« genannt, fand die Frucht ihre Wurzeln in diesem südwestlichen Boden und akklimatisierte sich sowohl an das Wetter als auch an die Methode der Trocknung, mit der sie zu einer köstlichen Pflaume verarbeitet wurde.

Sie wurde schnell von Feinschmeckern angenommen. Durch ihren hohen Energie- und Vitamingehalt, der Ballaststoffe und Mineralien kombiniert mit einer langen Haltbarkeit, war sie auch sehr beliebt an Bord von großen Schiffen mit fernen Reisezielen.

Die Pflaume

IM LAUF DES JAHRES

Der Anbau von Pflaumen folgt einem unbeweglichen jährlichen Zyklus. Im Winter werden die Bäume beschnitten – das begrenzt unnötiges Sprießen und lässt die Sonne leichter in das Herz des Laubes eindringen, um die Früchte besser zur Reife zu bringen. So muss es zwar ein paar weniger Pflaumen geben, aber diese werden besser sein!
Im Frühjahr kommt die Zeit der Bestäuber, eine wichtige Rolle: Sie sind es, die die Befruchtung der Blüten sicherstellen, aus denen im Sommer schöne Früchte wachsen.
Der Sommer von Mitte August bis Mitte September ist die Zeit der Ernte. Die Pflaumen fallen fast von allein auf den Boden, auch wenn ihnen eine Maschine hilft, die die Äste leicht schüttelt. Dann kommen sie in ein Salzwasserbad, um die süßen Früchte von den nicht süßen zu trennen – die weniger süßen haben eine geringere Dichte, man erkennt sie, weil sie weiter oben schwimmen. Die ausgewählten Früchte gehen zum Trocknen bei 80 Grad in den Backofen. Sie werden dort langsam dehydriert, bis ihr Feuchtigkeitsgehalt 35 Prozent erreicht.

Aufeinanderfolgende Schritte!

Montagmorgen. Benoît und ich kümmern uns um die Zweige, die in einem Monat voll von reifen Pflaumen sind. Es wird also Zeit, die Pflaumenbäume auf die Ernte vorzubereiten.
Ich steige auf Bäume, hebe die überlasteten Äste an und fixiere sie mit einer Schnur. So kann die Maschine später einfacher durch die Reihen fahren und die Pflaumen besser erreichen. Messer in der Hand, wir schieben die Schubkarre abwechselnd, die Leiter unter dem Arm und die Nase in der Luft, um diese mühsame Aufgabe zu erfüllen. Dann gehen wir in die Küche. Hélène passiert die Pflaumen durch ein großes Sieb, das die Früchte zu einer Paste zerdrückt. Diese Masse wird langsam auf dem Feuer erhitzt, in Dosen abgefüllt und vor dem Verkauf pasteurisiert.

AN DEN HERD

Ich nehme nicht an den alltäglichen Aktivitäten teil, denn meine Gastgeber wollen mich lieber in der Küche sehen! Zehn Personen sind für Sonntag zu Tisch vorgesehen, ich kaufe am Samstag in Villeneuve-sur-Lot auf dem Markt ein. Ich wähle schöne Produkte, frisch, aus der Gegend und reserviere einen Ehrenplatz für die Pflaume in meinem Menü.
Dann muss ich nur noch meine Schürze binden, meine Schuhe anziehen und Messer und Töpfe für den Nachmittag finden. Hélène hat schon mit dem Kochen ihrer dicken, frisch geernteten Rüben in ihrem komischen Solarkocher angefangen. Das ist ein wenig bekanntes, aber sehr gut funktionierendes Gerät: Zur Sonne ausgerichtet, kocht es langsam bei niedriger Temperatur und erhält so alle Nährstoffe.

UNSER MENÜ

- Gekochte Rüben mit Lapsang Souchong, Apfelwein-Vinaigrette, Mandeln und Sardellen
- Marinierte Kalbshaut, Tomaten, Zucchini, Paprika, geräucherte Gurke, kandierter Knoblauch
- Pfirsiche pochiert in Zitronenverbene, kandierte Zitrone und Ingwersorbet

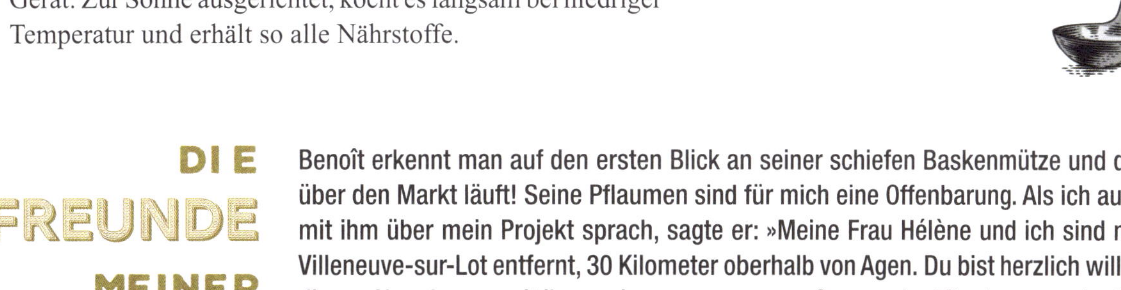

DIE FREUNDE MEINER FREUNDE

Benoît erkennt man auf den ersten Blick an seiner schiefen Baskenmütze und der Glocke, mit der er über den Markt läuft! Seine Pflaumen sind für mich eine Offenbarung. Als ich auf einer Bauernmesse mit ihm über mein Projekt sprach, sagte er: »Meine Frau Hélène und ich sind nur zwei Schritte von Villeneuve-sur-Lot entfernt, 30 Kilometer oberhalb von Agen. Du bist herzlich willkommen!« Ich werde dieses Abendessen mit ihnen nie vergessen, zum Gesang der Zikaden, wo wir ein göttliches Mahl mit Gemüsen aus Hélènes Garten genossen haben, gefolgt von ein paar Pflaumen als Dessert und dem unvermeidlichen Armagnac als Digestif. Ein schönes Treffen unter Feinschmeckern!

KURS AUF FONGRAVE

Einheimisches Schwein, Pflaumen aus dem letzten Jahr und erfrischender Koriander aus dem Garten sind die Grundlage für die Füllung, die in die Weinblätter eingewickelt ist, die um das Haus Lefèvre wachsen. Begleitet von einem Coulis aus frischen Tomaten, die in der Sonne von *Lot-et-Garonne* gereift sind.

DOLMAS mit SCHWEIN, PFLAUMEN & Koriander

FÜR 4 PERSONEN

ZUBEREITUNG: 30 MIN + 30 MIN KÜHLEN – GARZEIT: 2 STDN 15

40 FRISCHE WEINBLÄTTER + 120 G BASMATIREIS + 1 KG TOMATEN + 4 EL OLIVENÖL + 3 KNOBLAUCHZEHEN (FEIN GEHACKT) + ½ TL PIMENT D'ESPELETTE + ABRIEB VON 1 UNBEHANDELTEN ZITRONE + FEINES SALZ + 2 SCHALOTTEN (FEIN GEHACKT) + 500 G HACKFLEISCH VOM SCHWEIN + ½ BUND KORIANDER + 10 TROCKENPFLAUMEN + 1 EINGELEGTE ZITRONE + 200 ML GEMÜSEBRÜHE

1. Die Weinblätter waschen, in eine große Schüssel geben und mit kochendem Wasser übergießen. 4 Minuten einweichen lassen, die Blätter herausnehmen und mit einem Küchentuch trockentupfen.

2. Den Basmatireis nach Packungsanleitung zubereiten, er soll bissfest sein. In einem Sieb abtropfen und abkühlen lassen.

3. Die Tomaten waschen und die Schale kreuzweise leicht einritzen. Kurz in kochendes Wasser tauchen und anschließend 30 Sekunden in eine Schüssel mit Eiswasser geben. Herausnehmen, abtropfen lassen und die Schale abziehen. Dann die Tomaten vierteln.

4. 2 EL Olivenöl in einem Topf erhitzen. Die Tomatenviertel hinzugeben und 1 ½ Stunden sanft köcheln lassen, gelegentlich umrühren. Den Knoblauch, den Piment d'Espelette, den Zitronenabrieb und etwas Salz zu den Tomaten geben und verrühren.

5. Das restliche Olivenöl in einer Pfanne erhitzen und die Schalotten in 2–3 Minuten goldbraun anschwitzen. Das Hackfleisch dazugeben und etwa 15 Minuten bis zur Karamellisierung einkochen. Salzen. 30 Minuten im Kühlschrank abkühlen lassen.

6. Den Koriander waschen, trockenschütteln und fein hacken. Die Trockenpflaumen waschen, entsteinen und klein schneiden. Die Schale der eingelegten Zitrone entfernen. Alles mit dem Hackfleisch und dem Reis vermischen.

7. In einem Bräter den Boden mit zwei bis drei Weinblättern auslegen, sodass er bedeckt ist. Auf die Mitte der übrigen Weinblätter je 1 TL Füllung geben, die Spitze der Blätter darüber klappen und andrücken. Die Seiten der Blätter darüber falten und vom Stielansatz zur Blattspitze hin fest aufrollen.

8. Die Rollen mit der Nahtstelle nach unten eng nebeneinander auf die Weinblätter in den Bräter legen und mit der Gemüsebrühe angießen. Bei geschlossenem Deckel 15 Minuten köcheln lassen.

9. Auf Tellern anrichten und mit der Tomatensauce servieren.

STAUB

Wenn Hélène mit den ersten sonnengereiften Feigen zurückkommt, kann man nur leuchtende Augen bekommen! Kurz in den Ofen, mit Mandelcreme überbacken, werden diese köstlichen Früchte noch abgerundet.

GEBACKENE FEIGEN MIT Mandel-creme

FÜR 4 PERSONEN

ZUBEREITUNG: 10 MIN – GARZEIT: 25 MIN

150 G BUTTER + 200 G GEMAHLENE MANDELKERNE + 150 G ZUCKER + 3 EIER + 8 FRISCHE FEIGEN

1. Den Ofen auf 180 °C (Umluft) vorheizen.
2. Die Butter in Stücke schneiden, in eine Schüssel geben, und bei Zimmertemperatur beiseitestellen.
3. Die gemahlenen Mandeln auf einem mit Backpapier belegten Blech verteilen und 10 Minuten im Ofen rösten, dabei zweimal umrühren, damit sie nicht anbrennen. Abkühlen lassen.
4. Den Zucker zur Butter geben und verrühren. Die gemahlenen Mandeln dazugeben, dann die Eier nach und nach hinzufügen und alles gut vermengen.
5. Die Feigen waschen, halbieren und in eine Auflaufform legen. Die Früchte etwa ½ cm dick mit der Mandelcreme bestreichen, 15 Minuten im Ofen karamellisieren lassen und noch warm genießen.

19. BIS 21. JULI

ETAPPE 57

FONGRAVE

(LOT-ET-GARONNE)

Verschwinden wir!

FRANÇOISE UND HENRI BARBOT
GEMÜSEGÄRTNER
47260 Fongrave

Auf den Sattel!

Auf nach Villeneuve-les-Lot, wo ich einen Termin auf dem Biomarkt habe. Ich lasse die Pflaumenbäume hinter mir, um nach *Lot-et-Garonne* zurückzukehren, wo die Gemüseernte in vollem Gange ist. Ich habe einen Termin mit Françoise und Henri Barbot.

MELONENERNTE

Nach meiner Ankunft geht es direkt auf das Melonenfeld: Es gibt sie dieses Jahr überreichlich, ich komme also als zusätzlicher Erntehelfer für den morgigen Markt. Wir pflücken sie Stück für Stück, lassen sie mitten auf dem Weg liegen und sortieren sie am Ende in Kisten. Zwei Sorten werden angebaut: die »Petit gris de Rennes« und die »Charentais«. Letztere kenne ich gut, aber die »Petit gris« ist mir nicht bekannt. Sie ist süßer, hat eine dünnere Haut, die man fast mitessen könnte, etwas fester, einfach köstlich! »Diese Sorte wurde in den 1960er-Jahren im Renner Becken angebaut, ohne jegliche Genmanipulation. Sie verträgt keine Kälte, und ihr Anbau ist sehr schwierig. Deshalb lieben wir sie.«

DER LUXUS der Einfachheit

Am Abend haben wir ein echtes Luxusmahl. Mit Luxus will ich sagen, ohne künstliche Zutaten, ganz natürlich. Hier sind die Gemüse so schön und so aromatisch, dass ihre einfache Verkostung schon ein seltenes Glück bedeutet. Ein Tomatensalat mit einer Prise Fleur de sel und etwas Olivenöl … Gegrillte Paprika mit etwas Thymian und einem Hauch von frischem Knoblauch, auf der Zunge zergehend, leicht süß …

Donnerstag, Wecken um 6 Uhr. Abfahrt mit Henri Richtung Monflanquin zum Wochenmarkt. Monflanquin liegt an einem Berghang, eine sehr gut erhaltene mittelalterliche Stadt auf dem Jakobsweg.

Wir bauen den Stand auf und ich gehe auf die andere Seite: Ich werde Gemüseverkäufer, eine tolle und anspruchsvolle Aufgabe: sich bücken, aufheben, pflücken, sortieren, sauberkratzen, sich von der Sonne verbrennen lassen, auf Regen warten, hoffen, verkaufen, schleppen … Ich bewundere sie sehr.

Marktschluss: Wir räumen alles zusammen und kehren nach Fongrave zurück, um den Nachtmarkt mit Aurélien, dem Sohn von Barbot, vorzubereiten. Er selbst ist Gemüsebauer und in Sämereien für die Bauern spezialisiert. Am Nachmittag bereiten wir den nächsten Markttag vor und putzen Melonen, Tomaten, Paprika, Gurken und Schalotten, damit diese schönen Produkte auf dem Stand richtig zur Geltung kommen.

SONNIGES MENÜ

Freitag bin ich am Herd. Auf der Karte: Gazpacho und Huhn, kein Einkauf nötig. Wir holen das Geflügel aus der Gefriertruhe. Den Rest muss ich nur pflücken. Paprika, Gurke, Tomate, alles mit etwas Salz, Sherryessig und Piment d'Espelette in den Mixer. Zum Schluss ein Spritzer Olivenöl, wie ein Sonnenstrahl. Unser Huhn wird in Tomatenpüree, Piment d'Espelette, Zitronensaft, zerdrücktem Knoblauch und Thaibasilikum mariniert und dann zu einer feinen, knusprigen Haut gebraten.

Ich bin ein WANDERSMANN!

Auf dem Markt von Villeneuve-sur-Lot entdecke ich die wunderbaren Gemüse der Barbots. Während wir uns unterhielten, träumte ich davon, in der Hauptsaison etwas Zeit bei ihnen zu verbringen. Ich fragte sie, ob sie mich brauchen könnten.

»Warum nicht?«, war die Antwort.
» – Du bist ein richtiger Wandersmann.
– Ein was?
– Die gab es früher, Kerle, die in den Tag hinein lebten und von Hof zu Hof gingen.
– Oh ja, ich bin also ein Wandersmann!«

Wenn man Paprika im Überfluss hat, kann man sie konservieren, roh in einem Salat oder in einer Ratatouille essen. Aber man kann sie auch zu einem Dessert verarbeiten, mit Zutaten, die man zu Hause findet: Der Schlüssel dazu ist, der Kreativität freien Lauf zu lassen.

FÜR 4 PERSONEN

ZUBEREITUNG: 30 MIN – GARZEIT: 3 STDN 50

FÜR DIE MERINGUE: 2 EIWEISS + 80 G ZUCKER.
FÜR DIE CREME: 125 G SÜSSE SAHNE + 125 ML MILCH + 2 EIGELB + 15 G ZUCKER + 90 G ZARTBITTERKUVERTÜRE (GEHACKT) + ½ TL PIMENT D'ESPELETTE.
FÜR DIE PAPRIKA: 4 ROTE PAPRIKA + 15 G ZUCKER + 2 UNBEHANDELTE LIMETTEN

1. Den Ofen auf 100 °C (Umluft) vorheizen. Wasser in einem kleinen Topf aufkochen.

2. Für die Meringue das Eiweiß mit dem Zucker in einer Edelstahlschüssel mit einem Schneebesen aufschlagen. Dann die Schüssel auf den Topf mit kochendem Wasser stellen. Weiter aufschlagen, bis sich die Mischung bindet. Die Schüssel vom Wasserbad nehmen und mit einem Handrührgerät steif schlagen. Die Meringue auf ein mit Backpapier ausgelegtes Blech 1 cm dick verteilen und für 3 Stunden im Ofen backen. Ab und zu die Ofentür öffnen. Abkühlen lassen und in Stücke brechen.

3. Für die Creme die Sahne mit der Milch in einem Topf aufkochen. Die Eigelbe mit dem Zucker verrühren und zu der Sahne-Milch-Mischung geben. Bei mittlerer Temperatur so lange rühren, bis die Masse andickt. Dann die Kuvertüre und den Piment d'Espelette unterheben, die Schokolade schmelzen lassen und weiterrühren, bis eine homogene Creme entsteht. Abkühlen lassen und die Creme in einen Spritzbeutel geben.

4. Den Ofen auf 200 °C (Ober-/Unterhitze) vorheizen. Die Paprika waschen und abtropfen lassen. In einer feuerfesten Form für 30 Minuten in den Ofen geben, dann herausnehmen und für einige Minuten in ein geschlossenes Gefäß legen. Dann die Haut abziehen und die Kerne entfernen.

5. 120 ml Wasser mit dem Zucker in einem Topf aufkochen. Den Zuckersirup abkühlen lassen. 150 g der gegarten Paprika mit dem Sirup mixen und den Saft von ½ Limette unter die Coulis rühren.

6. Die restliche Paprika längs in 15 gleichmäßige Streifen schneiden und mit dem Abrieb von einer Limette und dem Saft von ½ Limette marinieren.

7. Coulis in kleinen Schalen verteilen, eine Kuppel aus Schokocreme darauf formen, die Paprikastreifen umlegen, Meringue auflegen und mit Limettenabrieb garniert servieren.

Im Sommer, zwischen der Arbeit auf dem Feld und den Märkten, verbringen wir viel Zeit in der Sonne. Eine Gazpacho bringt die lang erwartete Frische und ist gleichzeitig ausreichend sättigend. Und der Chilipfeffer wird uns den Schubs geben, den wir brauchen, um wieder an die Arbeit zu gehen!

GAZPACHO von MELONE & Tomate

FÜR 4 PERSONEN

ZUBEREITUNG: 15 MINUTEN

500 G TOMATEN + ½ GURKE + ½ ROTE PAPRIKA + 30 G STANGENSELLERIE + 1 CANTALOUPE MELONE + 4 EL SHERRYESSIG + 4 EL OLIVENÖL + 1 TL SALZ + ½ TL PIMENT D'ESPELETTE

1. Die Tomaten, die Gurke, die Paprika und den Sellerie waschen. Die Paprika vom Strunk und von den Kernen befreien. Den Sellerie und die Gurke putzen. Die Melone teilen, entkernen und das Fruchtfleisch aus der Schale lösen (etwa 200 g). Alles grob würfeln und in einem Mixer fein pürieren.

2. Die Masse durch ein grobes Sieb in eine Schüssel passieren, um nicht nur die Flüssigkeit des Gemüses aufzufangen.

3. Den Sherryessig, das Olivenöl, das Salz und den Piment d'Espelette dazugeben und erneut mixen. Abschmecken und nach Belieben nachwürzen.

4. Im Kühlschrank aufbewahren und sehr kalt servieren.

Fantastische Sämänner

FAMILIE MASSÉ
BAUERN MIT MISCHKULTUR
9 côte de Camalès
65700 Soublecause

Auf den Sattel!

Ich verlasse Peyrebrune im Morgengrauen für eine Strecke von 145 Kilometern durch das Gers in Richtung Hautes-Pyrénées. Ich fahre durch Agen, der Stadt der Pflaumen, von der aus die Schiffer früher die Garonne hinauf bis nach Bordeaux gefahren sind. Hinter der Kanalbrücke beginne ich die lange Abfahrt durch die grünen Täler des Gers.

Ich mache eine Pause in Lasserade bei Pierre Matayron, einem Züchter von schwarzen Gascogne-Schweinen erster Qualität. Diese regionale Rasse wurde gerade vor dem Aussterben bewahrt. Pierre gehört zu denen, die für die Schweinezucht von glücklichen Tieren kämpfen. Hier leben zwölf Schweine auf einem Hektar, hier können sie sich austoben!

Ich fahre die letzten 15 Kilometer nach Soublecause, wo die Massés mich auf dem Bauernhof von Soubiren erwarten.

Ich komme am Nachmittag an. Simon hilft mir mit dem Gepäck und bietet mir einen Snack an: ein kleines Lebbé-Bier, gleich nebenan gebraut, ein paar Erdnüsse aus dem Val d'Adour, und unser Snack wird zum Aperitif.

ETAPPE 58

24. BIS 30. JULI

SOUBLECAUSE (DOUBS)

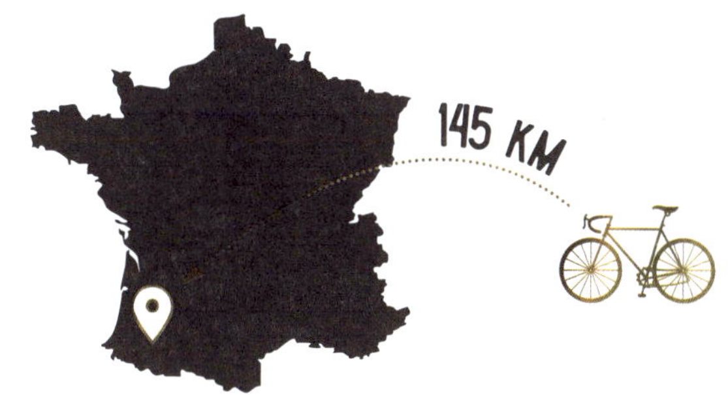

Soubiren, SCHLARAFFENLAND

Isabelle, die hier geboren ist, hat früher mit Patrick in Toulouse gewohnt, bis sie das Leben in vier Wänden nicht mehr ertrugen und nach Soubiren zurückkehrten. Hier haben sie mit Gemüseanbau begonnen, dann alte Getreidesorten angebaut und die Aufzucht von einigen Mirande-Kühen sowie Schweinen der Sorte Gascogne und Duroc betrieben.
Du findest hier Brot, Mehl, Schweine-, Kalb- und Rindfleisch … kurz, für mich ein Traum! Außerdem ist der Ort großartig, ein schöner Platz, sich neu zu ordnen, ich verstehe ihre Wahl.
Bauernbäcker, das sind sie wirklich, und was für Bäcker! Ich habe viel Brot seit meiner Abreise gegessen, aber ich muss gestehen, dieses Brot war den Umweg von 145 Kilometern wert!

BROT WIE FRÜHER

Auf diesem Hof von Bauernbäckern weiß man auswendig, wie man die Arbeitsweisen von früher einhält: säen, ernten, lagern, mahlen und kneten, Handgriffe, die die Vorfahren beherrschten. So wird der frisch geerntete Weizen sofort gemahlen und das Brot vorbereitet. Die Bearbeitung eines superfrischen Mehls erlaubt eine maximale Ausbeute von Geschmack und Nährstoffen.
Der Hefeteig vom Vortag aus Mehl und Wasser dient als Basis für den weiteren Teig. »Dieser saure Geruch und diese Blasen, die nicht an der Oberfläche zerplatzen, sind das Zeichen für ein Brot, das mit viel Zeit und Leidenschaft gearbeitet ist«, sagt man.
Brot ist ein Wunder aus der geheimnisvollen Osmose zwischen Erde, Wasser, Luft und Feuer, von der Hand des Menschen ermöglicht. Diese Alchimie hat etwas Mystisches an sich.

ETAPPE 58

In den Ofen!

Für den nächsten Tag war ich vorgewarnt: Ab Punkt 6 Uhr wird »geknetet«! Ich finde alle an der Knetmaschine, besser gesagt mit den Händen darin. Stück um Stück kneten wir alle die verschiedenen Teigsorten – mit Körnern, Sesam, Natur, mit Nüssen, mit Rosinen und mit Honig und letztendlich, eine schöne Butterbrioche. Jetzt ist Pause, das macht Hunger, so früh am Morgen das Brot zu kneten. In Soubiren wird der Ofen nur zwei Mal pro Woche angemacht. Heute ist Dienstag, und wir toasten uns das Brot von Freitag für unser Frühstück. Es war Zeit, frisches Brot zu backen! Wir machen den Ofen nach vier Tagen Ruhepause wieder an, dann formen wir Brötchen, während der Ofen aufheizt.

Wir arbeiten in einem guten Tempo, im Formen und auch im Portionieren. Auf gut bemehlten Tischen nehmen die Brote Gestalt an und kommen dann in die Brotbackform aus Korb und Tuch, wo sie den Vorschriften entsprechend vor dem Backen gehen sollen.

Jetzt ist es Zeit, die Brote im Ofen zu backen, und das ist ziemlich sportlich! Mit ihrer Schaufel bewaffnet, fängt Isabelle an: Da sind viele Teigstücke, die in den Ofen müssen. Am Ende passen alle hinein.

Am Ende des Backvorgangs klopft Noé, der Sohn der Familie, auf die Brote: Sie müssen hohl klingen, ein Zeichen dafür, dass sie bis innen durchgebacken sind. Aber Achtung, kein Scherz! Der Ofen zeigt 250 Grad an – ohne Handschuhe geht das nicht. Er legt die Brote auf eine »Leiter«, eine Art mobiles Regal, auf dem sie trocknen und ihre Kruste entwickeln können.

Zuchtmethode auf dem Bauernhof von Soubiren: Das Wort an Isabelle Mace

UNSER GETREIDEANBAU

Unsere Philosophie: Mit dem Beruf Landwirt sehen wir uns nirgendwo anders, als in einen Bauernhof mit Mischkultur und einer ökologischen Viehaufzucht, die die Umwelt und die biologische Vielfalt respektiert.

Unsere Methode: Der Anbau von Getreide, Stroh und Futtermitteln erlaubt die Qualitätskontrolle des Tierfutters und damit ein ökonomisches Gleichgewicht. Wir wollen auch eine alte Sorte neu anbauen: Galer, eine alte regionale Weizenart aus Sarragnet (auch »Weizen« der Hautes-Pyrénées genannt).

UNSERE MOTIVATIONEN

- unabhängig von multinationalen Saatgutuntenehmen bleiben
- die biologische Vielfalt erhalten
- Qualitätsprodukte anbieten
- Sorten anbauen, die den Boden- und Klimabedingungen angepasst sind und den Anbauarten ohne Fremdeinflüsse (ohne die vielen Produkte, die nicht natürlich in Erde und Anbau vorkommen wie Düngemittel und Aktivatoren, die dazu dienen, die Erträge zu verbessern)
- beim Saateinkauf sparen
- den Samen wieder in den Mittelpunkt des Bauernhandwerks setzen
- unser persönliches Vergnügen, unser Interesse und unsere Neugier für alles Lebende
- widerstehen!

Wir sind autark und daher erfreuen wir uns eines wertvollen Gutes: der Freiheit!

UNSERE RINDERZUCHT

Unsere Kälber und Kühe gedeihen in ihrem Rhythmus auf unseren Weiden. Die Winter verbringen sie im Stall, wo sie ausschließlich mit Getreide und Futtermitteln von unserem Betrieb gefüttert werden. Ende der 1970er-Jahre war die Mirandaise Rasse – ursprünglich aus dem Gers, dann unserer Gegend angepasst – zum Aussterben in naher Zukunft verurteilt. Es handelt sich um eine robuste, sehr starke, widerstandsfähige Rasse, die auch gut die Hitze verträgt. Dank ihrer Fruchtbarkeit und ihrer hohen Fleischqualität hat sie heute ihren verdienten Platz zurückerhalten.

UNSERE SCHWEINEZÜCHTUNG

Unsere Schweine (weiblich Duroc, männlich Gascon) werden im Freien aufgezogen und ihre Nahrung besteht ausschließlich aus Getreide und Gemüse aus unserem Betrieb. Wegen ihrer Robustheit entwickeln sie sich natürlich, werden mit 18 Monaten geschlachtet und geben dann ihrem Fleisch das ganze Aroma und den köstlichen Geschmack.

UNSERE MOTIVATIONEN FÜR RIND UND SCHWEIN

- Auch hier, die Biodiversität erhalten
- Qualitätsprodukte anbieten
- der Gegend angepasste Rassen züchten
- unsere persönliche Freude, unser Interesse, unsere Neugier
- widerstehen!

DIE FREUNDE MEINER FREUNDE

Im Haus des Käsebauern Laurent Dubois habe ich Simon Massé getroffen. Er erzählte mir mit einer solchen Leidenschaft von Soublecause, seinem Heimatort, dem Hof seiner Eltern, dass ich ihn unbedingt aufsuchen musste.

KONFIERTES SCHWEIN, MARINIERTE ZUCCHINI & VOLLKORN-BROT

FÜR 4 PERSONEN

ZUBEREITUNG: 1 STD + 1 STD 15 ZIEHEN LASSEN + 12 STDN MARINIEREN – GARZEIT: 7 STDN 30

FÜR DEN KETCHUP: 1 KG REIFE TOMATEN + 3 KNOBLAUCHZEHEN + 2 ZWIEBELN + 2 EL OLIVENÖL + SALZ + 1 ZWEIG THYMIAN + 1 BUND ROSMARIN + 1 LORBEERBLATT + 100 G HONIG + 3 STÄNGEL MAJORAN + 50 ML WEINESSIG + ½ EL PIMENT D'ESPELETTE + 1 EL GERÄUCHERTES PAPRIKAPULVER. FÜR DAS SCHWEIN: 1 ½ KG SCHWEINESCHULTER MIT KNOCHEN + 4 HANDVOLL GROBES SALZ + 50 G BUTTER + 1 ZWIEBEL + 3 KNOBLAUCHZEHEN + 2 EL ZUCKER + 250 ML SELBST GEMACHTER KETCHUP + 150 ML APFELESSIG + 1 TL SENF + ½ TL PIMENT D'ESPELETTE + 1 ZWEIG THYMIAN. FÜR DIE MARINIERTEN ZUCCHINI: 2 ZUCCHINI + 1 TL ZITRONENSAFT + 2 TL OLIVENÖL + 2 STÄNGEL MINZE (DIE BLÄTTER FEIN GESCHNITTEN) + FEINES SALZ. | 8 SCHEIBEN VOLLKORNBROT

1. Den Ofen auf 180 °C (Ober-/Unterhitze) vorheizen. Für den Ketchup die Tomaten waschen, vierteln, und in eine feuerfeste Form legen. Knoblauch und Zwiebeln abziehen, fein hacken, und zu den Tomaten geben. Mit Olivenöl beträufeln, salzen und Thymian, Rosmarin, Lorbeer und Honig beifügen. Im Ofen 1 Stunde einkochen lassen, dabei alle 10 Minuten umrühren. Die Form aus dem Ofen nehmen. Majoran, Weinessig, Piment d'Espelette und Paprikapulver einrühren. Fein mixen, abkühlen und im Kühlschrank komplett erkalten lassen.

2. Für die Schweineschulter den Ofen auf 120 °C (Umluft) vorheizen. Das Fleisch unter kaltem Wasser abbrausen und mit Küchenpapier trockentupfen. Fett entfernen und das Fleisch auf ein Bett von grobem Salz legen und mit etwas grobem Salz bestreuen. 15 Minuten bei Zimmertemperatur ruhen lassen.

3. Das Salz grob vom Fleisch entfernen, ohne es hinein zu reiben. Das Fleisch in einem Bräter bei mittlerer Temperatur 5 Minuten pro Seite Farbe annehmen lassen. Die Butter beigeben und das Fleisch kurz darin schwenken. Das Fleisch aus dem Bräter nehmen und beiseitestellen.

4. Zwiebel und Knoblauch abziehen, fein hacken und 5 Minuten in dem Bräter anschwitzen. Den Zucker dazugeben und bei mittlerer Temperatur in 5 Minuten karamellisieren lassen. Dann 100 ml Wasser angießen und den selbst gemachten Ketchup, Apfelessig, Senf, Piment d'Espelette, Thymian und das Fleisch hinzugeben. Bei geschlossenem Deckel für 6 Stunden im Ofen schmoren lassen, dabei jede Stunde das Fleisch mit dem eigenen Saft begießen. Aus dem Bräter nehmen und 1 Stunde abkühlen lassen. Mit einer Gabel zerfasern, zurück in den Bräter geben und 1 Tag im Kühlschrank ruhen lassen.

5. Für die marinierten Zucchini das Fruchtgemüse waschen, putzen und in sehr feine Streifen schneiden. Mit Zitronensaft, Olivenöl, der Minze und Salz würzen.

6. Für das Sandwich das Fleisch in einem Topf 30 Minuten langsam erwärmen. Die Brotscheiben toasten. Das nicht zu heiße Schweinefleisch auf einer Brotscheibe verteilen, die marinierten Zucchini darüberlegen und mit einer zweiten Brotscheibe bedecken. Sofort servieren.

WARUM DIESES GERICHT?

Die Schweine laufen in der Nähe des Gemüsegartens herum – eine Oase der Frische –, ganz in der Nähe einer Bäckerei, von wo es nach heißem Brot duftet … Deshalb habe ich diese hübschen Begleiter in einem Sandwich voller Köstlichkeiten und Texturen untergebracht, zwischen knusprig und schmelzend, für eine süß-saure Osmose.

Würziges Loblied

RAMUNTXO POCHELU
CHILIVERARBEITUNG
Elizaldeko bidea – Chemin de l'Église
64250 Espelette

Auf den Sattel!

Es ist kaum hell, als ich Soublecause verlasse. Isabelle und Patrick kamen zu einem letzten Frühstück mit mir und machten ein Erinnerungsfoto. Ich fahre um 6:30 Uhr ab und mache mich an den steilen Hang von Soublecause heran, was mich gleich umhaut. Das fängt hart an …

Heute ist die längste Etappe meiner Reise: Ich durchquere zwei Departements, den südlichen Teil von *Gers* und die *Pyrénées-Atlantiques*, um Espelette im Baskenland zu erreichen.

Ungefähr 164 Kilometer abwärts zwischen Ebenen und Tälern, unter großer Hitze. Ich nähere mich dem Baskenland: weiße Häuser mit roten Dächern, grüne Berge, Gesprächsfetzen auf Baskisch.

ETAPPE 59

31. JULI BIS 13. AUGUST

ESPELETTE
(PYRÉNÉES-ATLANTIQUES)

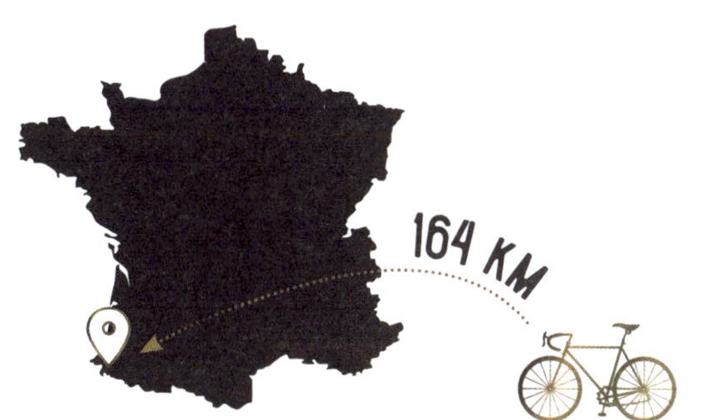

ANKUNFT im Baskenland

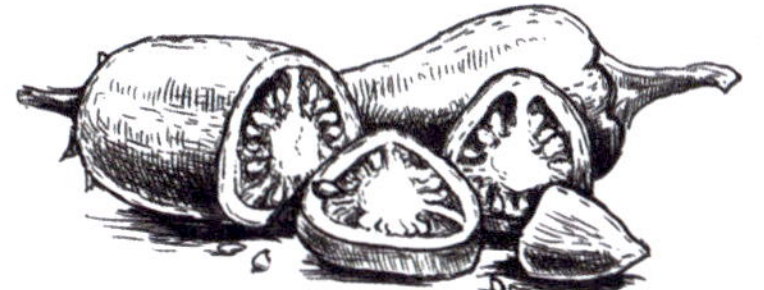

Ich komme in Espelette an. Ramuntxo erwartet mich oben, um mich nach der langen Fahrt zu empfangen. Ich trinke ganz viel Wasser, probiere eine kleine baskische Wurst und dehne mich, um meinen erschöpften Körper zu entspannen. Ich lerne Ramuntxos ganze Familie kennen: seine Frau Cathy, seine Kinder, seine Mutter Gaxux. Auf dem Menü heute Abend: Pfannkuchen – endlich, hier heißen sie *Taloa*. Vielleicht ein Augenzwinkern zu meiner bretonischen Herkunft? Bestimmt vergleicht man oft das baskische mit dem bretonischen Volk, die so viele Gemeinsamkeiten haben: Traditionen, eine eigene Sprache, eine Verbundenheit mit der Umwelt und – und das wird betont – einen starken Charakter! *Taloa* unterscheidet sich doch sehr von meinen bretonischen Pfannkuchen. Früher zogen die Schäfer in die Berge mit ihrem Mehl aus Mais und Weizen, dem sie Quellwasser hinzufügten, um einen Teig zum Backen herzustellen, der mit Käse der Almweidezeit und feinem rohem Schinken garniert wurde. Das ist so geblieben mit dem Unterschied, dass Ramuntxo einen Hauch Chili hinzufügt.

Anfang August sind die meisten Schoten noch grün, doch einige werden bereits rot unter der Sonne …

WOHER KOMMT DIESER CHILI?

Er sei mexikanisch, berichtete ein Abenteurer, der Christoph Kolumbus während seiner Eroberung Amerikas begleitete – Chili ist in Mexiko sehr verbreitet, und die Azteken fanden ihn so bedeutend, dass sie ihn als Tauschwährung anboten. Diese Schoten würden sich dem baskischen Klima gut anpassen, warm und feucht zugleich …

Als er in Frankreich ankam, fand er nur mäßigen Anklang, mit Ausnahme bei einigen Familien, die ihn zum Hausgebrauch nutzten. Dann während einer Pfefferknappheit erkannten die Basken wirklich ihren Chili und machten daraus den Star, der er heute ist.

Im Jahr 2002 erhielt der Piment d'Espelette sein AOC, das seinen Anbau und seine Verankerung mit der Region garantiert. Heute teilen sich zehn Gemeinden mit ungefähr 100 Produzenten diese Bezeichnung, aber das kleine Dorf Espelette zieht alle Blicke auf sich. Auch wenn es nur etwa 2000 Einwohner hat, so ist es Gegenstand einer echten touristischen Attraktion, die besonders in der Sommersaison wächst.

HOCHSAISON

Es brodelt in Espelette. Es ist der 31. Juli, Hochsaison. Die gesamte Mannschaft empfängt den Strom der Touristen, die das schöne Dorf besichtigen und den berühmten Chili kaufen wollen. Ich helfe mit aus, ein bisschen Verkäufer, ein bisschen Laufbursche. Es füllt nicht den Tag, aber ich sehe, dass viele Besucher skeptisch sind. Die Leute haben Angst vor dem Wort »piment« und fürchten, ihn falsch zu benutzen, zu viel davon ins Essen zu geben und es damit ungenießbar zu machen. Dabei ist das Gewürz ähnlich wie Pfeffer, keiner käme auf die Idee, drei Löffel Pfeffer in ein Püree zu streuen – der *Piment d'Espelette* ist nicht komplizierter zu dosieren.
Also legen Sie los, entdecken Sie die Welt des baskischen Chilis, es ist eine Köstlichkeit ohne Ende. Es gibt ihn in allen Farben und Geschmacksrichtungen: Paprika, Tomate, Zitrusfrüchte, Raucharoma, nicht zu vergessen die Schärfe, die Hitze – ein ganz eigener Geschmack.

Eine blühende LOKALINITIATIVE

Freitagabend. In Weiß und Rot gekleidet – das Fest in Bayonne ist gerade vorbei – gehen Ramuntxo und ich in das Hotel »La Réserve« in Saint-Jean-de-Luz. Dort findet ein kleiner Nachtmarkt statt mit Winzern, Kunsthandwerkern und Herstellern von baskischen Kuchen. Eine Initiative des Hoteldirektors, einem Freund von Ramuntxo, der seinen Hotelgästen die guten Produkte des Landes nahebringen will. Eine schöne Gelegenheit für den Austausch und der Verkostung der Produkte aus dem reichen Land der *Pyrénées-Atlantiques*, in einem herrlichen Rahmen.

JETZT peppe ich auf

Ich gehe in die Küche. Ramuntxo hat heute Abend viele Gäste eingeladen: 15 Personen zu einem Festessen rund um die Produkte des Baskenlandes aus Bayonne, Biarritz und dem eigenen Garten.

AUF DER KARTE

- Seehecht aus Saint-Jean-de-Luz, Butterbohnen, Minze, Salat und grüne Tomaten
- Entbeintes Huhn, mariniert in Piment d'Espelette, Zucchini, Paprika und Kartoffeln
- Frische Wassermelone, Melone, Erdbeere, Sirup von Minze und Basilikum und Zitronensorbet

Eine Freude!

KURS AUF LOURDIOS-ICHÈRE

Der Anbau
VON CHILI

Nach der Auslese ab Oktober werden die Samenkörner der bereits geernteten Chilischoten sortiert und dann ab Anfang Februar in Treibhäusern ausgesät. Im Mai, wenn sie kräftig sind, wird der Boden für die jungen Sprossen aufbereitet. Im Juni, während der Blütezeit, stecken die Schoten ihre grünen Näschen heraus. Im August sind sie reif.

Die Ernte beginnt am 15. August. Es wird ausschließlich von Hand gepflückt und nur die roten Schoten. Sie werden danach auf Gittern ausgebreitet, damit sie in Ruhe ihre schönen, intensiven Aromen entwickeln können.

Danach kommt die Trockenphase: Aussortiert und entstielt kommen die Schoten für 48 Stunden bei 60 Grad in den Ofen. Danach werden Sie mit Haut und Kernen gemixt, um die Form des uns bekannten Piment d'Espelette anzunehmen.

DIE FREUNDE MEINER FREUNDE

Ich traf Ramuntxo im November in Rambouillet. Mit Begeisterung und Großzügigkeit hat er sich bereit erklärt, die Türen zu seinem würzigen Universum zu öffnen.

WARUM DIESES GERICHT? Die Aaxoa vom Kalb, eine für das Baskenland typische Mischung aus Kalbfleisch, Paprika und Zwiebeln, wird hier neu interpretiert. Diese Art von »Maisgalette«, dessen Beilage baskisch-französische und spanische Einflüsse vermischt, wurde mir am ersten Abend bei Cathy und Ramuntxo serviert, unter anderem mit Bayonne-Schinken und Ossau-Iraty.

KALBSROULADE, PAPRIKA, Piment d'Espelette & TOMATENSAUCE MIT MAIS

FÜR 4 PERSONEN

ZUBEREITUNG: 30 MIN + 20 MIN KÜHLEN – GARZEIT: 1 STD 50

1 KG TOMATEN + 6 EL OLIVENÖL + 2 ZWIEBELN (FEIN GEWÜRFELT) + 1 KNOBLAUCHZEHE (FEIN GEHACKT) + PIMENT D'ESPELETTE + SALZ + 100 G MAISKÖRNER + 2 ROTE PAPRIKA + 2 GRÜNE PAPRIKA + 4 KALBSSCHNITZEL À 150 G + 1 GRÜNE CHILI (FEINE RINGE)

1. Die Tomaten waschen und die Schale kreuzweise leicht einritzen. Kurz in kochendes Wasser tauchen und anschließend 30 Sekunden in eine Schüssel mit Eiswasser geben. Herausnehmen, abtropfen lassen und häuten. Dann die Tomaten vierteln.

2. 2 EL Olivenöl in einem Topf erhitzen, die Hälfte der Zwiebeln und die Tomatenstücke dazugeben. 1 ½ Stunden bei niedriger Temperatur köcheln lassen, ab und zu umrühren. Dann den Knoblauch und den Piment d'Espelette in die Tomatensauce geben. Salzen, mixen und dann den Mais unterrühren.

3. Die Paprika waschen, den Strunk und die Kerne entfernen. In Streifen schneiden und in 2 EL Olivenöl etwa 5 Minuten anbraten, sie sollen noch Biss haben. Die restlichen Zwiebeln dazugeben. Mit Salz und Piment d'Espelette würzen. Abkühlen lassen.

4. Die Kalbsschnitzel unter kaltem Wasser abbrausen und mit Küchenpapier trockentupfen. Jeweils zwischen zwei Blättern Backpapier mit einer Pfanne dünn plattieren.

5. Die Paprika-Zwiebel-Mischung auf die Schnitzel verteilen, dabei etwas herausstehen lassen. Fest einrollen und mit Holzspießchen fixieren. 20 Minuten im Kühlschrank ruhen lassen.

6. Die restlichen 2 EL Olivenöl in einer Pfanne erhitzen. Die Kalbsrouladen mit der Nahtstelle nach unten hineinlegen und 4 Minuten anbräunen. Die Spießchen entfernen und das Fleisch auf allen Seiten insgesamt 8 Minuten rundherum goldbraun braten. Die Rouladen mit der heißen Tomatensauce auf vier Tellern anrichten. Mit Piment d'Espelette bestaubt und den Chiliringen garniert servieren.

Nachwort des Käseherstellers

JULIEN UND MARIE-ÈVE LASSALLE
KÄSEHERSTELLER
Col de Saudarie
64570 Lourdios-Ichère

Auf den Sattel!

Es ist an der Zeit, mit dem Piment d'Espelette Richtung »Valée d'Aspe« und seinem berühmten Käse zu fahren: dem Ossau-Iraty, dem König der Schafskäse! Um 6:30 Uhr ist die Sonne aufgegangen, Zeit aufs Rad zu steigen, denn ich muss ein gutes Stück vom Baskenland durchqueren, um in das Gebiet von Béarn zu kommen. Richtung Lourdes-Ichère, dort wartet Julien Lassalle auf mich. Eine heiße und lange Strecke, mit einigen sportlichen Anstiegen und Abfahrten! Ich überquere schließlich den Lié-Pass und finde mich unterhalb des kleinen Dorfs Lourdios-Ichère wieder, das Tor zum Vallée d'Aspe.

ETAPPE 60

LOURDIOS-ICHÈRE (PYRÉNÉES-ATLANTIQUES)

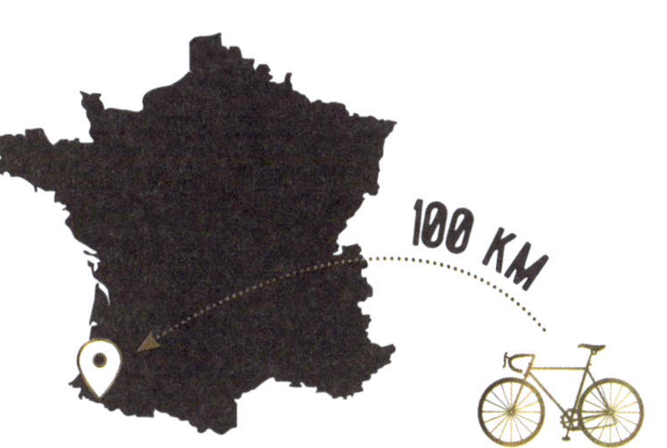

EINE REISE IN DIE Wildnis

Nach der Talfahrt ruft der Fluss zu einem Bad. Ich verzichte darauf: Ich werde erwartet und kündige Julien meine Ankunft an. »Sehr gut. Fahr vorbei am Ökomuseum, fahr den Pass von Ichère hinauf und nimm den *Sentier d'Emilie*. Stell dein Rad ab und komm zu Fuß.«

Ich habe mein Rad bei reizenden Leuten stehen gelassen und bin jetzt auf einer kleinen einstündigen Wanderung zu Juliens Almhütte.

Nachdem ich auf einem schmalen Weg durch den Wald gekraxelt bin, sehe ich einen Wiesenhang, dann einen Weg, der mich zur Hütte führt. Ich steige in Ruhe den Berg hinauf. In der Ferne höre ich die Glocken der Herde, die mir sagen, dass ich bald da bin. Ich sehe sogar schon die Schafe, die am Ende des Tages auf der Suche nach frischem Gras sind.

Auf zum Melken!

Früh am Morgen. Die Herde muss zusammengetrieben werden. Die Hündinnen leiten die Tiere in Richtung Melkstand.
Marie-Eve flüstert mir ins Ohr, dass ihr Vater die Vornamen aller 420 Schafe kennt – die er ihnen selbst verpasst hat. Die Herde bestcht aus drei Rassen: Baskisch-Béarn, Rotkopfmanech und Schwarzkopfmanech.
Marie-Eve bereitet den Melkstand vor, startet den launischen Generator und lässt die wilden Tiere los! Was für einen Hunger sie haben – jeder Trog enthält eine Leckerei für sie.
Anfangs läuft alles gut, 330 Schafe werden gemolken. Wir sammeln die Milch in Ruhe ein. Aber plötzlich fällt die Maschine aus. Wir machen also auf die alte Art weiter: Wir melken von Hand (und ich gestehe, in der Zeit, wo Marie-Eve zehn Schafe geschafft hat, habe ich mit Mühe ein einziges gemolken)!

SCHÄFER
von Vater zu Sohn

Julien wurde in eine Familie geboren, die seit 1660 aus Schäfern bestand, hier, in Lourdios-Ichère im Vallée d'Aspe. Er führt so ein Familienwissen fort, das ihm in der Wiege übertragen wurde. Im Jahr 1979 übernimmt er den Familienhof, unterstützt von seiner Frau, die aus der *Vendée* stammt. Anfang der 1990er-Jahre beginnt er mit der Neufassung der Spezifikationen für den Ossau-Iraty, was ihn zu einem der führenden Namen in der AOC macht. Dieser Beitrag umfasst:

- die Schafrassen
- Fleisch, Milch, Weide
- das geografische Gebiet
- Herstellungsprozess
- Reifung
- Verbindung zur Landschaft
- Ernährung
- Schluss mit der Genmanipulation
- Dauer der Weidezeit (240 Tage)
- Jahreszeiten

Heute umfasst das AOC Ossau-Iraty 1300 Milchproduzenten und 150 Hersteller von Milchprodukten.

AlmWeidezeit

Nach dem Melken geht es gleich an die Käseherstellung. Marie-Eve startet die Gerinnung der Rohmilch durch Erhitzen auf 30 Grad. Wenn die Temperatur erreicht ist, gibt sie Milchsäure und Lab hinzu. Das ist der perfekte Augenblick zum Essen zu gehen, denn jetzt müssen wir eineinhalb Stunden warten. Dann schneiden wir den Bruch, rühren ihn von Hand, bis er 40 Grad erreicht hat und die Molke sich von den kleinen Labteilchen trennt. Dann kommt das Formen und Pressen. Wir werden heute nur zwei Formen füllen – es ist das Ende der Almweidezeit, und die »Mädels« haben schon gut gearbeitet.

Wir legen unsere gerade fertiggestellten Käselaibe in den Reifekeller, wo die Produktion seit Beginn der Almweidezeit zwischengelagert ist. Wir beladen die Wagen mit dem bereits gereiften Käse, der jetzt im Tal von Lourdios-Ichère, im »richtigen« Keller, weiterreifen wird.

Mir fallen zwei Stempel auf dem Käse auf. Diese zwei spezifischen Markierungen informieren über die Herstellung:

- das »F« oben auf dem Käse besagt, dass er auf dem Bauernhof (FERME) hergestellt und verarbeitet wurde;
- der zweite Stempel stellt ein Edelweiß auf einem Berg dar und bedeutet, dass der Käse in der Almweidezeit hergestellt wurde.

Ein Moment DER NOSTALGIE

Am Abend vorher sagte Julien: »Saudarie ist ein kleiner Hügel! Damals, mit meinem Vater, waren wir auf einer richtigen Alm in Spanien, 40 Kilometer von Lourdios entfernt, auf 2000 Meter Höhe. Eines Tages würde ich gerne noch einmal dahin zurückgehen.«

Währenddessen geht Marie-Eve in den Hauptkeller in Lourdios und lässt mich mit Schafen und Nebel zurück.

Ich begebe mich in die Küche. Wir hatten bei der Herstellung etwas Molke übrig gelassen. Ich erhitze sie, ohne zu rühren. Kurz vor dem Aufkochen bildet sich ein Schaum. Ich schöpfe ihn ab in ein anderes Gefäß, damit er sich absetzt und sich so zum sogenannten »Greuilh« bildet, die Spezialität der Schäfer.

»Hier isst man den Greuilh mit Zucker und Armagnac«, sagt mir Julien. Man soll sich Traditionen opfern, wenn sie so gut sind!

DIE FREUNDE MEINER FREUNDE

Ich habe Julien mit seinem Sohn Mickaël auf dem Blumenmarkt von Vincennes getroffen. Als ich mein Reiseprojekt erwähnt hatte, schlug er mir vor, ihn in Lourdios zu besuchen, sobald es meine Route zuließ.

WARUM DIESES GERICHT?

Während die Geier über unseren Köpfen schwebten, um nach einem möglichen Kadaver Ausschau zu halten, den sie in ihre Schnäbel bekommen könnten, genossen wir Lammkoteletts, die einfach vom Grill genascht wurden. Der Ossau-Iraty, König des Tals von Aspe, wird saisonal nur mit dem Piment d'Espelette aus der Nachbarschaft gewürzt.

LAMMKOTELETTS, OSSAU-IRATY & Auberginen-KAVIAR

FÜR 4 PERSONEN

ZUBEREITUNG: 20 MIN + 10 MIN ABTROPFEN – GARZEIT: 40 MIN

4 AUBERGINEN + 5 EL OLIVENÖL (+ ETWAS ZUM BETRÄUFELN) + FEINES SALZ + 1 ZWEIG GETROCKNETER ROSMARIN + 1 ZWEIG GETROCKNETER THYMIAN + 5 LORBEERBLÄTTER + 2 KNOBLAUCHZEHEN (FEIN GEHACKT) + SAFT VON 2 ZITRONEN + PIMENT D'ESPELETTE + 4 LAMMKOTELETTS + FLEUR DE SEL + 100 G GUT GEREIFTER OSSAU-IRATY (SCHAFSKÄSE)

1. Den Ofen auf 200 °C (Umluft) vorheizen.

2. Die Auberginen waschen, drei halbieren und ihr Fleisch längs einschneiden und in eine feuerfeste Form legen. Mit 2 EL Olivenöl beträufeln und salzen.

3. Die restliche Aubergine über einer Gasflamme oder mit einem Flambierbrenner etwa 10 Minuten rundherum flambieren, die Schale soll schwarz sein. Zu den anderen Auberginen legen. Den Rosmarin, den Thymian und ein Lorbeerblatt hinzugeben und 25 Minuten im Ofen backen.

4. Aus dem Ofen nehmen. Das Fleisch der drei halbierten Auberginen auslösen und 10 Minuten in einem Sieb abtropfen lassen. Leicht ausdrücken. Die Lammkoteletts aus dem Kühlschrank nehmen.

5. Die flambierte Aubergine klein schneiden und mit dem ausgelösten Fruchtfleisch, dem Knoblauch, dem Zitronensaft, 2 EL Olivenöl und etwas Salz und Piment d'Espelette mixen. Bei Zimmertemperatur beiseitestellen.

6. Das restliche Olivenöl in einer Pfanne erhitzen. Die Lammkoteletts gut salzen und von jeder Seite etwa 2 Minuten scharf anbraten, bis sie goldbraun sind. Auf einer Platte anrichten, die restlichen Lorbeerblätter darüber verteilen und mit einem Flambierbrenner flambieren – die Blätter verbrennen dabei. Mit Fleur de sel würzen.

7. Den Ossau-Iraty mit einer Mandoline oder einem Sparschäler in hauchdünne Scheiben hobeln und über die Koteletts verteilen. Mit Olivenöl beträufeln, mit Piment d'Espelette bestauben und mit dem Auberginenkaviar servieren.

17. AUGUST BIS 1. SEPTEMBER

ETAPPE 61

LABASTIDE (DOUBS)

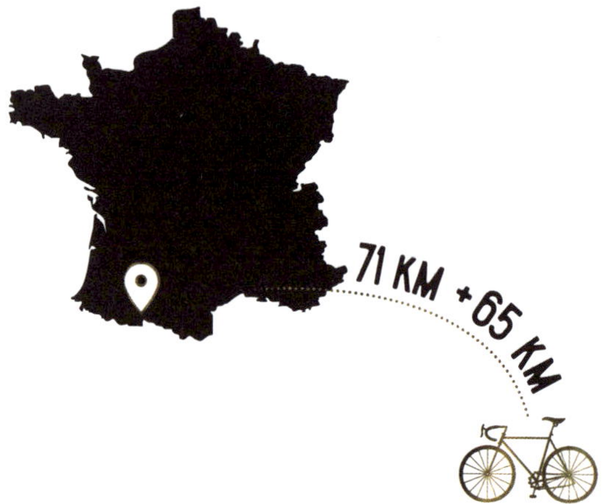

Süße Pyrenäen

JULIE UND FABRICE CROUAU
GASTWIRTE DER »TEMPS MODERNES«
65130 Labastide

Auf den Sattel!

Ich verlasse Lourdios-Ichère, wo ich Julien und seinen Käse zurücklasse. Ich muss 71 Kilometer bis zu meiner Freundin Marie in Bénéjacq zurücklegen. Mit ihr habe ich meinen Abschluss in Saint-Nazaire gemacht. Meine Fahrt durch die Pyrénéees Atlantiques bietet die Gelegenheit, sie zu besuchen und ein paar schöne Stunden bei Tisch zu verbringen und unsere Erinnerungen und unsere alte Leidenschaft für das Kochen aufzufrischen.

DER ERSTAUNLICHE KUCHEN AM SPIESS

Ich fahre los in Richtung Labastide zu Julie. Die Strecke ist 65 Kilometer lang. Vom grauen Himmel fällt ein feiner, kalter Regen, der sich schließlich kurz vor meinem Ziel in Eisnebel verwandelt. Ich treffe auf Jean-Pierre und Annie, Julies Schwiegereltern, große Feinschmecker vor dem Herrn! Jean-Pierre backt einen einfach sensationellen Blaubeerkuchen. Am nächsten Tag geht es Richtung Ancizan zu »Histoire de Gâteaux«, wo der berühmte Kuchen am Spieß gebacken wird, der Spezialität des Lourontals. Diese Gebäckspezialität, auf Holzkohle gebacken, soll von Napoleons Soldaten vom Balkan mitgebracht worden sein. Heute dreht sich der Spieß mit Motor, jedoch wurde er über Generationen von Hand gedreht, mit einer Bewegung, die gleichmäßiges Backen ermöglichte. Auf Fehler achten: Ist das Feuer zu heiß, kann der Kuchen schnell verbrennen, wenn man nicht aufpasst. Früher war das Angelegenheit der ganzen Familie.

Auch heute ist es noch eine verdammt schwere Arbeit: Zuerst muss man ein Blatt Pergamentpapier um einen großen Edelstahlkegel legen – das gibt diesem Kuchen diese so schöne, charakteristische Form eines Tannenbaums. Damit sich die schönen und für den Kuchen typischen Stacheln bilden, muss sich der Spieß gleichmäßig drehen und regelmäßig mit dem Teig beschöpft werden. Es ist Hochsaison, und ich kann Ihnen sagen, dass Jean-Noël, der Besitzer der Anlage, nicht dumm rumsteht.

Und ob es lecker ist? Und wie! Der Teig ähnelt dem eines Rührkuchens, mild und süß, er macht süchtig. Aber er hat nicht die Geschmeidigkeit eines Kuchens – in der Gegend sagt man »je trockener der Kuchen, desto besser ist er!«

EIN REKORD, den es zu schlagen gilt

Während ich all diese Arbeiten beobachte, wurde mir plötzlich angekündigt, dass noch am selben Tag in Loudenvielle der größte Kuchen der Welt am Spieß gebacken würde. Unmöglich, das zu verpassen! Ich nehme meinen Rucksack und gehe zu Fuß los, eine Strecke von 20 Minuten. Vor Ort sehe ich, es war nicht gelogen! Der größte Kuchen der Welt am Spieß dreht sich gerade und er hat tolle Maße: 1,80 Meter bei 40 Kilo – am Anfang, das Endgewicht muss durch zwei geteilt werden, da er durch Verdunstung beim Backen Wasser verliert.

Ich bin wieder zurück bei den Baronnies, wieder sind Jean-Pierre und Annie dabei. Ich bleibe gut zehn Tage bei ihnen zwischen Herstellung von Blaubeerkuchen und auch hausgemachten Nudeln. Ich nutze die Gelegenheit, Christian von der »Odyssée d'Engrain« zu besuchen: eine lokale Initiative, die die Herstellung von Bionudeln aus den Ernten der Region erlaubt.

WARUM DIESES GERICHT?

Die Garbure steht ganz oben auf der Liste der emblematischen Gerichte der *Hautes-Pyrénées*, dicht gefolgt von Tarbais-Bohnen, hier von einer süßen Note überstürmt … Haselnuss und Vanille bringen die Süße, die für diese köstliche Tradition notwendig ist.

TARBAIS-BOHNEN, Haselnüsse & Ossau-Iraty

FÜR 4 PERSONEN

ZUBEREITUNG: 20 MIN – EINWEICHEN: 12 STDN – GARZEIT: 2 STDN 35

200 G GETROCKNETE TARBAIS-BOHNEN + 1 VANILLESCHOTE + 80 G HASELNUSSKERNE + 100 ML MILCH + 50 G ZUCKER + 1 ½ EL BRAUNER ZUCKER + 100 G OSSAU-IRATY (SCHAFSKÄSE) + ½ TL MUSCOVADO-ZUCKER + ½ EL ZITRONENSAFT + 1 EL OLIVENÖL

1. Die Tarbais-Bohnen mindestens 12 Stunden einweichen.

2. Den Ofen auf 170 °C (Ober-/Unterhitze) vorheizen. Das Mark einer Vanilleschote herauskratzen und mit den Bohnen in 1 ½ l Wasser bei mittlerer Temperatur 2 Stunden kochen.

3. Die Haselnüsse auf ein Backblech geben und 10 Minuten im Ofen rösten. Herausnehmen und abkühlen lassen.

4. 200 g der gekochten Bohnen mit der Milch, 30 g Zucker und 10 g der gerösteten Haselnüsse mixen. Die Bohnencreme beiseitestellen.

5. 1 ½ EL Wasser mit 20 g Zucker aufkochen. Die restlichen Haselnüsse und den braunen Zucker dazugeben. Alles in eine feuerfeste Form geben und für 10 Minuten im Ofen karamellisieren lassen.

6. Den Ossau-Iraty in eine weitere feuerfeste Form reiben und 15 Minuten im Ofen backen, bis der Käse eine schöne Farbe angenommen hat. Abkühlen lassen und in Stücke brechen.

7. Den Muscovado-Zucker, den Zitronensaft und das Olivenöl verrühren und mit den restlichen Bohnen vermengen.

8. Etwas Bohnencreme in eine kleine Schale geben und den Bohnensalat, die Haselnüsse und die Käsechips darauf drapieren. Ein paar Haselnüsse über das Gericht reiben und servieren.

Montagagne, Blütenlese …

BÉATRICE HAMEL UND ALAIN LEVI
HERSTELLER VON KRÄUTERTEE
La Ribe
09240 Montagagne

Auf den Sattel!

Abfahrt von Labastide. Ich verlasse Julie, Fabrice, Jean-Pierre und die ganze Familie und fahre Richtung Haute-Garonne. Die Tour ist angenehm kühl, trotz der schönen Septembersonne. 60 Kilometer beim schönen Licht des Südwestens. Milhas, mein Ziel, erreiche ich am späten Nachmittag. Dort treffe ich Loïc an, den Sohn der beiden Käsehersteller Ginette und Jean-Louis. Er ist Imker in Sainte-Marie, bald **meine 62. Etappe**. Ich schließe mich ihm zur Honiggewinnung an. Auf dem Programm: Buchweizen- und Sonnenblumenhonig. Auf den ersten Blick schätzt Loïc die Zusammensetzung auf 70 Prozent Buchweizen und 30 Prozent Sonnenblumen.

TAGESBILANZ

- 1 Bienenstich am Finger
- 300 Kilo Honig geerntet
- 3 Gläser Honig von Loïc geschenkt, bei Unterzuckerung auf dem Fahrrad

2. BIS 11. SEPTEMBER

ETAPPEN 62 & 63

MONTAGAGNE (ARIÈGE)

Der Weg zur sanften Medizin

Ich nehme die Route Richtung Montagagne im *Ariège* auf, wo mich Béatrice und Alain erwarten. Eine Etappe von 80 Kilometern unter der Wärme des *Indian Summers*, eine doch recht anstrengende Strecke auf einer Höhe von 900 Metern. Bei meiner Ankunft habe ich einen herrlichen Blick auf die Berge der Pyrenäen des *Ariège* …

Béatrice und Alain, die Hersteller von Kräutertee, betrachten ihre »einfachen Kräuter« als Heilpflanzen. Jedes Kraut hat eine wohltuende Eigenschaft, die, in Verbindung mit anderen, die Tür zur sanften Medizin öffnet.

Hier wird die Ethik des Berufs gewissenhaft respektiert.

- Ernte nur in Gegenden, fern von erkennbaren Verschmutzungen und nach Methoden, die die Erneuerung der entfernten Ressourcen garantiert;
- die wilden oder gezüchteten Pflanzen werden botanisch genau bestimmt;
- die landwirtschaftlichen Techniken respektieren die Umwelt.

So profitiert der Verbraucher von einem erstklassigen Produkt, der Frucht einer nachhaltigen und sorgfältigen Landwirtschaft. Béatrice und Alain leben in Einklang mit der Natur des *Ariège*.

ETAPPE 63

Keine Zeit zu verlieren!

Als ich ankam, saß ich mit Alain und Béatrice am Tisch, um die Stiele von dem frisch gepflückten Salbei zu entfernen … und es gibt viel zu tun, zumal wir mehrmals Nachschub sammeln werden. Eine klebrige Aufgabe, denn der Salbei gibt einen leicht zähflüssigen Saft ab.

Am nächsten Morgen, nach einem kurzen Frühstück mit Earl Grey Tee, hausgemachtem Brot, Honig und Sesampaste, traf ich mich mit Alain im Gewächshaus, um die Stecklinge der Zitronenverbene, die er einige Zeit zuvor gepflanzt hatte, neu zu setzen. Auf den Knien, mit einer Gabel, nehmen wir die «Kräuterbabys» und pflanzen sie vorsichtig so um, dass sie es den ganzen Winter über warm haben!

In der Küche
UND IM TROCKENRAUM

Donnerstag. Als Alain und Béatrice auf dem Markt in Foix waren, habe ich mich in der Küche beschäftigt, damit sie bei ihrer Rückkehr nur noch die Füße unter den Tisch stellen mussten. Ich pflücke Tomaten und stelle eine reduzierte, scharfe Sauce her, hinzu kommt fein geschnittenes Basilikum über die Spaghetti *al dente* – meine Gäste werden begeistert sein.

Am Nachmittag pflücken wir wieder das gleiche Basilikum, um daraus einen Sirup zu kochen. Wir ernten es mithilfe einer Astschere, dann sortieren wir die trockenen Blätter aus. Béatrice stellt den Sirup in zwei Schritten her. Als ersten, eine einfache Infusion: Kochendes wird auf das Basilikum gegossen. Am nächsten Tag fügt sie Zucker hinzu, bringt dann den Sirup nur zum Köcheln, damit er sein frisches Aroma nicht verliert.

Der Sirup kommt in Flaschen und wird heiß verschlossen, um eine Oxydation zu verhindern. Er kommt in die bereits bestehende Sammlung: Melisse, Minze, Pfefferminze, Zitronenthymian und Zitronenverbene. Einer köstlicher als der andere!

Pflanzen, die nicht zu Sirup verarbeitet werden, werden getrocknet. Der Trockner läuft gerade auf vollen Touren. Der Vorgang: die Blüten und Blätter so schnell wie möglich zu trocknen, damit sie Nährwert und Geschmack behalten. Küchenzeit, Samstag beginne ich mit der Arbeit für das Sonntagsessen. Ich nehme vier schöne Stücke aus der Lammkeule zum Braten, die Stelze koche ich in einer Brühe. Die übrigen Stücke werden gegrillt und am Abend als Vorspeise serviert. Meine Lammstelze ist gar und wird fein gewürfelt. Zu der gefilterten Brühe gebe ich Rote Bete, Sellerie, Karotten und Kartoffeln. Ich lege das Fleisch zu dem gegarten Gemüse und garniere mit fein geschnittenem Mangold, etwas Dill und Estragon und aromatisiere alles mit Zitronensaft, Piment d'Espelette, Ingwer und einer Messerspitze Salz.

PFLANZEN BEI ALAIN UND BÉATRICE

Zitronenverbene, Basilikum, Brennnessel, Ringelblume, Eibisch, Nanaminze, Pfefferminze, Gletscherminze, Kamille, Dill, Malve, Gänseblümchen, Salbei, Thymian, Zitronenthymian, Melisse, Borretsch, Sauerklee, Kapuzinerkresse

EIN EINFACHES MENÜ, lokal und saisonal, das ist meine Philosophie!

- Tomaten aus dem Garten, Kräuter und Blüten, rote Zwiebel
- Pfifferlinge als Salat, Honig, Mandeln und Zitrone
- Lamm im eigenen Saft, Tomatenmark, Hirsechips, Schafsjoghurt, Gemüse der Saison
- Creme aus Kokos, Zitrone und Basilikum

Béatrice und Alain sind große Pflanzenliebhaber.
In dieser Brühe werden ihre Kräuter mit Gemüse, dem königlichsten des Gartens und des Tellers, kombiniert für eine Bouillon, die ebenso gut wie gesund ist.

REINIGENDE BOUILLON

FÜR 4 PERSONEN

ZUBEREITUNG: 10 MIN + 15 MIN ZIEHEN LASSEN – GARZEIT: 50 MIN

2 Rote Beten + 1 kleine Knolle Sellerie + 2 Mairübchen (Navetten) + 1 kleine Stange Sellerie + 1 kleine Stange Lauch + 4 EL Teekräuter (Sorte nach Belieben) + feines Salz + 1 EL Olivenöl

1. Alle Gemüse waschen und putzen.
2. 1 ½ l Wasser in einem Topf aufkochen, 4 EL Teekräuter hinzugeben und 15 Minuten ziehen lassen. Dann durch ein feines Sieb abseihen.
3. Die Roten Beten, die Knolle Sellerie und die Mairübchen grob würfeln, die Stange Sellerie und das Lauchgrün in feine Ringe schneiden. Die Sellerieblätter beiseitelegen.
4. Die Roten Beten in den Kräutersud geben, aufkochen und 25 Minuten kochen lassen.
5. Die Sellerie- und Mairübchenwürfel dazugeben. Weitere 15 Minuten kochen lassen. Dann die Stange Sellerie hinzugeben und weitere 10 Minuten kochen lassen. Die Brühe nach Geschmack salzen.
6. In einer Suppenterrine mit den Sellerieblättern, dem Lauchgrün und mit Olivenöl beträufelt servieren.

ETAPPE 64

MONTANS (TARN)

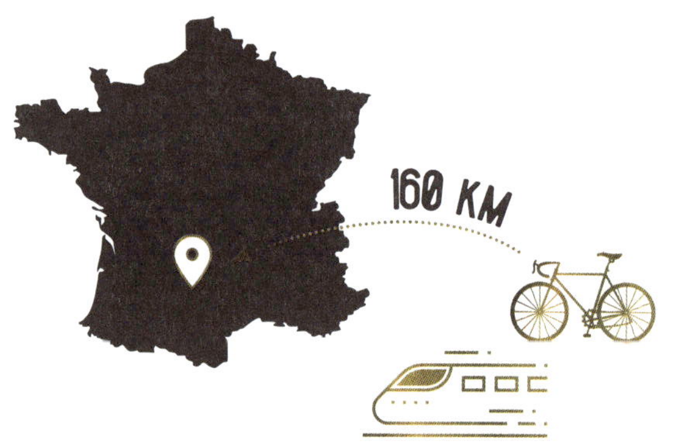

Vorsehung des Weins

SYLVIE LEDRAN UND PHILIPPE MAFFRE
WINZER
Domaine du Bois Moisset
81600 Montans

Auf den Sattel!

Ich hatte einen Wunsch: wenigstens einmal in meinem Leben bei der Weinernte mitzumachen. Kurz hinter den Pyrénées-Orientales und der Aude fange ich an zu telefonieren, um einen Weinberg zum Ernten zu finden. Leider hatten die Winzer schon den Laden zugemacht, Scheren und Eimer weggeräumt – die Trauben waren dieses Jahr vorzeitig reif.

Ich fand schließlich mein Glück im *Tarn*, wo ich Sylvie, Philippes Frau, erreiche, die meine Anfrage mit Begeisterung bestätigt: »Natürlich kannst du kommen, wann du willst! Wir haben die Hälfte der Ernte hinter uns, und Samstag ist der Tag der Weinlese mit Freunden.«

Am nächsten Morgen stehe ich früh auf: Ich habe 160 Kilometer vor mir, was ich teilweise mit dem Zug mache. Bei Wind und Regenflut Richtung Bahnhof von Foix, über den Col de Marrous, steile Auffahrt, schnelle Abfahrt. Während der Talfahrt Richtung Foix muss ich kaum in die Pedale treten, auf immerhin 26 Kilometern.

Ich steige in den Zug, der über Toulouse Richtung Lisle-sur-Tarn fährt. Das erspart mir eine lange Fahrt bei diesem unfreundlichem Wetter.

ENDLICH WEINLESE!

Ankunft in Richtung Montans in Le Bois-Mosset, wo mich Sylvie und Philippe zur Weinlese erwarten (von Hand, natürlich). Philippe ist dabei aufzuräumen, zu putzen, Geräte zu sortieren und vor allem zu verkosten; ein Programm, das auch meins für die ganze Woche sein wird. Denn so ist ein Abend bei der Weinlese. Noch einmal schlafen und meine erste Weinernte mit der Schere kann beginnen! Heute kümmern wir uns um die Rebsorte Syrah.

Jeder hat seine eigene Reihe und geht sie mit seinem Eimer entlang. Philippe bleibt mit seinem Traktor immer in der Nähe. Jeder volle Eimer wird zwischen den Reihen durch in die Kästen von Philippe gebracht. Wie in einem großen Teil Frankreichs hat auch hier der Frost großen Schaden angerichtet und die Pflanzen und die Ernte gefährdet. Keine Traube, kein Wein … Am Nachmittag kommt die Rebsorte Duras dran, etwas gehaltvoller als der Syrah vom Morgen. Diese Parzelle liegt an einem Hang, der dem verheerenden Frost entkommen ist: Die Trauben sind schön fest und prall gefüllt. Am nächsten Morgen geht es an den Pinot Noir. Obwohl auch vom Frost berührt hat es dieser Wein geschafft, sich wieder schön aufzubauen; wir ernten die Trauben, denen es trotzdem gelungen ist zu reifen.

EINE SICHERE UND PRÄZISE GESTE

Beim Beschneiden wird nichts dem Zufall überlassen! Man darf zum Beispiel keine Trauben pflücken, die Essigfäule enthalten – beschädigte Trauben, schimmelige, die allem, mit dem sie in Berührung kommen, einen Essiggeschmack verleihen. Wir sind sehr konzentriert. Alle achten darauf, nur gesunde Reben zu sammeln, um Philippes Weinlese zu erhalten und seinen Wein zu einem der besten zu machen. Ab und zu machen wir eine wohlverdiente Pause rund um den Anhänger voll von Trauben. Abends sind alle Hände rot, eine Ehre, denn das ist ein Zeichen dafür, dass wir gut gearbeitet haben. Morgen, keine Ernte, wir müssen uns um die Tanks kümmern, die bei der Fermentierung überkochen … Wir machen einen Tank vollständig leer, um die schon teilweise fermentierten Trauben in einen anderen umzufüllen. Dieser Anfang der Fermentierung erlaubt es, die aromatische Komplexität des Weins noch zu bereichern, aber es ist riskant: Wenn der Rebstiel nicht reif ist, kann er dem Wein pflanzliche, grasige und adstringierende Aromen verleihen. Am Nachmittag werden die Trauben aus den Tanks in die Presse umgefüllt. Am nächsten Tag ernten wir die anderen zwei Rebsorten: Syrah und Prunelard, Letzterer endemisch in der Region von Gaillac.

Im Restaurant »Pickles« in Nantes, wo ich im Mai einen Tag gekocht habe, traf ich Philippe. Ich habe seine Weine verkostet, von meiner *Tour de France* erzählt, und schon nach wenigen Minuten bekam ich von ihm die Einladung, sie zu besuchen.

WARUM DIESES GERICHT? Eine in Rotwein pochierte Birne, einfach mit einer knackigen Kruste und einer Vanillecreme überzogen, die alles abrundet ... Ein Genuss zur Erntezeit. Ohne Mäßigung zu konsumieren!

BIRNEN in RotWEIN

FÜR 4 PERSONEN

ZUBEREITUNG: 25 MIN – GARZEIT: 2 STDN 42

FÜR DIE POCHIERTEN BIRNEN: **4 BIRNEN + 2 FLASCHEN ROTWEIN + 1 ZIMTSTANGE + 4 GEWÜRZNELKEN + MARK VON 1 VANILLESCHOTE + 1 LORBEERBLATT + 150 G ZUCKER.** FÜR DIE STREUSEL: **50 G GEMAHLENE MANDELKERNE + 50 G WEICHE BUTTER + 50 G ZUCKER + 50 G MEHL (TYPE 405).** FÜR DIE VANILLESCHLAGSAHNE: **200 G SÜSSE SAHNE + MARK VON 1 VANILLESCHOTE**

1. Für die pochierten Birnen die Birnen waschen und schälen, den Stiel dabei dranlassen. Den Wein in einem großen Topf aufkochen. Die Birnen, den Zimt, die Gewürznelken, das Vanillemark, den Lorbeer und den Zucker dazugeben.

2. Mit einem kleinen Teller beschweren, damit die Birnen gut eingetaucht sind. Bei niedriger Temperatur etwa 2 Stunden kochen lassen – gegebenenfalls weniger, wenn die Birnen ziemlich reif sind. Mit einem Messer in die Birnen stechen, um den Garpunkt zu prüfen: Sie sollen weich sein. Auf Zimmertemperatur abkühlen lassen.

3. Den Ofen auf 180 °C (Umluft) vorheizen. Für die Streusel die geriebenen Mandeln in einer feuerfesten Form für 2 Minuten in den Ofen stellen, aufpassen, dass sie nicht anbrennen. Auf Zimmertemperatur abkühlen lassen.

4. Die weiche Butter und den Zucker in einer Schüssel vermengen, dann die Mandeln und das Mehl zugeben und alles verkneten. Den Teig zu Streuseln auf ein mit Backpapier ausgelegtes Blech bröseln. 10 Minuten backen und auf Zimmertemperatur abkühlen lassen.

5. Die Birnen aus dem Sirup nehmen und beiseitestellen. Den Sirup etwa 30 Minuten einkochen, bis er glänzt.

6. Für die Vanilleschlagsahne die Sahne mit dem Vanillemark aufschlagen.

7. Etwas Sirup in einen tiefen Teller geben, eine Birne darauf anrichten und mit etwas Streusel garniert mit der Vanilleschlagsahne servieren.

25. SEPT. BIS 1. OKT.

ETAPPE 65

LA CHEVILLOTTE (DOUBS)

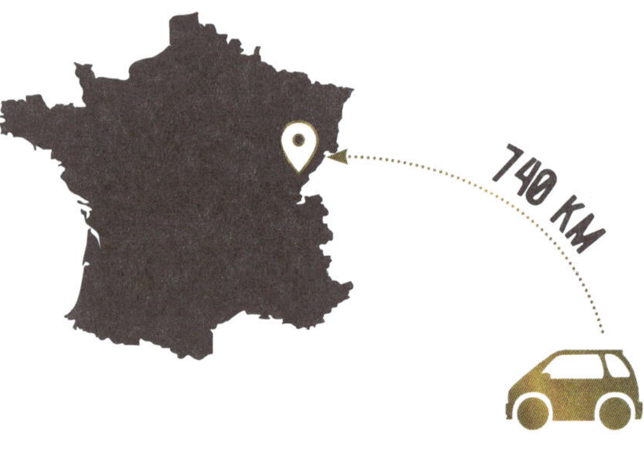

Eine runde Sache

ISABELLE CERISIER UND LAURE SAINT-HILLIER
GEMÜSEBÄUERINNEN
La grange Mélot
25620 La Chevillotte

Auf den Sattel!

Nach einer Woche Ferien bei Gaillac befestige ich mein Fahrrad auf dem Anhänger meines Vaters, die nächste Strecke ist 740 Kilometer lang. Wir fahren an Clermont-Ferrand vorbei, dann durch das Burgund und kommen schließlich in La Chevillotte, bei Besançon, an. Dort erwartet uns eine Gemüsewoche bei Isabelle und Laure.

RUCKSACK UND KÜRBIS

Während dieser Gemüsewoche bin ich der Kumpel von zwei *Wwoofern*, Noah und Fabo, die gerade am Vorabend mit dem Fahrrad aus Deutschland angekommen waren.
Wwoofing – das ist die Abkürzung von *World Wide Opportunities on Organic Farms*, was man mit »Globale Treffen auf Biobauernhöfen« übersetzen kann – ist ein globales Netzwerk von Biobetrieben, die *Wwoofers* beherbergen, die mit ihnen Kenntnisse und Erfahrungen austauschen oder ihnen einfach für Kost und Logis zur Hand gehen.
Isabelle hat hart kämpfen müssen, um den Bauernhof über Wasser zu halten. Am Anfang waren sie zu dritt auf dem Betrieb. Leider hat sie sich aus verschiedenen Gründen plötzlich allein vor dem Ganzen wiedergefunden. Es gibt nicht nur Kürbisse: Bohnen, Linsen, Erdbeeren, Tomaten, Salate, Radieschen, jede Jahreszeit trägt ihren Anteil an den Ernten bei.
Das *Wwoofing* ist mehr als nur ein Austausch von Gefälligkeiten, es ist ein menschlicher Austausch, eine Vereinigung von Menschen mit gleichen Prinzipien, dem gleichen Geist, der gleichen Vision von nachhaltiger, sauberer und gerechter Landwirtschaft.

Die Liebe zum KÜRBIS

Viele Kürbissorten werden hier angebaut, nichts als Kürbisse: der Lange aus Nizza, der Blaue Hubbard, der Blaue aus Ungarn, der Süße aus dem Berry, Butternuss, Potimarron, Lady Godiva, Pomarine, Spaghettikürbis, Muskatkürbis, Jack Be Little, grüner Potimarron, Butterfass … Ich habe bestimmt ein paar vergessen!
Die Pomarinen haben mich besonders neugierig gemacht: Isabelle führt mir diese kleinen Kürbisse, nicht größer als ein Apfel, vor. Sie füllt sie mit Käse und Weißwein, backt sie im Ofen mit einer kleinen Haube aus Schinken.
Beim Mittagessen lerne ich endlich Laure kennen. Mit großem Appetit setzen wir uns an den Tisch. Vor uns steht das von Isabelle zubereitete schöne und leckere Gemüse, nur wenige Schritte von unseren Tellern entfernt gewachsen. Kohlenstoffbilanz: Null!
Wir setzen unsere langsame, anstrengende Arbeit fort. Erst Samstagfrüh kommen wir unten an diesem Kürbishaufen an, unter einem kräftigen Regenschauer, der uns nicht entmutigt hat. Letztendliche Schätzung von Isabelle? Fünfzehn Tonnen. Ich denke, eine Tonne davon habe ich ganz allein gemacht!

DIE FREUNDE MEINER FREUNDE

Wer sich nicht vorbereitet, improvisiert: Das wurde zum Motto auf dieser Reise! In diesem Fall habe ich auf der Suche nach einer neuen Herberge das soziale Netzwerk genutzt – Segen und Fluch zugleich, – an diesem Tag ein Glückstreffer! Laure hatte meine Anfrage entdeckt und hat mich per E-Mail kontaktiert. Zwei Telefongespräche später hatte ich ein Zimmer und eine Schere für La Chevillotte reserviert.

In dieser Woche, tagsüber heiß, nachts aber kalt, wärmen wir uns abends um den Herd herum mit einer Suppe aus lokalen Produkten: Haselnüsse aus dem Garten, Speck (von Schweinen, die mit Gemüse und Obst aus dem Garten gefüttert werden), Comté und natürlich Kürbis von den Feldern, einen Steinwurf vom Haus entfernt …

KÜRBISSUPPE, HASELNÜSSE, Schmalz & COMTÉ

FÜR 4 PERSONEN

ZUBEREITUNG: 20 MIN – GARZEIT: 40 MIN

1 KG BUTTERNUSSKÜRBIS + 130 G MEHLIGKOCHENDE KARTOFFELN + 1 ZWIEBEL + 30 G BUTTER + 55 G HASELNUSSKERNE + 200 G GERÄUCHERTER SPECK + SCHWARZER PFEFFER AUS DER MÜHLE + 100 G COMTÉ (KÄSE) + 20 G GROBES SALZ + 2 EL CRÈME FRAÎCHE + 1 EL HASELNUSSÖL

1. Den Butternusskürbis waschen, putzen, schälen, halbieren und entkernen und grob würfeln. Die Kartoffeln schälen und vierteln, die Zwiebel abziehen und fein würfeln.

2. Die Zwiebel in der Butter glasig anschwitzen, den Kürbis und die Kartoffeln zugeben, 1,2 l Wasser angießen und bei geschlossenem Deckel 20 Minuten köcheln lassen.

3. Den Ofen auf 180 °C (Ober-/Unterhitze) vorheizen.

4. 25 g Haselnüsse in einer Pfanne 20–25 Minuten rösten. Den Speck in einer weiteren Pfanne 5 Minuten anbraten. Auf Küchenpapier abtropfen lassen und pfeffern.

5. Den Comté fein würfeln, die übrigen 30 g Haselnüsse grob hacken.

6. Nach der Garzeit die Suppe vom Herd nehmen und mit den gerösteten Haselnüssen und dem Salz fein pürieren. Abschmecken und in eine Suppenterrine geben.

7. Die gehackten Nüsse, den Comté und den Speck auf vier Suppenschälchen verteilen und mit Suppe auffüllen. Mit einem Klecks Crème fraîche und mit Haselnussöl beträufelt servieren.

Ora & Labora

ABTEI NOTRE-DAME-DE-CÎTEAUX
ZISTERZIENSER MÖNCHE
21700 Saint-Nicolas-lès-Cîteaux

Auf den Sattel!

Ich verlasse den Hof von Laure und Isabelle in Mélot, die mir trotz des regnerischen Wetters versuchen, Mut zu machen. Ich lade meine Ausrüstung aufs Fahrrad, ziehe meinen Poncho über und los geht es zur Abtei von Citeaux, zu einer neuen Käseetappe. Ich verlasse den Doubs, seine Täler und seine schönen Gemüsegärten, ich nähere mich den Höhen der *Côte-d'Or*. Eine Fahrt von gut 100 Kilometern, nach dieser anstrengenden Woche mit der Kürbisernte. Ich will nicht lügen: Diese Etappe war schwer. Wind von vorne, ein Schlag im Rad, peitschender Regen; wenn man die Müdigkeit dazuzählt, hatte ich den Eindruck, als würde ich wie irre in die Pedale treten, ohne wirklich voranzukommen. Ich erreiche dennoch Dole im Jura, komme dann weiter in die *Côte-d'Or* und nähere mich der fast tausendjährigen Abtei von Citeaux.

ETAPPE 66

SAINT-NICOLAS-LÈS-CÎTEAUX (CÔTE D'OR)

VON DER ERWÄRMUNG ZUR AUSFORMUNG:

DIE HERSTELLUNG DES »CITEAUX«

Als ich ankam, wurde ich ganz in Weiß gekleidet: Hose, Stiefel, T-Shirt und Halstuch. Pierre, ein angehender Bruder, schließt sich mir an und führt mich zu meinem Arbeitsplatz. Wir reiben die Käse Stück für Stück ab, von beiden Seiten, um die Kruste, die während der Reifung des Käses entsteht, zu reinigen. Sie muss täglich abgerieben werden, ohne Pause! Diese Phase dauert 21 Tage. Danach ruht der Käse 15 Tage im Kühlraum, bevor er verschickt wird.

In der Zwischenzeit haben wir mit Olivier den Käseverarbeitungsraum für die Produktion von morgen Früh vorbereitet, Gitter und Formen gereinigt, die Salzlake überprüft.

Um 5 Uhr morgens, noch halb im Traum, fangen Pierre und ich mit der Verarbeitung an. Er hat die Kübel bereits erhitzt. Die Milch ist auf zwei Kübel aufgeteilt. Wir erhöhen die Temperatur während 60 Sekunden auf 40 Grad und rühren dabei mit den Schaufeln, dann reduzieren wir die Temperatur auf 35 bis 36 Grad, bevor wir das Labferment beigeben und es zwei Stunden lang wirken lassen. Am Ende dieses Vorgangs muss das Lab in Form von Kälberlab beigegeben werden, dann muss es zehn Minuten einwirken.

Wenn die Masse gallertartig geworden ist, wird sie mit einer Käseharfe, einem mit feinen Drähten bespannten Rührinstrument, gleichzeitig geschnitten und gerührt. Es entsteht der Käsebruch.

Danach werde ich Olivier zur Hand gehen, um den Käsebruch in die Formen zu verteilen und zu pressen.

Wohlverdiente Mittagspause nach diesem intensiven Vormittag. Wir haben etwas Zeit, wieder zu Kräften zu kommen, um den nächsten Arbeitsschritt anzugehen: das Ausformen.

Später am Tag schließe ich mich Thibault an, der für die Molkerei verantwortlich ist. Er erklärt mir, dass die Abtei eine Herde von 260 Tieren hat – Färsen, Kühe und Kälber der Rasse Montbéliard. Es gibt etwa 100 Geburten pro Jahr, und die Besamung wird künstlich durchgeführt. Im Moment werden 72 Tiere gemolken: »Ohne Kälber keine Milch – das Gesetz der Säugetiere«, sagt er mir.

Klösterliches GEWUSST-WIE, EIN HISTORISCHER ANKERPLATZ

Die Abtei wurde 1098 mitten in einem schilfbewachsenen Feuchtgebiet von Robert de Molesmes, Benediktiner-Abt und Mitbegründer des Zisterzienserordens, gegründet. Das Kloster übernahm schon bald den Ortsnamen »Cistercium« (im Französischen verkürzt auf *Cîteaux*). Der Name könnte mit dem altfranzösischen Wort *cistel* in Beziehung stehen, dem Schilfrohr (französisch *roseau*), wie er typisch für die sumpfige Gegend ist. Diese Käserei wurde von den Mönchen erbaut, die hier bis in die 1970er-Jahre wie im Mittelalter lebten, streng nach dem Gebot des heiligen Benedikt: »Ora et Labora« (Beten und Arbeiten).

Die Käserei wurde 2010 modernisiert, aber der Käse wird nach traditionellem Rezept hergestellt, wie der in der Abtei »Notre-Dame-du-Port-du-Salut« – die keinen *Port-Salut* mehr herstellt. Das Ergebnis ähnelt dem *Reblochon*.

Der Käse von Citeaux genießt heute einen internationalen Ruf und die Nachfrage kann nicht gedeckt werden. Die Produktion steigern? »Die klösterliche Produktion besteht nur darin, unseren Bedarf zu decken.«

Mit über 100 000 Käselaiben pro Jahr gibt es viel zu tun. Die Hälfte wird vor Ort in der Abtei verkauft. Der Rest wird nach Hong Kong, London, Beirut, Tokio, New York und Abu Dhabi verschickt.

Die Abtei besitzt insgesamt 200 Hektar Land, 130 davon für die Viehfütterung; die restlichen 70 sind mit Weizen und Gerste bepflanzt, die dann das nötige Stroh für die Rinder liefern.

Diese fruchtbare Landschaft ist auch von Bienen bevölkert, die auf über 1 000 Bienenstöcke verteilt sind und die Flora nahe der Abtei bestäuben.

DIE FREUNDE MEINER FREUNDE

Bei meinem Aufenthalt in Echourgnac sagte mir Schwester Marie-Gaëlle: »Wenn du in noch eine Abtei gehen willst, musst du zu den Brüdern von Citeaux fahren: Ihre Abtei ist eine von wenigen, die Käse vom Feld bis zum Verkauf herstellt!« Ich machte meine Anfrage per E-Mail und erhielt zwei Tage später die Antwort von Bruder Benoît. Er sagte mir zu und hieß mich willkommen, ihn als Käselehrling zu ersetzen, da er zu einem Seminar musste.

WARUM DIESES GERICHT?

Hier habe ich das traditionelle Gericht Tartiflette statt mit einem Reblochon-Käse mit einem Cîteaux angepasst … im Samthöschen! Ein gutes Herbst- und Wintergericht, das Sie nach Belieben genießen können!

KARTOFFELN, SPECK & Cîteaux

FÜR 4 PERSONEN

ZUBEREITUNG: 25 MIN – GARZEIT: 1 STD 30

800 G FESTKOCHENDE KARTOFFELN + 400 G SÜSSE SAHNE + 200 ML MILCH + 300 G SPECK + 2 EL CRÈME FRAÎCHE + SALZ, SCHWARZER PFEFFER AUS DER MÜHLE + ½ CÎTEAUX (KÄSE)

1. Die Kartoffeln schälen und unter kaltem Wasser abspülen.
2. Die Sahne und die Milch in einem großen Topf aufkochen.
3. Die Kartoffeln mithilfe eines Messers oder einer Mandoline in 2 mm dicke Scheiben schneiden und sie zur Sahne-Milch-Mischung geben. Etwa 20 Minuten kochen lassen, dabei regelmäßig umrühren.
4. Den Ofen auf 180 °C (Umluft) vorheizen.
5. Den Speck fein würfeln und ohne Fettzugabe in einer Pfanne bei hoher Temperatur etwa 5 Minuten braten, bis er goldbraun und knusprig ist. Die Pfanne vom Herd nehmen und die Crème fraîche unterrühren. Mit Salz und Pfeffer abschmecken.
6. Diese Mischung zu den Kartoffeln geben, alles gut durchmischen, in eine Gratinform füllen und 30 Minuten im Ofen backen.
7. Den Cîteaux in 1 cm dicke Scheiben schneiden.
8. Die Gratinform aus dem Ofen nehmen, den Käse darauf verteilen und weitere 30 Minuten backen.
9. Auf Tellern anrichten und servieren.

ETAPPE 67

6. BIS 19. OKTOBER

NOLAY
(CÔTE D'OR)

Samen des Lebens

YANICK, KARINE UND OLIVIER
SAATGUTUNTERNEHMER
Ferme-Auberge de la Chaume des Buis
21340 Nolay

Die Abtei von Citeaux noch im Rückspiegel, fahre ich ins Herz der *Côte-d'Or* zu neuen Abenteuern – 54 Kilometer lang Schmerzen in den Beinen!
Ich komme an Savigny-les-Beaune vorbei, dann geht es eine schöne Strecke bergauf nach Lusugny-sur-Ouche, dann erreiche ich das Plateau mit einer seltsamen Atmosphäre von warmer Luft, die von eiskalten Böen durchzogen wird. Ich erhole mich bei der Talfahrt und nehme unten einen schmalen Pfad, der mich direkt zum Bauernhof »Chaume des Buis« führt.

Eine Philosophie der Übertragung

Yanick, Karines Vater, vertritt die dritte Generation seiner Familie als Gemüsebauer in Beaune. Er erwartet natürlich, dass ich ihm zur Hand gehe, aber nicht nur das: Er hat es sich zur Aufgabe gemacht, mir seine Philosophie rund um die Sämerei zu vermitteln.

In den 1990er-Jahren interessierte er sich vor allem für die Nachfrage von Restaurants, die rustikales, authentisches und nicht-hybrides Gemüse suchen. Dabei arbeitet er mit den größten Namen der Region zusammen, von Côte-d'Or bis Saône-et-Loire; eine Zeitlang belieferte er sogar den Elyséepalast, unter der Präsidentschaft von Mitterrand.

Er ist seit 2006 fünfmal in Kolumbien gewesen, mit seiner Vereinigung »Saatgut und Gemüse«, auf der Suche nach altem Saatgut, aber auch um die außergewöhnliche Arbeitsweise der Kolumbianer kennenzulernen, die oft in Permakultur arbeiten. Es ist ein hochwertiges System, wo jede Pflanze ihren Platz hat und auf eigene Weise am Wachstum der anderen beteiligt ist.

EINE VORPROGRAMMIERTE KATASTROPHE

Man muss sich daran erinnern, dass der Westen für die Verarmung der Kulturen Afrikas und Südamerikas verantwortlich ist. Heute sind diese Länder auf Massenlandwirtschaft angewiesen, die sie sich nicht ausgesucht haben. Diese Globalisierung verursacht Hungersnöte und erlaubt den traditionellen Kleinbauern nicht, angemessene Löhne zu verdienen. Sie sterben einer nach dem andern, im wörtlichen wie im übertragenen Sinn. Die Vereinigung »Saatgut und Gemüse« kämpft für die freie Produktion und den Vertrieb von Gemüsesaatgut, für eine größere Autonomie für alle! Die bäuerliche oder familiäre Landwirtschaft soll das Saatgut ihrer Ernten reproduzieren, wie es seit Jahrtausenden gemacht wurde. Gegen die Industrie, die versucht, den Gebrauch und den Handel zu privatisieren, verteidigt die Vereinigung das Recht auf Produktion und Austausch, um das Überleben aller Menschen zu sichern.

Tomaten STAMPFEN

Der Bauernhof »Chaume des Buis« nutzt seine Ausrichtung nach Süden. Er produziert Tomaten, Paprika, Gurken, Zucchini, Auberginen, Kürbisse, Salate und sogar Brennnesseln.

Samstagmorgen. Heute werde ich dabei helfen, Tomaten zu zerstampfen, um die kleinen Samen von Saft und Haut zu lösen. Das Ganze wird dann schimmeln, verfaulen und eine Säure freigeben, die die Gelatine um die Samen herum zersetzt. Die Eimer stehen im Schuppen. Wenn ein weißlicher Film an der Oberfläche erscheint, sind die Tomaten bereit für den zweiten Arbeitsgang. Im Moment lassen wir sie dekantieren, und ich gehe zu Olivier in den Garten, um Mangold zu pflücken: Das Wochenende kommt, und die Auberge wird voll sein.

Wir ziehen uns Stiefel an, stellen die Eimer vor die Tür und machen schnell unseren »Minutenmarsch«, einen Steinwurf von der Küche entfernt. »Was für ein Privileg!« freut sich Olivier. Er erzählt mir: »Ich bin 15 Jahre lang in der Küche herumgelaufen, aber hier laufe ich nur für mich. Der Gemüsegarten entscheidet für mich, und das ist es, was mein Herz für den Beruf als Koch schlagen lässt, wie ich ihn mir vorstelle«.

Wir spülen unseren frisch gepflückten Mangold mit reichlich Wasser, bevor wir ihn in ein schönes buntes Gratin verwandeln …

Fast vollständige UNABHÄNGIGKEIT

Die Familie betreibt auch Viehzucht: Sie hat ein paar schöne Schweine. Sie werden mit Biogetreide gefüttert. Sie werden nicht hier auf dem Hof geboren, sondern von Yanick aus dem Allier geholt. Dann kommen sie ins Freiluftgehege und durchwühlen friedlich den Boden auf der Suche nach Futter. Kochen ist eine Sache, aber ein Schwein zerlegen ist etwas anderes! Ich lerne Dominique Corcelle kennen, den ehemaligen Besitzer des Hauses, der Olivier das Zerlegen und die Verarbeitung eines Schweins vorführen will. Olivier lernt geduldig, ein ganzes Tier zu zerlegen, ein wesentlicher Schritt, um an Privatpersonen und Gastronomen verkaufen zu können.

Die unverkauften Teile werden dann zu Terrinen oder zu Eintöpfen verarbeitet.

SAAT DES Lebens

Endlich sind unsere Tomaten ausreichend verfault, jetzt ist Zeit zum Umrühren. Der Schimmelvorgang setzt Wärme frei, jetzt wird eine große Menge Wasser zum Reinigen der Samen gebraucht. Unter laufendem Wasser werden die vielen verfaulten Schichten zerstört, und am Boden bleiben die besten Samenkörner zurück. Die, die oben schwimmen, werden weggeworfen und können dennoch spontan ihr Glück in der freien Natur versuchen.

Der Bauernhof ist von elf Hektar Land umgeben. Die Mönche hatten zu ihrer Freude einen direkten Zugang vom Hof zur Saint-Philippe-Kapelle gebaut. Dieser Ort legt etwas Einzigartiges frei, unmöglich zu beschreiben.

Hier wollten Karine, Gemüsebäuerin von Kopf bis Fuß, und Olivier, passionierter Koch, eine Herausforderung zwischen Küche und Land annehmen. Karine, die mit ihrem Bruder Theo die vierte Generation von Gemüsebauern vertritt, wollte sich zusammen mit ihrem Vater Yanick auf das Thema Saatgut konzentrieren. Olivier seinerseits hat nach rund fünfzehn Jahren in der Küche eines der besten Restaurants der Gegend und bringt wertvolle Ideen und das Gewusst-wie für seinen neuen Beruf als Züchter und Landwirt mit.

F1 GEGEN NICHT F1

Yanick und Karine arbeiten mit »Terre des Semences« zusammen, einem Unternehmen, das sich auf »non F1« spezialisiert hat. F1-Samen sind nur aufeinanderfolgende Klone, die im Laufe der Jahre degenerieren und ihren Charakter und Geschmack verlieren und am Ende gar nichts mehr geben.

Im Gegensatz dazu sind »Nicht F1«-Samen wahre Samen des Lebens. Sie sind von Generation zu Generation weitergegeben, sie sind widerstandsfähiger und erhalten ihr genetisches Erbe. Sie können sich auch instinktiv in ihre Umgebung einfügen und mit den Bakterien, Pflanzen und Mikroorganismen interagieren.

Dank für die Zeit mit euch, das Leben hat keinen Preis, wir sind Gesäte und Säer, lasst uns gesunden Menschenverstand und Mitgefühl verbreiten ...

In der »Ferme-Auberge de la Chaume des Buis«, wird das Schwein mit dem auf dem Bauernhof produzierten Gemüse gefüttert. Diese Ernährung verleiht ihm einen unglaublichen Geschmack. Es wird hier mit einem Gratin aus frischem Mangold serviert, der am selben Tag von Olivier gepflückt wurde, zur Freude der Gäste …

STEAKS vom SCHWEINERÜCKEN & Mangoldgratin

FÜR 4 PERSONEN

ZUBEREITUNG: 10 MIN – GARZEIT: 45 MIN

4 Scheiben vom Schweinerücken à 200 g + 1 Bund Mangold + 2 Knoblauchzehen + 100 g Butter + 500 g süsse Sahne + 100 g Crème fraîche + feines Salz, schwarzer Pfeffer aus der Mühle + 4 EL Olivenöl + 2 Eigelb + Fleur de sel

1. Das Fleisch aus dem Kühlschrank nehmen. Den Mangold waschen, putzen und gut trockenschütteln. Den Strunk entfernen, klein schneiden und beiseitelegen. Die Blätter in feine Streifen schneiden. Knoblauch abziehen und fein hacken.

2. 50 g Butter in einem Topf erhitzen und den Strunk dazugeben. 5 Minuten garen bis das meiste Wasser verdampft ist. Die Sahne hinzugeben und aufkochen lassen. Dann bei niedrigerer Temperatur 10 Minuten köcheln lassen. Die Crème fraîche einrühren, salzen und pfeffern.

3. 2 EL Olivenöl in einem Topf erhitzen. Die fein geschnittenen Mangoldblätter und den gehackten Knoblauch hinzufügen und etwa 2 Minuten einkochen lassen. Mit Salz und Pfeffer würzen und zur Sahne-Mangold-Mischung geben.

4. Den Ofen auf 180 °C (Umluft) vorheizen.

5. Die Eigelbe verquirlen. Die Sahne-Mangold-Mischung vom Herd ziehen und die Eigelbe unterrühren. In eine feuerfeste Form geben und 20 Minuten im Ofen backen.

6. 2 EL Olivenöl in einer großen Pfanne erhitzen und das Fleisch darin 2–3 Minuten scharf anbraten. Dann die restlichen 50 g Butter hinzugeben. Das Fleisch wenden, in der schäumenden Butter schwenken und weitere 2–3 Minuten braten.

7. Das Fleisch aufschneiden, mit Fleur de sel und frischem Pfeffer würzen und mit dem Gratin servieren.

24. BIS 30. OKTOBER

ETAPPE 68

BERRIAS-ET-CASTELJAU (ARDÈCHE)

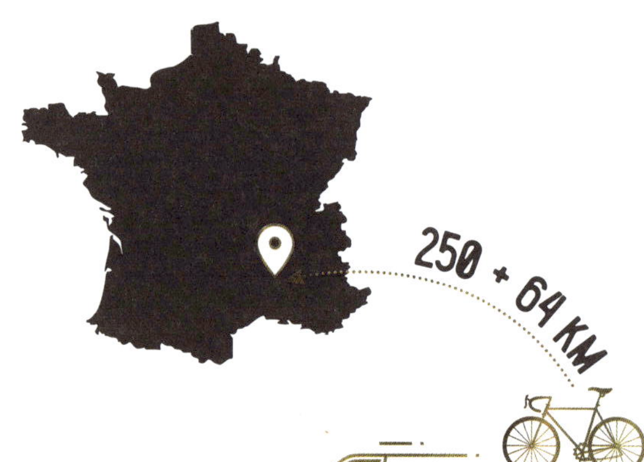

Das Dorf

JEAN DE CLIPPELEIR
GASTWIRT DER »TEMPS MODERNES«
Hameau des Buis
07460 Berrias-et-Casteljau

Auf den Sattel!

Nächste Etappe: *Ardèche*. Ich bin vielleicht mutig, aber diese Etappe von fast 400 Kilometern übersteigt meine Kräfte. Um mich zu schonen, mache ich einen Zwischenstopp nach 150 Kilometern in Roanne bei Romain Paire, einem Winzer. Danach nehme ich für 250 Kilometer den Zug Richtung Montélimar im Departement *Drôme*. Von dort aus fahre ich wieder mit dem Rad, um die 64 Kilometer zu bewältigen, die mich noch vom *Hameau Les Buis* trennen.

ETAPPE 68

Das Brot
AM MORGEN

Ich fange von vorne an: die Backstube! Der Sauerteig für das Backen am Vormittag muss hergestellt werden. Ein Natursauerteig, Biomehle und eine große Portion Leidenschaft ergeben außergewöhnliche Brote, auch wenn Olivier, ein leidenschaftlicher Perfektionist, nie völlig zufrieden mit seinem Erzeugnis ist.

Der Sauerteig ist eine Angelegenheit von einer halben Stunde, etwas Wasser und Mehl, dann Abendessen mit Jean. Wir müssen Kräfte sammeln und früh ins Bett gehen, denn um 4 Uhr wird aufgestanden. Als ich aus dem Bett komme, ist Olivier schon in der Backstube, und wir beginnen den Tag.

Er bereitet eine ganze Reihe von Broten zu: Halbvollkorn, Dinkel, Reis-Buchweizen, Trauben-Haselnuss, Khorasan (ein altes Getreide). Körner und Biomehle kommen aus dem Allier; ihre Qualität sorgt in der Backstube für eine Regelmäßigkeit ohnegleichen. Die Brote werden jetzt bei Umluft im Ofen gebacken, auf Holz aus dem Dorf.

VON DER UTOPIE ZUM PHALANSTÈRE

Olivier, durch Zufall hier gelandet, war früher einer von vielen freiwilligen Helfern, die am Aufbau von *Les Buis* beteiligt waren. Der Ort war in den 1990er-Jahren von Sophie Rabhi-Bouquet entworfen worden, die einen Lebensraum für Kinder und Senioren schaffen wollte. Das Ziel war klar: einen generationenübergreifenden Ort zu schaffen, wo sich Schulkinder und alte Menschen treffen können. Utopisch? Mitnichten, es ist in der Tat Realität!

Im Laufe der Zeit hat sich das Ökodorf sogar gut entwickelt, dank der Errichtung von ca. 20 Häusern, vom kleinen Appartement bis zur großen Wohnung, alle bioklimatisch und mit ökologischen Materialien gebaut. Im Dorf sind heute ca. 50 Einwohner von drei bis 84 Jahren versammelt. Es gibt eine Bäckerei, einen Ziegenbauern, einen Gemüsebauern, ein Bildungszentrum und eine Schule mit 80 Kindern.

Jedes Gebäude ist fachgerecht isoliert, verfügt über eine direkte Solarheizung, Doppelverglasung, Solarwasserheizung, Regenwassernutzung, Trockentoiletten und ein Klärbecken.

Einige Betriebe und Geräte werden gemeinsam benutzt (Wäscherei, Carsharing, Werkzeug, etc.). Die Schule nimmt Kinder von der Vorschule bis zum Gymnasium auf und befindet sich in einem vollständig bioklimatisch renovierten, traditionellen Ardècher Landhaus. Andere Räume sind für die Aufnahme von Freiwilligen und technische Arbeiten (Werkstätten, Tischlerei …) vorgesehen.

NACHHALTIGE Landwirtschaft & Züchtung

Der Hof enthält kleine Viehzüchtungen (Ziegen, Hühner, Schweine, Ponys …), einen Obstgarten und einen Gemüsebetrieb, der noch mitten in der Entwickung steht: Der Bau eines Regenwassersammelbeckens ist gerade fertiggestellt. Zwei Bewohner kümmern sich um den landwirtschaftlichen Teil und trauen sich, in dem halbtrockenen Boden Gemüse anzubauen. Sie wenden Permakultur an, eine ambitionierte, aber so wertvolle Herstellungsmethode!

Der Ziegenbauer verwaltet seine kleine Milchprodukion. Als er die Herde zusammengestellt hatte, wurde im Untergeschoss des Hauses eine Milchhandlung eingerichtet. Der köstliche Käse wird vor Ort oder auf dem Markt verkauft.

In gewisser Weise »lernt man jeden Tag etwas Neues«, wie man so sagt. Das ist in allen Fällen der Geist in diesem Örtchen, den ich spüren konnte, wo durch diese Generationenmischung jeden Tag so viel Freude und schöne Produkte entstehen.

DIE FREUNDE MEINER FREUNDE

Ich traf Jean über Cathy und Dominique, die Eltern meiner Begleiterin. Vor Jahren wohnten sie im selben Haus in Algier, wo Jean auf die Idee kam, einen Teppich auf dem Dach einzuseifen und mit viel Wasser zu spülen. Das Wasser, voll von rotem Farbstoff, lief über die Hausfassade und Dominique dachte, man hätte ein Schaf geschlachtet. Was für eine Überraschung, als er sah, dass es nur ein Teppich war. Eine große Freundschaft ist so entstanden. Wieder eine zufällige, jahrealte Begegnung, die mich in diesem kleinen »Hobbithafen«, wie Jean es nennt, landen ließ.

Seit Fleisch nicht mehr Teil von Jeans Ernährung ist, hat Gemüse einen wohlverdienten Aufstieg erlangt … Hier hat das bekannte Gericht *céleri rémoulade* als Grundlage für eine Neuinterpretation gedient, die viele Menschen begeistern wird … angefangen bei Jean!

SELLERIE & Mayonnaise

FÜR 4 PERSONEN

ZUBEREITUNG: 20 MIN – GARZEIT: 3 STDN 15

1 GROSSE KNOLLE SELLERIE + 1 EIGELB + 1 EL SENF + FEINES SALZ, SCHWARZER PFEFFER AUS DER MÜHLE + 200 ML TRAUBENKERNÖL + 50 ML OLIVENÖL (+ 1 EL FÜR DAS PANIERMEHL UND + 3 EL FÜR DIE MARINADE) + 30 ML ZITRONENSAFT + 1 EL BOHNENKRAUT + 1 EL GEREBELTER THYMIAN + ½ EL GEREBELTER ROSMARIN + 200 G ALTBACKENES BROT + 1 KNOBLAUCHZEHE, GEPRESST + FLEUR DE SEL

1. Den Ofen auf 180 °C (Ober-/Unterhitze) vorheizen.

2. Den Sellerie waschen, trockentupfen und mit Alufolie umwickeln. 3 Stunden im Ofen garen, dann bei Zimmertemperatur abkühlen lassen.

3. Das Eigelb, den Senf und etwas feines Salz und Pfeffer mit den Quirlen eines Handrührers schaumig schlagen. Mit dem Handrührer auf höchster Stufe weiterrühren und das Traubenkernöl zuerst tropfenweise, dann in dünnem Strahl zugießen, dann die 50 ml Olivenöl und den Zitronensaft zugießen. 2 Prisen Bohnenkraut, 2 Prisen Thymian und 1 Prise Rosmarin unterrühren. Die Mayonnaise abschmecken.

4. Die Brotscheiben zu grobem Paniermehl mixen und mit dem Knoblauch, etwas Salz und 1 EL Olivenöl mischen. Auf ein mit Backpapier belegtes Backblech geben.

5. Die Ofentemperatur auf 170 °C reduzieren und das Paniermehl etwa 10 Minuten im Ofen rösten.

6. Den Sellerie aus der Alufolie nehmen, mit einem Messer schälen und in 12 gleichmäßige Spalten schneiden.

7. Den Ofen auf 220 °C (Grillfunktion) heizen.

8. Die restlichen Kräuter mit 3 EL Olivenöl mischen und den Sellerie damit marinieren. In eine feuerfeste Form geben und etwa 5 Minuten im Backofen grillen.

9. Die Mayonnaise auf Tellern verteilen, die Selleriespalten daraufgeben und mit Paniermehl bestreuen. Mit etwas Fleur de sel bestreut servieren.

WARUM DIESES GERICHT?

Die Bäckerei läuft zweimal pro Woche an und verströmt seine Düfte von Sauerteig und geröstetem Mehl. Ich habe hier Teigreste für eine vegetarische Pizza verwendet, die mit Gemüse und Käse von dem Hameau belegt ist, ganz zu schweigen von den aromatischen Kräutern und Pilzen … So ist sie gut!

FÜR 4 PERSONEN

ZUBEREITUNG: 20 BIS 25 MIN + 30 MIN GEHEN LASSEN – GARZEIT: 1 STD 40

FÜR DEN TEIG: 20 G FRISCHE HEFE + 4 G SALZ + 250 G MEHL (TYPE 405) + 2 EL OLIVENÖL.
FÜR DEN BELAG: 1 KG TOMATEN + 5 EL OLIVENÖL + 1 KNOBLAUCHZEHE + SALZ + 100 G FRISCHE STEINPILZE (ODER CHAMPIGNONS) + 1 ZWEIG THYMIAN + 3 STÄNGEL BASILIKUM + 200 G ZIEGENFRISCHKÄSE

1. Für den Teig die Hefe in 120 ml lauwarmem Wasser in einer Schüssel auflösen. Salz, Mehl, Olivenöl und die aufgelöste Hefe mit den Knethaken einer Küchenmaschine zu einem geschmeidigen Teig verarbeiten. Die Schüssel mit einem feuchten sauberen Küchentuch abdecken und 30 Minuten bei Zimmertemperatur ruhen lassen.

2. Für den Belag die Tomaten waschen und grob würfeln. 3 EL Olivenöl in einem Topf erhitzen und die Tomaten dazugeben. Unter gelegentlichem Umrühen 1 ½ Stunden köcheln lassen. Den Knoblauch abziehen, fein hacken und zur Tomatensauce geben. Nach Belieben salzen.

3. Den Ofen auf 220 °C (Umluft) vorheizen.

4. Die Pilze putzen und in feine Scheiben schneiden. Den Thymian und das Basilikum waschen, trockenschütteln und die Blättchen zupfen.

5. Den Teig auf einer bemehlten Fläche großzügig ausrollen, anschließend auf ein geöltes Backblech geben. Die Tomatensauce auf dem Teig verteilen, den Ziegenkäse darüber zerbröckeln und den Thymian und die Pilze verteilen. 12 Minuten im Ofen backen.

6. Die Pizza aus dem Ofen nehmen. Mit Olivenöl beträufelt und mit Basilikumblättern garniert servieren.

Die Marone, Königin der Ardèche

JEAN-FRANÇOIS LALFERT
MARONENZÜCHTER
Domaine du Bois de Beffe
Le Nozier / Thines
07140 Malarce-sur-la-Thines

EIN PAAR ZAHLEN!

3 TONNEN MARONEN, ALS ICH DEN ORT VERLIESS

84 BÄUME PRO HEKTAR

12 HEKTAR MARONENWALD

65 MARONENSORTEN IM *ARDÈCHE*, DAVON **24** VON JEAN-FRANÇOIS

1 TONNE MARONEN PRO HEKTAR

ETAPPE 69 THINES (ARDÈCHE)

6. BIS 12. NOVEMBER

26 KM

Auf den Sattel!

Es ist höchste Zeit, nach Thines zu fahren, wo mich Jean-François Lalfert für eine Woche zur Maronenernte erwartet.
Es sind 26 Kilometer auf der Straße nach Vans, im Herzen der südlichen *Ardèche*, zu fahren. Ich fahre gelassen los, etwas zu gelassen, muss ich gestehen. Dazu muss ich sagen, dass ich seit Beginn meines Abenteuers keinerlei Probleme bei den Fahrten hatte!
Aber heute bin ich ohne Zweifel aufgrund der Dunkelheit und meiner Müdigkeit etwas orientierungslos. Ich will gerade den Crète de Meysonial bei Nacht hochfahren, als mich Jean-François anruft und vorschlägt, mich abzuholen. Eine ziemlich chaotische Ankunft!

ARDÈCHE, DIE HEIMAT DER Maronen!

Lange Zeit war die Marone eine der Hauptnahrungs- und Einkommensquellen für die Einwohner dieses sehr armen Gebiets. Der Anbau von Maronen entwickelt sich seit dem 18. Jahrhundert, aber erst gegen 1860 erlebt die *Ardèche* das goldene Zeitalter dieser beliebten Frucht. Von Ende des 18. Jahrhunderts bis in die 1960er-Jahre wird die Marone wieder vernachlässigt. Der Grund: die Landflucht, aber auch der Befall von Krankheiten. Mitte des 20. Jahrhunderts hat man sich besonnen, diese Kultur zu erhalten. Es wurden verschiedene Maßnahmen ergriffen, sie wieder zur Königin der *Ardèche* zurückzuerobern! Heute ist das Departement der größte Kastanienproduzent in Frankreich. Allein hier wird mehr als die Hälfte der Gesamtproduktion erzeugt.

Von Hand & auf Knien

Die Landschaft ist von einem Terrassenbausystem gezeichnet, welches aus mehr oder weniger schweren Felsen aus den Bergen zusammengesetzt ist, von einigen Kilo bis zu mehreren Tonnen. Diese Terrassen wurden gebaut, um Maronen an Hängen anbauen zu können. Diese Art der Produktion erleichterte das Wachstum der Bäume und das Sammeln der Früchte. Letztere trockneten dann auf Gestellen über Holzfeuer, ganz in der Nähe des Maronenwalds. Die getrockneten Maronen – jetzt leichter und einfacher zu lagern – wurden nach unten ins Dorf gebracht. Heute spannen die Züchter Netze unter die Bäume, in die die reifen Maronen fallen. Die Netze werden dann zusammengezogen und die Früchte zur Weiterverarbeitung ins Dorf gebracht. Dann werden sie von den Schalen befreit, die dann zurückgebracht werden und als natürlicher Dünger dienen. Es sind noch ein paar Arbeitsschritte zu tun, bevor man die Maronen essen kann! Insbesondere sollten sie auf Gestellen im Freien oder bei zu feuchtem Wetter direkt über einem Holzfeuer getrocknet werden.

An die ARBEIT!

Ausgestattet mit Handschuhen, Taschen und Kisten sammeln Florent, François und ich die Maronen im Maronenwald von Jean-François, der 24 verschiedene Sorten hat – Aguyane, Pourette, Sardoune, Comballe …
Wir heben die Netze mit François an und warten auf Florent mit seinem Traktor und dem mit einem Palox – einem großen Behälter zum Aufnehmen der Netze – ausgestatteten Anhänger. Der Rest der Ernte ist eine sehr genaue Arbeit, die man normalerweise mit der Hand verrichtet. Leider muss Jean-François einen Teil der Maronen, die auf dem Boden geblieben sind, opfern: sie aufzusammeln würde zu einer teuren Handarbeit werden. Der Preis käme dann auf das Endprodukt, was für die Kunden zu teuer würde. Die Maronen werden gewaschen und maschinell sortiert. Im Brennofen bildet sich eine neue Haut (vielmehr tote Haut), der sie von ihrem dünnen Schutzfilm befreit. Dann bin ich an der Reihe, die schlechten Maronen und die, deren Haut nicht abgegangen ist, auszusortieren.

Marone *oder* Kastanie?

FALSCHE FREUNDE

Wenn sie aus der Schale gekommen sind, ähneln sie sich sehr. Die Rosskastanie ist der Samen des Kastanienbaums, sie ist giftig. Botanisch gesehen ist der Kastanienbaum ein Zwitter und er produziert Samen, wohingegen bei der Marone die Blüten eingeschlechtlich sind und trockene Früchte bilden.

ABER WARUM SPRICHT MAN von der Pute »aux marrons«?

Im Laufe der Zeit wird die Esskastanie der *Ardèche* ein neues Schicksal erfahren, denn sie wird zu einer süßen Delikatesse der gekrönten Häupter ganz Europas: dem »Marron glacé«. Frankreich und Italien behaupten jeder für sich die Vaterschaft über diese süße Köstlichkeit. Und man erzählt, dass das Wort »marron« nur fortbesteht, weil man bei Hofe doch nicht dasselbe essen könne wie Bauern und Schweine, die sich von »châtaigne« ernährten. (Man bezeichnete also die Esskastanie »châtaigne« in ihrer verarbeiteten Form als »marron«, die eigentlich ungenießbare Frucht der Rosskastanie.) Seitdem wird das Wort »marron« in der Umgangssprache oft zur Bezeichnung der Esskastanie verwendet. Die Pute »aux marrons« (mit Rosskastanien) ist also ein Missbrauch der Sprache!

HEISSE MARONI, HEISSE MARONI!

Jean-François, MARONENBAUER

Ich habe Jean-François bei meiner Reisevorbereitung auf dem Blumenmarkt in Vincennes getroffen. Er war offensichtlich auch so ein Gourmet wie ich, wie ich seinen süßen Köstlichkeiten entnahm. Während unserer Unterhaltung berichtete ich von meinem zukünftigen Projekt. Er hat ganz einfach gesagt: »Ruf mich an, wenn du in die *Ardèche* kommst, du bist herzlich willkommen in meinem Haus.«
Ich rufe Jean-François von der Loire aus an, in den Weinbergen der Familie Paire, der Domaine des Pothiers, dann geht es auf die Straße in Richtung *Ardèche*. Zu meinem Glück fiel meine Ankunft genau in die Maronenernte.

DER MARONENHAIN

Die Maronenkultur ist schwierig, besonders für Kleinbetriebe wie den von Jean-François.
Trotz eines handwerklichen Produkts, das dank seiner Hochwertigkeit sehr gut ankommt – der Betrieb produziert natürliche Maronencreme, mit Vanille, Ingwer und Pfeffer, natürliche Maronen, Maronenmehl, Maronengrieß … – kann Jean-François gewisse Probleme nicht verhindern.
Die Wildschweine in Thines zerstören die Netze und verschlingen die gesunden Maronen: Diese Tiere können mit ihrem Geruchssinn gute von schlechten Früchten trennen und hinterlassen so nur die schlechten auf dem Boden … Auch werden die Bäume von Krankheiten befallen – Endothia, die Tintenkrankheit, Carpocapsie und Cynips –, Krankheiten, die seit bald acht Jahren in der *Ardèche* wüten. Darum hat Jean-François sein Sortiment erweitern müssen. Er hat also eine Kollektion von Sirup auf Basis von Pflanzen und Früchten kreiert, gezüchtete und wilde, und einen Sirup aus Heu vom Mézenc-Plateau, an der Grenze von der *Haute-Loire* und der *Ardèche*. Ein hervorragendes Produkt – ich bin mit einer Flasche weitergezogen.
Die Märkte prägen auch das Leben des Hofes: samstagvormittags in Vans; Messen wie die Pari Fermier im Raum Paris, in Chambéry oder Grenoble. Seit Jahren hat Jean-François einen Stammkundenkreis, der von der hohen Qualität und der Einzigartigkeit seiner Produkte überzeugt ist.

WIE EINE MARONE in der Schale

BEI JEAN-FRANÇOIS

Ich habe die Abende bei Jean-François in bester Erinnerung. Er hat mir begeistert von seinen dreißigjährigen Erfahrungen mit der Marone berichtet. Sein Wissen und meine kulinarische Reise haben bereichernde Debatten ergeben, die oft bis spät in die Nacht beim lodernden Feuer gingen. Wir beide wissen die einfachen Dinge zu schätzen … eine freundschaftliche Küche, ein Holzfeuer, eine gute Flasche Wein, einen musikalischen Hintergrund und die Neugestaltung der Welt … Wir beide wissen, dass all diese Dinge Verbindungen zwischen den Menschen schaffen. Man muss es vor Ort leben, um sich zu überzeugen.

KURS AUF BANNE

WARUM DIESES GERICHT?

Tomaten der späten Saison sind nicht ausgereift, ihre harte Schale und ihr säurehaltiges Fleisch sind gut zum Kochen geeignet. Die Maronen bringen Süße und Textur für eine warme Suppe nach einem milden Herbsttag und vor einer kühlen Nacht.

SUPPE VON TOMATEN & GERÖSTETEN MARONEN

FÜR 4 PERSONEN

ZUBEREITUNG: 10 MIN – GARZEIT: 35 MIN

3 KNOBLAUCHZEHEN + 1 SCHALOTTE + 1 KG GROSSE TOMATEN + 1 ZWEIG THYMIAN + 200 G GEGARTE MARONEN + 1 PRISE FEINES SALZ + 1 PRISE PIMENT D'ESPELETTE + 50 G ZIEGENFRISCHKÄSE + 1 SPRITZER OLIVENÖL

1. Den Ofen auf 180 °C (Ober-/Unterhitze) vorheizen.

2. Den Knoblauch und die Schalotte abziehen. Die Schalotte in 3 Teile schneiden. Die Tomaten waschen und achteln. Den Thymian waschen, trockenschütteln und die Blättchen zupfen.

3. Die Tomaten in eine feuerfeste Form legen und den Knoblauch, die Schalotten und den Thymian dazugeben. Etwa 30 Minuten im Ofen schmoren lassen, bis sich eine rauchige Kruste bildet.

4. 50 g Maronen in eine feuerfeste Form geben und mit einem Löffelrücken zerdrücken. Etwa 4 Minuten im Ofen rösten.

5. Die Tomatenmischung mit 100 ml Wasser in einem Mixer fein pürieren. Salz, Piment d'Espelette und 100 g Maronen untermixen. Die Suppe sollte eine sämige Konsistenz haben. Sollte sie zu dickflüssig sein, etwas Wasser hinzufügen.

6. Die restlichen 50 g Maronen halbieren und auf vier kleine Schüsseln verteilen. Die heiße Suppe eingießen, den Ziegenkäse darüber zerbröckeln, mit den gerösteten Maronenstückchen garnieren, und mit etwas Olivenöl beträufelt servieren.

WARUM DIESES GERICHT? Während wir bei Jean-François Wein probierten, trafen sich unsere Blicke in dem Moment, als wir diesen Chardonnay aus dem Burgund versuchten, der uns in den Jura beamte, wo die Rebsorte Savagnin gedeiht … Seltsam! Auf jeden Fall war das Huhn im Vin Jaune für das Team von Bois de Belle sofort offensichtlich …

HÄHNCHEN mit VIN JAUNE, Maronen & BLUMENKOHLGRATIN

FÜR 4 PERSONEN

ZUBEREITUNG: 25 MIN – GARZEIT: 1 STD 35

1 GROSSER BLUMENKOHL + 4 HÄHNCHENKEULEN + 2 HÜHNERBRÜSTE + 1 GROSSE STANGE LAUCH + 2 KLEINE STANGEN SELLERIE + 500 G CRÈME FRAÎCHE + 1 L MILCH + 1 PRISE MUSKATNUSS, GERIEBEN + 50 G BUTTER + 50 G MEHL (TYPE 405) + 100 G COMTÉ (KÄSE) + 300 G CHAMPIGNONS + 2 EL OLIVENÖL + 200 G GEGARTE MARONEN + 200 ML VIN JAUNE (DESSERTWEIN) + SALZ, SCHWARZER PFEFFER AUS DER MÜHLE

1. In einem großen Topf Wasser zum Kochen bringen. Den Blumenkohl waschen, putzen, den Strunk entfernen und in seine Röschen teilen. Die Blumenkohlröschen ins Wasser geben und 5 Minuten kochen. Abtropfen lassen und beiseitestellen.

2. Das Fleisch unter kaltem Wasser abbrausen und mit Küchenpapier trockentupfen. Anschließend in einen Bräter legen, mit kaltem Wasser bedecken, erhitzen und 5 Minuten kochen lassen. Das Wasser wieder abgießen.

3. Den Lauch und den Sellerie waschen und putzen. Den Lauch in Ringe schneiden und den Sellerie fein würfeln. Beides mit der Crème fraîche in den Bräter geben und alles bei niedriger Temperatur 45 Minuten schmoren lassen.

4. Die Milch mit Muskat 5 Minuten in einem Topf köcheln lassen. Die Butter in einem weiteren Topf zum Schmelzen bringen und dann das Mehl mit einem Schneebesen einrühren, bis eine glatte Masse entsteht. Unter stetigem Rühen die heiße Milch nach und nach zugeben und köcheln lassen, bis die Sauce sämig ist. Nach Belieben salzen.

5. Den Ofen auf 180 °C (Ober-/Unterhitze) vorheizen. Den Blumenkohl in eine feuerfeste Form geben, die Sauce darübergießen und den Comté darüberreiben. Etwa 25 Minuten im Ofen goldbraun überbacken lassen.

6. Die Champignons putzen und in Stücke schneiden. Das Olivenöl in einer Pfanne erhitzen und die Champignons darin 5 Minuten anbraten. Die Maronen halbieren und mit den Pilzen zum Huhn geben.

7. Den Vin Jaune in den Bräter geben und die Sauce mit Salz und Pfeffer abschmecken. Die Hähnchenkeulen auf Tellern anrichten, die Sauce mit dem Gemüse darüber verteilen und mit dem Gratin servieren.

15. BIS 26. NOVEMBER

ETAPPE 70

BANNE (ARDÈCHE)

Wohlverdiente Überwinterung

FAMILIE BELVAL
IMKER
07460 Banne

Auf den Sattel!

Ich fahre früh bei Jean-François los, um den Blick über die Berge der *Ardèche* und den Chassezac zu genießen. Nach 29 Kilometern erreiche ich Bannes und die Familie Belval, engagierte Imker.

Im Herzen der Süße

Am ersten Tag stehe ich um 9 Uhr auf und gehe dann mit Elisabeth zum Produktionsraum. Die Bienen überwintern in ihren Bienenstöcken ein paar Schritte von hier entfernt. Sie erholen sich von der Arbeit des Jahres, während wir ihren Honig in feine Leckereien verwandeln. Für mich entdecke ich eine Spezialität, die einen Umweg wert ist: den Lebkuchen der Cevennen.

Es ist eine sowohl historische als auch lokale Delikatesse, die aus einfachen Zutaten hergestellt wird, in der Region oder direkt vor Ort. Vor der Globalisierung lebte die *Ardèche* von einer nahrungsmittelproduzierenden Landwirtschaft. Entsprechend den Jahreszeiten musste man sich für die folgenden Monate eindecken. Zu der Zeit arbeitete man, um sich nach Bedarf zu ernähren und nicht, um Geld zu verdienen.

Es ist manchmal gut, sich daran zu erinnern, dass die Landwirtschaft die Grundlage für die Entwicklung der ganzen Menschheit ist. Bäuerliche Kultur und die Bearbeitung des Ackers haben zu großen Zivilisationen geführt. Ohne Landwirtschaft gäbe es keine Menschheit.

Kommen wir zurück zu unserem Lebkuchen, eine Mischung aus Wasser, Mehl, Zitrusfrüchten, Zucker und – natürlich – Honig. Dieser gibt nicht nur die geschmackliche Tiefe, sondern macht ihn auch mehrere Wochen haltbar. Aber hier wird nicht nur Lebkuchen gemacht! Hier gibt es »Schmoll«, Marshmallows auf Honigbasis ohne Ei. Sie werden dann mit Zitrone oder Kokosnuss aromatisiert und sind sehr klebrig: Einmal abgekühlt, ist es eine echte Herausforderung, sie zu verarbeiten. Aber die Mühe ist es wert, wenn man sie im Anschluss naschen kann!

PFLEGE der Bienenstöcke

Wir verlassen den Produktionsraum mit dem Honigduft. Morgen werden wir dort einen gehaltvollen Mürbeteig backen. Währenddesssen Instandhaltung der Bienenstöcke mit Olivier. Das ganze Jahr über sind die Stöcke draußen den Elementen ausgesetzt, deswegen müssen sie repariert und gepflegt werden. Man muss zum Beispiel Mikroorganismen an der Oberfläche des Holzes zerstören und das Holz vor Unwetter schützen. Nach Reinigung und Reparatur tränken wir die Bienenstöcke in geschmolzenem Bienenwachs – ein Naturprodukt aus den Drüsen der Bienen –, dann lassen wir das Wachs einziehen. Montag müssen wir die Bienen in Begleitung von Guillaume, dem Partner von Olivier, füttern. Im Frühjahr wird das Leben im Bienenstock wieder aufgenommen. Die Bienen kommen erst heraus, wenn die Außentemperatur 15 Grad erreicht hat. Sie werden dann die Nahrungssuche an den ersten Blüten aufnehmen, aber sie müssen auch noch mit ihrem Futter, im wesentlichen Sirup, versorgt werden. So schnell wie möglich, damit die Kälte nicht eindringen kann, heben wir die Dächer der Bienenstöcke an und verteilen vorsichtig »Candi« (eine Mischung aus Zucker und Salbei, die das Immunsystem der Bienen stärkt), das den fehlenden Honig ersetzen soll. Bei jedem Arbeitsvorgang räuchern wir den Bienenstock ein. Das ist eine unerlässliche Maßnahme, denn sie löst bei den Bienen den Selbsterhaltungsreflex im Fall eines Brandes aus. Es schützt den Imker, der eingetreten ist: Der Schwarm greift nicht den Eindringling an – ein wütender Schwarm kann ihn töten –, sondern er versammelt sich um die Königin. Das macht die Bienen weniger aggressiv; außerdem löst der Rauch bei ihnen einen Fütterungsreflex aus, für den Fall, dass sie den Bienenstock verlassen müssen. Der Rauch ist ungefährlich für die Bienen, es sei denn, er ist zu heiß. Wir geben ihnen noch Blätter und Kräuter zur Erfrischung dazu.

Trotz aller Vorsichtsmaßnahmen konnte mich eine dicke, schwarze Biene stechen, als ich meinen rechten Handschuh auszog. Die Hand blieb zwei tagelang geschwollen!

DIE FREUNDE MEINER FREUNDE

Ich beginne den letzten Teil meiner *Tour de France* und bin immer noch neugierig und lebhaft an neuen Familien und neuen Produkten interessiert. Philippe aus dem Hameau des Buis, der große Honigfreund, hat mir von der Familie Belval berichtet.

Er kennt sie von den Märkten aus Joyeuse und Les Vans und weiß, dass Olivier Belval und sein Vater Maurice engagierte Imker sind!

Er ruft sie an, und Olivier will mich in seiner schönen Welt des Honigs und Gebäcks empfangen.

KURS AUF PAYZAC

Ein REGIONALES & SOLIDARISCHES Engagement

Ich lerne auch Odile und Maurice kennen, die ganz in der Nähe wohnen. Maurice, Winzer seit 2002 im Ruhestand – zumindest auf dem Papier – hat seine reichen Erfahrungen seit 1973 an seinen Sohn Olivier weitergegeben. Als echter Vorreiter der ökologischen Landwirtschaft hat er seine Bienenstöcke aufgebaut, indem er die Bienenstöcke der pensionierten Imker der Region aufkaufte. Er sammelte so Bienen aus einem Stamm, der typisch für die *Ardèche* ist: die schwarze Biene der Cevennen.

Seitdem hat sich Olivier nach einem kurzen Besuch in Paris mit der Modernisierung der Geräte beschäftigt, wobei er immer die Kultur und den Qualitätsanspruch von Maurice beachtet: hin zu einer nachhaltigen Bienenzucht bei gleichzeitiger Auswahl der besten Bienen.

Bei nachhaltiger Kultur ist er bestrebt, seinen Bienen nur das Beste zu geben. Diese haben ein Gebiet von zehn Kilometern. Um ein Bio-Label zu bekommen, müssen die Bienenstöcke von Bioland oder wildem Land von einem Durchmesser von drei Kilometern umgeben sein und mindestens drei Kilometer entfernt von Umweltverschmutzung (Straßen, Stadtgebiet …)

Obwohl er Experte in seinem Beruf ist und ehemaliger Präsident des nationalen, französischen Imkerverbands (UNAF) war, hat er 2016 die Hälfte seines Bienenvolks aufgrund einer ansteckenden Krankheit verloren, die selbst die Erfahrensten nicht erklären können.

Ich habe dieses komplexe süß-saure Gericht mit Roter Bete und Hering kreiert: Räucherfisch und geröstete Mandeln harmonieren – hoffe ich! – mit der Bottarga, um das Land und den Ozean zu verbinden …

Geröstete ROTE BETE mit HONIG, HERING & Honig-VINAIGRETTE

FÜR 4 PERSONEN

ZUBEREITUNG: 20 MIN – GARZEIT: 1 STD 40

4 ROTE BETEN MIT BLATTGRÜN + 3 EL HONIG + 5 EL OLIVENÖL + 1 EL GANZE MANDELKERNE + 1 ½ EL ROTWEINESSIG + FEINES SALZ, SCHWARZER PFEFFER AUS DER MÜHLE + 2 HERINGSFILETS + 1 KLEINES STÜCK BOTTARGA (GEPRESSTER FISCHROGEN)

1. Den Ofen auf 180 °C (Ober-/Unterhitze) vorheizen. Die Roten Beten vorsichtig waschen, sodass die Schale nicht beschädigt wird. Das Grün bis auf etwa 2 cm abschneiden.

2. Die Roten Beten auf je 1 Blatt Alufolie legen. Mit ½ TL Honig und ½ EL Olivenöl beträufeln, einwickeln, gut verschließen und etwa 1 ½ Stunden im Ofen garen. Auf Zimmertemperatur abkühlen lassen.

3. Die Mandeln auf ein Backblech geben und etwa 10 Minuten im Ofen rösten. Abkühlen lassen und dann grob hacken.

4. In einer kleinen Schüssel 1 EL Honig mit dem Rotweinessig und etwas Salz und Pfeffer verrühren. Mit 3 EL Olivenöl aufschlagen und die Mandeln unterrühren.

5. Die Heringsfilets der Breite nach in 2 cm dicke Scheiben schneiden. Die Roten Beten vorsichtig schälen, das Grün dranlassen.

6. Die Heringsfilets und die Roten Beten auf Tellern anrichten und mit der Honigvinaigrette beträufeln. Die Bottarga darüber reiben und servieren.

WARUM DIESES GERICHT? Gefrierschränke sind manchmal vergessene Reserven: Sie sind für mich eine Quelle der Kreativität. Ich bereite hier das Filet eines Hirsches zu, das schon lange darauf wartet, untergebracht zu werden, mit einem Hauch von Honig, ein paar Pinienkernen – die an die uns umgebenden maritimen Pinien erinnern –, Birnen aus dem Garten und etwas Rotkohl, der einfach gebraten wird.

HIRSCH, BIRNEN, Pinienkerne, HONIG & ROTKOHL

FÜR 4 PERSONEN

ZUBEREITUNG: 30 MIN – GARZEIT: 5 STDN + 1 STD 15

500 G BIRNEN + 100 G PINIENKERNE + 6 EL HONIG + 50 G BUTTER + ½ EL APFELESSIG + FEINES SALZ, SCHWARZER PFEFFER AUS DER MÜHLE + ½ ROTKOHL + 4 EL OLIVENÖL + 500 G HIRSCHFILET (ODER FILET VOM SCHWEIN, RIND, KALB ODER LAMM) + FLEUR DE SEL

1. Den Ofen auf 100 °C (Ober-/Unterhitze) vorheizen. Eine Birne waschen, trockentupfen und in sehr feine Scheiben schneiden. Die Scheibchen auf ein mit Backpapier belegtes Ofengitter legen und 5 Stunden im Ofen trocknen. Abkühlen lassen und in einer trockenen Dose aufbewahren.

2. Den Ofen auf 180 °C (Ober-/Unterhitze) aufheizen. Die Pinienkerne auf ein Backblech geben und 8 Minuten im Ofen rösten.

3. Die restlichen Birnen waschen, schälen, das Kerngehäuse entfernen und das Fruchtfleisch fein würfeln. Die Birnenwürfel mit 2 EL Honig in einen Topf geben und karamellisieren lassen. Bei niedriger Temperatur 30 Minuten einkochen lassen. Hin und wieder umrühren. Dann 25 g Butter hinzugeben und schmelzen lassen. 10 Minuten weiterkochen, anschließend den Apfelessig und die Hälfte der Pinienkerne dazugeben. Salzen und pfeffern. Bei Zimmertemperatur abkühlen lassen.

4. Den Ofen wieder auf 180 °C (Ober-/Unterhitze) vorheizen. Den ½ Rotkohl in 4 Teile schneiden und rundherum salzen. 2 EL Olivenöl in einer Pfanne erhitzen und den Rotkohl darin 5 Minuten von allen Seiten anbräunen. Die restliche Butter und 1 EL Honig dazugeben, verrühren und den Rotkohl damit beträufeln. 5 Minuten weiterbraten. Anschließend für etwa 10 Minuten in den Ofen geben, bis er gar ist.

5. Das restliche Olivenöl in einer Pfanne erhitzen. Das Fleisch salzen und jede Seite 2 Minuten scharf anbraten, dann für 5 Minuten in den Ofen geben. Anschließend auf ein Brett legen, mit Honig bestreichen und in vier Teile schneiden.

6. Auf einen Teller ½ EL Honig, Rotkohl, Birnenkompott und ein Stück Fleisch geben und mit Birnenchips und den restlichen Pinienkernen dekoriert servieren.

Belebendes Olivenöl

FAMILIE VIGOUROUX
OLIVENBAUERN
07230 Payzac

Auf den Sattel!

Neue und letzte Etappe: 18 Kilometer, um die Familie Vigouroux in Payzac zu treffen und mit ihnen an der Olivenernte teilzunehmen. So verlasse ich die Familie Belval und ihre Bienenstöcke, mache einen Abstecher zu Jean-François' Maronenhain und mache mich schließlich auf den Weg zur Ernte.

ETAPPE 71

27. BIS 30. NOVEMBER

PAYZAC (ARDÈCHE)

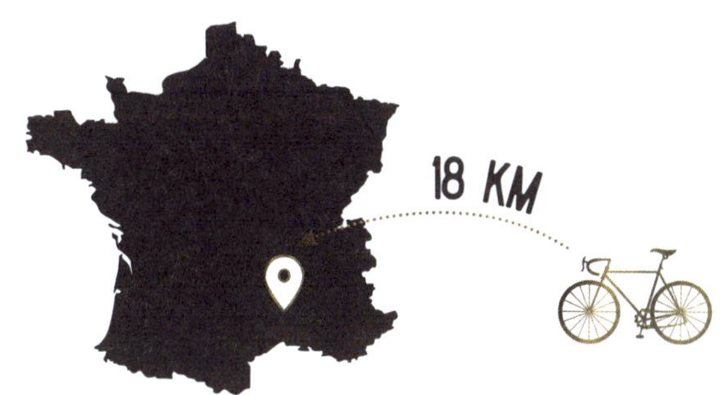

Der PATRIARCH

Michel, der Patriarch, nimmt mich als seinen Assistenten. Zu Beginn meiner Ausbildung lässt er mich eine »Weiße aus Payzac« zerbeißen, eine kräftige und bittere Olive. Zum Vergleich lässt er mich das Öl aus der Mühle von den gleichen Oliven verkosten. Sein Geschmack ist schon typisch: schwarze Olive, Kakao, Pilz. Die pflanzlichen Aromen von Gras, Heu, roher Artischocke sind verflogen – man muss sagen, dass die Oliven inzwischen acht bis zehn Tage an einem dunklen Ort gelagert wurden und eine leichte natürliche Fermentierung angefangen hat. Dann muss man die zerkleinerten Oliven zerkneten und vor allem ihre Temperatur kontrollieren: Sonst erleiden sie einen Aromaverlust sowie eine Verringerung des Polyphenolgehalts mit seinen Antioxidantien. Das Ergebnis: Der Geschmack von »Reife« und »Schwarz« ist sehr präsent und bemerkenswert.

ANDERE SORTE, ANDERE METHODE

Wir beginnen mit der Verabeitung der am Vortag geernteten »Négrettes«. Die Oliven werden erst von Blättern befreit, bevor sie in die Mühle kommen.

Am nächsten Tag ein anderes Thema: Die »Picholines« sind zwei Wochen gereift, es ist Zeit, sie zu mahlen. Sie werden mit Kern zerkleinert (was ihnen Säure verleiht und sie länger haltbar macht). Es bildet sich eine Paste, ein Gemisch aus Öl und Wasser. Dieser Olivenbrei wird anschließend in Knetwerken gerührt und bearbeitet. Über eine Zentrifuge (Decanter) wird dann die Flüssigkeit von der festen Masse getrennt und das Öl aus dem Fruchtsaft der Olive gewonnen. Dann muss die gewonnene, noch trübe Flüssigkeit so lange ruhen, bis sich die während des Produktionsprozesses entstandenen kleinen Teilchen (Schwebstoffe) abgesetzt haben. Am Ende erhält man ungefähr einen Liter Öl von fünf Kilo zerkleinerten Früchten.

Die Ernte

Dann gehe ich zu Jocelyn, dem Sohn von Michel, in Begleitung von Mathias. Sie warten auf mich im nahelegenen Olivenhain, um mit der Ernte der »Frantoio« zu beginnen. Das Prinzip ist einfach: Lange Netze liegen unter den Bäumen, es reicht dann, so viele Oliven wie möglich darauffallen zu lassen. Jocelyn beginnt die Arbeit mit einem großen Schüttelgerät, wir folgen ihm mit Mathias, ausgestattet mit unseren eigenen »Schüttelkämmen« und lassen so die restlichen widerspenstigen Oliven von ihren Zweigen fallen. Die Oliven liegen jetzt als großer Teppich auf der Erde. Ich versuche, das Netz hochzuziehen, um die Früchte in die Palox-Kisten zu befördern, aber ich schaffe es nicht, es ist zu schwer:N nur mit Jocelyns kundiger (und muskulöser) Unterstützung schaffe ich es.

Noch eine weitere Ernte in Bosc in der Gemeinde Les Assions, wo Olivier gerade einen Olivenhain gepachtet hat, dann ist es Zeit für mich zu gehen. Jocelyn gibt mir drei Flaschen von seinem wertvollen grünen Gold und bedauert, dass ich nicht noch zwei Wochen bleibe: »Du hättest dich nicht gelangweilt«, verspricht er mir.

Verwertbare SORTEN

• Die »Weiße von Payzac« ist eine alte Sorte mit frühlingshaften Noten von Wiese, Kräutern, Apfel, Birne und einer intensiven »grünen« Fruchtigkeit.

• Das als »schwarz und fruchtig« bezeichnete Öl entstammt überreifen Oliven, um Weihnachten geerntet. Bevor sie in die Mühle kommen, werden sie einer luftlosen Fermentierung unterzogen, was zur Entwicklung intensiver Aromen von schwarzer Tapenade und Trüffel führt.

Wurzeln SO ALT WIE Olivenbäume

Die Familie Vigouroux lebt seit dem 12. Jahrhundert in der Gemeinde von Payzac, sodass Michel sich rühmen kann, ein Einheimischer zu sein! Die Gemeinde wurde von Mönchen gegründet, die dort eine Kirche errichteten, dann Oliven und Maronen anpflanzten.
Die »Domaine du Pigeonnier« umfasst fünf Hektar Olivenhaine und zehn Hektar Wein (IGP Landwein Coteaux-de-l'Ardèche). Man muss wissen, dass die *Ardèche* das nördlichste Olivenanbaugebiet Europas ist und dass dieses fruchtbare Land der *Ardèche* nicht weniger als 32 heimische Olivensorten besitzt.

DIE FREUNDE MEINER FREUNDE

Jean-François Lalfert hat mir zuerst von der Domaine du Pigeonnier erzählt. »Du wirst sehen«, sagte er, »die Familie Vigouroux kultiviert eine echte Kunst der Olive in Payzac, das musst du entdecken!« Einen Anruf später haben mich Michel und Jocelyn zur Ernte eingeladen. »Das ist perfekt«, sagte Jocelyn, »wir können arbeiten und dabei unseren Beruf erklären; also in die Pedale, Sébastien, in die Pedale …« Ich war wie Gott in Frankreich bei den Vigouroux, zwischen Olivenzweigen und goldenem Öl, während meine schöne Geschichte von den Straßen Frankreich kurz vor dem Ende stand …

Eine Vielfalt an Olivenbäumen, ein Olivenöl, auf das man sich verlassen kann, Obstbäume mit Zitrusfrüchten im Garten, ein paar Granatäpfel hier und da und Wildreis aus der Camargue inspirierten mich, dieses Dessert frisch und sauer zu machen …

CREMIGES ZITRONEN-OLIVENÖL, GRAPEFRUIT, Orange, GRANATAPFEL & Puffreis

FÜR 4 PERSONEN

ZUBEREITUNG: 25 MIN – GARZEIT: 15 MIN

2 UNBEHANDELTE ZITRONEN + 4 EIER + 100 G ZUCKER (+ ½ EL ZUM BESTREUEN) + 60 G KALTE BUTTER + 100 ML OLIVENÖL (+ ETWAS ZUM BETRÄUFELN) + 1 GRANATAPFEL + 1 GRAPEFRUIT + 2 ORANGEN + ½ BUND ESTRAGON + 200 ML TRAUBENKERNÖL + 30 G WILDREIS

1. Die Zitronen mit einem Zestenreißer schälen, auspressen und 85 g Saft abwiegen.

2. Die Eier und den Zucker mit dem Schneebesen etwa 2 Minuten schaumig schlagen, dann den Zitronensaft einrühren. In einen Topf geben und bei mittlerer Temperatur etwa 5 Minuten weiterschlagen, bis die Creme heiß ist. Den Topf vom Herd nehmen.

3. Die Butter stückweise hinzufügen und mit einem Stabmixer mixen. Dann das Olivenöl in einem leichten Strahl dazugeben, ohne den Mixer auszuschalten. Anschließend die Zitronenzesten hinzugeben. Abkühlen lassen.

4. Die Kerne aus dem Granatapfel lösen und in eine Schüssel geben. Die Ober- und Unterseiten der Grapefruit und der Orangen abschneiden, sodass sie auf einer geraden Fläche aufliegen. Die Schalen mit einem Messer vorsichtig in Streifen so herunterschneiden, dass die weiße Haut völlig vom Fruchtfleisch entfernt ist. Die einzelnen Filets mit einem Messer zwischen den Trennhäuten herausschneiden. Den austretenden Saft auffangen. Estragon waschen, trockenschütteln und die Blättchen zupfen.

5. Das Traubenkernöl auf 200 °C in einem Topf erhitzen. Den Wildreis hineingeben, bis er aufpufft. In einem Sieb abtropfen lassen und dann auf Küchenpapier geben. Mit dem restlichen Zucker bestreuen.

6. Die Granatapfelkerne, die Grapefruit- und Orangenfilets und den aufgefangenen Saft in einem Topf leicht erwärmen.

7. Die Zitronencreme in tiefen Tellern anrichten und darüber die warmen Früchte geben. Mit Puffreis und einigen Estragonblättchen dekorieren und mit Olivenöl beträufelt servieren.

Diese Rougail wurde von Yolande für mich gekocht. Sie beherrscht diese Mischung aus geräucherten Würsten, Tomaten, Zwiebeln und Gewürzen perfekt. Grüne Oliven bringen ihren besonderen Geschmack in dieses süße und süchtig machende Gericht ein, mit einem unwiderstehlich pikanten Aroma …

WÜRSTCHEN-ROUGAIL mit GRÜNEN Oliven

FÜR 4 PERSONEN

ZUBEREITUNG: 20 MIN – GARZEIT: 45 BIS 50 MIN

4 GERÄUCHERTE WÜRSTCHEN + 1 EL OLIVENÖL + 1 ZWIEBEL, FEIN GEWÜRFELT + 3 TOMATEN + FEINES SALZ, SCHWARZER PFEFFER AUS DER MÜHLE + ½ TL GEMAHLENE KURKUMA + 70 G ENTSTEINTE GRÜNE OLIVEN + 1 STÜCK INGWER (4 CM) + 2 KNOBLAUCHZEHEN + CHILI (FRISCH ODER PULVER) + ABRIEB VON ½ ZITRONE + 240 G BASMATIREIS

1. Die Würstchen mit einer Gabel mehrfach anstechen, in eine tiefe Pfanne geben, mit kaltem Wasser bedecken und aufkochen lassen. Das Wasser wechseln und erneut aufkochen lassen.

2. Das Wasser abgießen und die Würstchen auf Küchenpapier abtropfen lassen, anschließend in Scheiben schneiden und mit dem Olivenöl in der Pfanne anbraten, bis sie Farbe annehmen. Die Würstchen herausnehmen und beiseitestellen. Die Zwiebel in die gleiche Pfanne geben und anschwitzen.

3. Die Tomaten waschen, klein schneiden und zu der Zwiebel geben. Salzen und pfeffern. Kurkuma einstreuen und unter Rühren 10 Minuten köcheln lassen. Die Würstchen hinzugeben. Die Oliven vierteln und nach weiteren 5 Minuten dazugeben.

4. Den Ingwer schälen und fein hacken. Den Knoblauch abziehen und fein hacken. Ingwer, Knoblauch und Chili in einem Mörser zu einer Paste verarbeiten. Die Paste in die Pfanne geben und alles gut vermengen. Mit Salz und Pfeffer abschmecken und den Zitronenabrieb über die Mischung streuen.

5. Den Basmatireis nach Packungsanleitung zubereiten, er soll bissfest sein. In einem Sieb abtropfen lassen. Das Rougail mit dem Reis in kleinen Schalen anrichten und servieren.

Das Ende des Abenteuers ...

Viele haben mich gefragt: »Warum wegfahren?« Damals konnte ich keine konkrete Antwort geben. Heute hat sich die Situation geändert!

Eine Situation, einen Alltag, einen Rhythmus, eine Arbeit, die begeistert, verlassen ... Ja, gut, aber wohin gehen? Wie? Mit wem? Wann? Warum?

Es war ein Jahr des Herumirrens auf den Straßen Frankreichs, um den Menschen zu begegnen, die es zu der Landschaft machen, die sie mit Leidenschaft ernähren. Dieser Reichtum des Bodens ist natürlich nicht an einem Tag entstanden, nein, die Regionen haben sich im Takt der Jahre herausgebildet und der Mensch, in der Mitte des Ganzen, hat sich jeder Eigenart angepasst.

Meine *Tour de France* hatte offensichtlich einen sportlichen Charakter, für mich als Erstes ein Über-sich-selbst-Hinauswachsen. Die anderen Aspekte meiner Reise blieben im Dunkeln: Ich musste sie Tag für Tag neu entdecken. Ausgestattet mit meinen Messern und meinem guten Willen trat ich die Reise an, ich hatte keinerlei Überblick über die Situationen, die sich mir darstellen würden.

Noch jetzt sehe ich jede Ankunft genau vor mir, und diese Begrüßungen waren immer von einer außergewöhnlichen Einfachheit. »Guten Tag, Sébastien! Endlich bist du da! Setz dich! Leg ab! Trink was! Iss ein Häppchen! Setz dich dahin!« »Ein junger Mann auf dem Fahrrad, mit seinen Messern, seinem Interesse an unserer Arbeit und unseren Visionen, klar müssen wir den aufnehmen!« Wenn die Worte nicht jedes Mal die gleichen waren, so wollten sie absolut dasselbe aussagen.

Die Menschen, denen ich begegnet bin, hatten ihrerseits auch diese Neugier für diesen Unbekannten, wer immer er auch sei, und der Beweis: Ich bin mit einem Zelt losgefahren, aber das arme Ding hat nichts gegen die Großzügigkeit und Gastfreundschaft meiner Gäste ausrichten können.

Diese Männer und Frauen opfern sich für ihre Arbeit auf, aber das reicht nicht zu solch einer Reise: Es galt auch den Funken zu entzünden, in diesem Jahr, reich an Begegnungen, Teilen, Austausch und verschiedenen Arbeiten. Für einen kurzen Augenblick den Alltag eines Herstellers und seines Produktes zu leben führt zu einem Mehrwert, den man nur mit dieser Geisteshaltung erleben kann ...

Lebensgenuss auf abenteuerlichem Wege!

Danksagung

Mein erster Dank gilt Pauline De Manheulle, meinem Liebling, die wie ein allgegenwärtiger Engel über mich gewacht hat. Eine treibende Kraft, weit weg von mir, doch so nah im Herzen. Trotz der Entfernung glaubte sie an mein Projekt und meine Reise auf den Straßen Frankreichs. Sie hat die Reise aus der Ferne miterlebt, aber sie selbst hat auch einige Produzenten, die mich aufgenommen hatten, getroffen, als sie mich auf der Fahrt besuchte.

Mein zweiter Dank gilt den Menschen, die mir geholfen haben, bevor ich in die Pedale getreten bin: meinen Eltern Jean-Pierre und Véronique Formal, der Gesellschaft »Vallégrain«, der Gesellschaft »Alro Transports«, der Gesellschaft »Terdici«, der Gesellschaft »Brunet«, dem Restaurant »Sourire Tapas Françaises«, der Gesellschaft »Projet CHR«, dem Restaurant »Paris Bistro«, dem Magazine »Marmiton«, der Gesellschaft »De Buyer«, Aimery Chemin, Bryan Raquin, Evan Antzenberger und all den *Crowdfunders*, die es mir ermöglicht haben, mich auf die schönen Straßen Frankreichs zu begeben …

Abschließend möchte ich mich bei allen Menschen bedanken, die ich auf meinem Pilgerweg auf der Suche nach gutem Geschmack und Einfachheit getroffen habe: »Lycée Hôtelier d'Avesnes-sur-Helpe«, »Ferme des Bahardes«, Metzgerei »Lesage & Fils«, Familie Boulogne, Restaurant »Haut Bonheur de la Table«, Familie Noyon, Gesellschaft »JC David«, Fabrice Martinez, »Au Tour de Vitz«, Familie Oger, »Confiture Defacque«, Stéphane Hénocque, Familie Demarais, Familie Hauville, Restaurant »Le Bec au Cauchois«, Pauline Cheze und Victor Le Dran, Restaurant »Maximin Hellio«, Restaurant »SaQuaNa«, Familie Rolo, »La Ferme de Billy«, Familie Hervieu, Jean Hauville, Didier Leguelinel, Nadège Benard-Capelle, Lise Tirel und Arthur Peron, Restaurant »Les Carmes«, »Poulet de Janzé«, »L'amante Verte«, Familie Allaire, Familie Goadec, Familie Peron, Restaurant »Patrick Jeffroy«, Familie Corre, Hervé und Séverine Jestin, Restaurant »Le Globulle Rouge«, Restaurant »Hinoki«, Restaurant »L'Auberge des Glazicks«, Familie Huon, meinen Großeltern Meriau, Restaurant »Le Cinquante«, Anne le Bras und ihre Schüler, Familie Harnois, Familie Glon, Familie Kerdavid, Familie Logodin, Alain Rey, Restaurant »La Mare aux Oiseaux«, Olivier Durand, François Gougeon, Restaurant »Pickles«, Familie Carroget, Familie Isar, Emmanuel Violleau, Familie Michon, Dominique Ursault und Jean-Luc Vadakarn, Familie Faivre, Fred Darles, Familie Le Goff, Familie Le Dortz, Abtei »Notre-Dame-de-Bonne-Espérance d'Échourgnac«, »Caviar Perle Noire«, »Les Eaux de L'Inval«, Florence Gil Lacoste, Familie Tribier, Familie Lefèvre, Pierre Matayron, Familie Massé, Familie Pochelu, Familie Lassalle, Familie Guilbaud, Familie Crouau, »Histoire de Gâteaux«, Jean-Louis und Ginette Fourès, »La ferme de la Ribe«, »Domaine du Bois Moisset«, »La grange mélot«, Abtei »Notre-Dame de Cîteaux«, »Auberge de la Chaume des Buis«, »Domaine des Pothiers«, »Hameau des Buis«, »Domaine du Bois de Belle«, Familie Belval, Familie Vigouroux, Blandine Boyer und Transporte »Mesguen« (Bertrand und Steven, Taxifahrer).

Am Ende bedanke ich mich bei allen Hunden, denen ich begegnet bin und die meine Waden verschont haben. Der Hund ist das Spiegelbild seines Herrn: Sie hatten zwar nie das Wort, aber ihre Sympathie war offensichtlich!

Rezeptregister

Etappenregister

Impressum

Verantwortlich: Sonya Mayer, Stefanie Gückstock
Produktmanagement, Redaktion und Satz: Silke Schüler
Übersetzung aus dem Französischen: Regina Schüler
Korrektur: Susanne Langer-Joffroy
Einbandgestaltung: Leeloo Molnar nach einem Design von Aurore Elie

Text & Rezepte: Sébastien Formal
Fotografie: Bildnachweis siehe unten

Printed in Malaysia by Tien Wah Press

Unser komplettes Programm finden Sie unter:

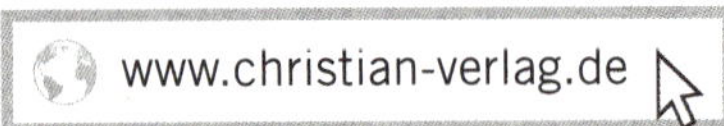

Sind Sie mit diesem Titel zufrieden? Dann würden wir uns über Ihre Weiterempfehlung freuen.
Erzählen Sie es im Freundeskreis, berichten Sie Ihrem Buchhändler oder bewerten Sie bei Onlinekauf. Und wenn Sie Kritik, Korrekturen, Aktualisierungen haben, freuen wir uns über Ihre Nachricht an:

Christian Verlag
Postfach 40 02 09
D-80702 München
oder per E-Mail an
lektorat@verlagshaus.de

Die Deutsche Nationalbibliothek verzeichnet diese Publikation in der Deutschen Nationalbibliografie; detaillierte bibliografische Daten sind im Internet über http://dnb.d-nb.de abrufbar.

Die französischsprachige Originalausgabe mit dem Titel *Sébastien. Le cuisinier à vélo.* erschien erstmals 2018 bei Éditions Larousse, SAS © Larousse 2018.

Text © Sébastien Formal 2018
Bildnachweis: Rezeptfotos, Fotos auf dem Umschlag und den Seiten 4, 141, 142 und 143: © Aimery Chemin; Seite 32 (a und b): © Benoit Bremer; Seite 161: © Alix Marnat.
Zeichnungen und Illustrationen: © Shutterstock

Programmleitung: Isabelle Jeuge-Maynart und Ghislaine Stora
Redaktionelle Leitung: Émilie Franc
Redaktion: Alice Dauphin
Design: Aurore Elie
Redaktionelle Mitarbeit: Claire Pichon und Céline de Quéral

Die Redakteurin dankt Marion Dellapina für ihre unschätzbare Hilfe.

Der Verlag »Éditions Larousse« verwendet Papiere aus natürlichen, erneuerbaren, recycelbaren Fasern, die aus Holz aus Wäldern hergestellt werden, die ein nachhaltiges Raumplanungssystem durchführen. Darüber hinaus erwartet »Éditions Larousse«, dass ihre Papierlieferanten an einem anerkannten Umweltzertifizierungsprozess teilnehmen.

ISBN 978-3-95961-358-3